Susanne
Boshammer

# Die zweite Chance

## Warum wir (nicht alles) verzeihen sollten

Rowohlt

2. Auflage Januar 2021

Originalausgabe
Veröffentlicht im Rowohlt Verlag, Hamburg, August 2020

Schrift Celeste
Typografie Farnschläder & Mahlstedt, Hamburg
Druck und Bindung CPI books GmbH, Leck, Germany
ISBN 978-3-498-00681-5

Die Rowohlt Verlage haben sich zu einer nachhaltigen Buchproduktion verpflichtet. Gemeinsam mit unseren Partnern und Lieferanten setzen wir uns für eine klimaneutrale Buchproduktion ein, die den Erwerb von Klimazertifikaten zur Kompensation des $CO_2$-Ausstoßes einschließt. www.klimaneutralerverlag.de

FSC www.fsc.org MIX Papier aus verantwortungsvollen Quellen FSC® C083411

# Inhalt

# Wunden, die die Zeit nicht heilt

«Und der Mensch heißt Mensch,
Weil er irrt und weil er kämpft
Und weil er hofft und liebt,
Weil er mitfühlt und vergibt.»

*Herbert Grönemeyer, Mensch*

Im Jahr 2001 veröffentlichte die amerikanische Psychologin Judith Wallerstein unter dem Titel *Scheidungsfolgen* die Ergebnisse einer aufwendigen Langzeitstudie zum Einfluss von Ehescheidungen auf Familien.[1] Das Buch erregte einiges Aufsehen und wurde schnell zum Bestseller. Wallerstein und ihr Team hatten insgesamt sechzig von einer Scheidung betroffene Familien mit mehr als einhundertdreißig Kindern regelmäßig über ihr Leben und ihre Empfindungen befragt. Sie wollten beobachten, wie die Beteiligten auf die Krise reagieren, und herausfinden, wie sie sie bewältigen. Das Forschungsprojekt war zunächst auf ein Jahr angelegt, denn die Wissenschaftlerinnen gingen davon aus, dass für die meisten Menschen zwölf Monate reichen würden, um die größten Probleme einer Scheidung zu überwinden. Doch diese Annahme entpuppte sich schon bald als falsch: «Als wir unsere Familien ein Jahr bis achtzehn Monate später wieder interviewten, stellte sich heraus, dass viele der Erwachsenen immer noch wütend waren. Sie fühlten sich gedemütigt und zurückgestoßen.»[2]

Man beschließt, das Projekt fortzusetzen. Am Ende wird sich die Studie über den erstaunlichen Zeitraum von fünfundzwanzig Jahren erstrecken und bemerkenswerte Daten liefern. Dazu gehört auch die Erkenntnis, dass «die Hälfte der Frauen und ein

Drittel der Männer immer noch sehr wütend auf ihre früheren Partner bzw. Partnerinnen sind, obwohl seit der Scheidung zehn oder mehr Jahre vergangen sind.» Zehn Jahre sind eine beachtliche Zeit, gemessen an der durchschnittlichen Dauer eines menschlichen Lebens. Manche der Befragten waren gar nicht so lange verheiratet gewesen, wie sie brauchten, um das Scheitern ihrer Ehen zu überwinden, und die meisten hatten längst neue Partnerinnen und Partner gefunden. Die Wut der Befragten auf ihre Exfrauen und Exmänner blieb davon jedoch unberührt. All die Jahre hindurch wurde sie von der Erinnerung an vergangene Zurückweisungen und Demütigungen befeuert und durch die Überzeugung genährt, dass ihnen Unrecht geschehen war: Der andere hatte sie im Stich gelassen, ihr Vertrauen missbraucht und das Versprechen lebenslanger Nähe gebrochen.

Die meisten Menschen kennen solche Wunden, die die Zeit nicht heilt. Im Zusammenleben mit anderen sind Verletzungen unausweichlich, und je enger die Beziehungen zwischen uns sind, desto höher ist das Risiko, einander weh zu tun. Familien sind vielleicht das beste Beispiel dafür, dass besondere Vertrautheit mit besonderer Verletzlichkeit einhergeht. Die tiefsten und nachhaltigsten Wunden erleiden wir oft durch diejenigen, die uns am nächsten stehen, und manche davon schmerzen noch nach Jahren. Der amerikanische Philosoph Jeffrie Murphy liefert dafür eine einleuchtende Erklärung: «Die Menschen, mit denen wir am vertrautesten sind, sind die Menschen, vor denen wir unsere Wachsamkeit aufgegeben und unsere Verwundbarkeiten bloßgestellt haben. Verletzungen erleben wir hier oft nicht einfach nur als Unrecht, sondern auch als Verrat.»[3]

Dabei verbirgt sich hinter solchen Verhaltensweisen längst nicht immer eine böse Absicht. Wir alle wissen, dass es sich mitunter nicht vermeiden lässt, anderen weh zu tun – auch und vielleicht gerade denjenigen, die uns viel bedeuten. Doch zum Leben gehört auch, dass Menschen einander wissentlich verletzen und bewusst in Kauf nehmen, anderen Schaden zuzufügen. Wer seinen Partner hintergeht, eine Kollegin mobbt, jemanden bloßstellt oder anderen Menschen körperliche oder seelische Gewalt zufügt, kann sich nicht damit herausreden, dass er keine Wahl hatte oder nicht wusste, was er tat. In solchen Fällen geht es nicht um versehentliche Verletzungen, die sich bedauerlicherweise nicht haben vermeiden lassen. Es geht um Unrecht und um moralische Schuld.

Seit Jahrtausenden beschäftigt Menschen die Frage, wie man angemessen mit der Erfahrung umgeht, dass wir einander Unrecht tun, und ähnlich alt ist eine ganz bestimmte Antwort darauf, die jeder kennt und die das Thema dieses Buches bildet. Es ist die Empfehlung, denen, die uns schuldhaft verletzt haben, zu verzeihen und ihnen – im sprichwörtlichen Sinne – eine zweite Chance zu geben. Was geschehen ist, ist nun mal geschehen. Niemand kann rückgängig machen, was er getan hat, und Schuld lässt sich nicht ausradieren. Um mit uns selbst und anderen in Frieden weiterleben zu können, müssen wir einen Weg finden, die Wunden heilen zu lassen, und das, so heißt es oft, wird nur gelingen, wenn wir die Vergangenheit ruhen lassen, unseren Zorn überwinden und einander verzeihen. Diese Überzeugung war über viele Jahrhunderte hinweg ein unumstrittener Teil des Kanons religiöser und weltlicher Weisheitslehren, und sie ist nach wie vor populär.

Doch stimmt es wirklich, dass wir gar nichts falsch machen können, wenn wir denen entgegenkommen, die uns belogen, verraten oder im Stich gelassen haben? Hat tatsächlich jeder Mensch eine zweite Chance verdient? Oder sollten wir in Sachen Vergebungsbereitschaft lieber zurückhaltend sein und, wenn überhaupt, nur denen verzeihen, die glaubwürdig bereuen, was sie getan haben, und ernsthaft bemüht sind, sich zu bessern?

Früher oder später sind wohl die meisten von uns mit diesen

Fragen konfrontiert, und das hat einen einfachen Grund: Jeder Mensch kommt im Laufe seines Lebens mit Unrecht in Berührung, und zwar gleich in mehrfacher Hinsicht. Es beginnt damit, dass wir tagtäglich zu Zeugen des Unrechts werden, das anderen widerfährt. Da ist der Kollege, der vom Chef vor dem versammelten Team erniedrigt wird, oder die Nachbarin, von der alle im Viertel wissen, dass ihr Mann sie regelmäßig verprügelt. Wir erleben Unrecht in unserer eigenen Familie, und wir erfahren vom Leid, das Menschen an weit entfernten Orten zugefügt wird. In dieser unmittelbaren oder medial vermittelten Zeugenschaft besteht die *erste* Dimension menschlicher Unrechtserfahrung.

Die Frage nach dem Verzeihen stellt sich uns in dieser Rolle nicht persönlich, und sie betrifft uns nicht direkt. Dennoch kann sie uns beschäftigen. Manchmal bittet uns jemand um Rat, der nicht weiß, wie er mit dem Erlebten umgehen soll, oder wir selbst leiden unter dem Unfrieden in unserer Umgebung und überlegen, ob wir die Streithähne nicht auffordern sollten, einander doch endlich zu vergeben.

Viele Menschen sind auch beruflich mit dem Thema Verzeihen konfrontiert. Psychologinnen und Psychiater, Priester, Sozialarbeiterinnen, Journalistinnen, Anwälte, Richterinnen oder Bewährungshelfer haben jeden Tag mit Menschen zu tun, die Unrecht erlitten oder anderen Unrecht zugefügt haben. Das Problem des angemessenen Umgangs mit eigener und fremder Schuld spielt in diesen Begegnungen oft eine Rolle.

Doch unsere Beziehung zum Unrecht beschränkt sich nicht auf die vergleichsweise distanzierte Position von Zeuginnen oder Beratern. Sie hat eine *zweite* Dimension, die deutlich persönlicher ist und sich daraus ergibt, dass wir selbst mitunter Schuld auf uns laden. Moralisches Unrecht beginnt nämlich nicht erst dort, wo Menschen systematisch gedemütigt werden oder schwere Gewalt erfahren. Auch wer ohne Not sein Wort bricht, tut Unrecht, und dasselbe gilt, wenn wir jemanden bloßstellen oder Menschen belügen, die erwarten dürfen, dass wir ehrlich zu ihnen sind. Davon kann sich kaum jemand freisprechen. Wir alle werden gelegentlich wütend, sind eifersüchtig, missgünstig oder gierig und tun Dinge, für die wir zu Recht ein schlechtes Gewissen haben. Der griechische Philosoph Aristoteles hat im vierten Jahrhundert vor Christus die Tugenden als Charakterzüge beschrieben, die es einem Menschen ermöglichen, sich in affektgeladenen Situationen zu mäßigen. Aber schon Aristoteles wusste, dass das nicht über Nacht gelingt und auch in Fragen der Ethik die Übung den Meister macht. Wir werden nicht schon tugendhaft geboren, sondern müssen erst lernen, uns im Umgang mit anderen zu kontrollieren – und das gelingt uns mal besser, mal schlechter.

Kurzum: Wir alle machen moralische Fehler, und längst nicht immer werden wir aus ihnen klug. In solchen Situationen wünschen wir uns manchmal, dass andere uns verzeihen, und sind zugleich unsicher, ob wir darum bitten sollten. Ist es nicht eher eine Zumutung, ausgerechnet diejenigen, die unter unserem Verhalten zu leiden hatten, mit unserem schlechten Gewissen zu behelligen? Dürfen wir überhaupt von ihnen erhoffen, dass sie uns dabei behilflich sind, unsere Schuldgefühle zu überwinden, und uns eine zweite Chance geben? Häufig ist es die Erfahrung eigener Unzulänglichkeit, die Menschen dazu bringt, über die Möglichkeiten und Grenzen des Verzeihens nachzudenken.

Dabei können die moralischen Schulden, die wir mit der Zeit auf uns laden, durchaus bedrückend sein, und nicht selten hinterlassen die Wunden, die wir anderen zufügen, auch bei uns selbst Narben. Zu wissen, dass wir den Lauf der Dinge nicht zurückdrehen und nicht ungeschehen machen können, was wir getan haben, ist unter Umständen sehr belastend. Weitaus prägender als die Erfahrung eigener Schuld sind für viele Menschen jedoch die Verletzungen, die sie selbst durch andere erlitten haben. Das ist die *dritte* Dimension menschlicher Unrechtserfahrung, und sie steht in diesem Buch im Vordergrund.

Wir alle wissen, wie es sich anfühlt, wenn man uns Unrecht tut. Einige Menschen müssen das schon sehr früh erleben: Sie sind bereits in ihrer Jugend Gewalt, Demütigungen und Missachtung ausgesetzt, und die Behauptung, dass solche Erfahrungen ein ganzes Leben zerstören können, ist keine Übertreibung. Doch auch das eher alltägliche menschliche Versagen in Sachen Moral hat manchmal nachhaltige Folgen: Die Unfairness eines Lehrers, der Verrat einer Freundin, die Untreue eines Partners, die Rücksichtslosigkeit einer Kollegin – all das sind Erlebnisse, die manchen über Jahre hinweg belasten und sich wie ein Schatten auf sein Empfinden legen. Dabei ist es nicht immer möglich, eine einzelne konkrete Tat zu benennen, die man dem anderen zum Vorwurf macht. Oft geht es um Kleinigkeiten, die sich häufen und eine Beziehung mit der Zeit in Schieflage bringen. Die Wunden, die die Zeit nicht heilt, entstehen mitunter nach und nach und werden erst allmählich spürbar.

Wenn man von außen auf solche Geschichten blickt, wünscht man den Beteiligten bisweilen, sie würden einander doch endlich verzeihen. Aber sobald wir persönlich betroffen sind, merken wir, dass das gar nicht so einfach ist. Einige Verletzungen sind so tief, dass wir uns nicht einmal vorstellen können, jemals wieder ohne Wut auch nur an die Person zu denken, die uns das angetan hat. Der Schmerz und die Empörung sind einfach zu groß. Mitunter *wollen* wir unseren Groll auch gar nicht überwinden. Vielleicht können wir ganz gut mit ihm leben und sehen nicht ein, warum wir ausgerechnet denen, die uns das Leben schwer machen, entgegenkommen sollten.

Neben diesen psychologischen Hürden gibt es jedoch auch *moralische* Bedenken, die Menschen davon abhalten, erlittenes Unrecht zu verzeihen: Wenn sie sich bemühen würde, könnte meine

Kollegin den Groll auf ihren Bruder, dessen Lügen dafür gesorgt haben, dass er den Großteil vom Erbe der Eltern bekam, wahrscheinlich nach und nach überwinden. Für den Familienfrieden hätte das sicher viele Vorteile, und vielleicht wäre es auch für sie selbst am besten. Aber was er getan hat, war in ihren Augen so niederträchtig, dass sie es nicht für richtig hält, ihm, um des lieben Friedens willen, zu verzeihen. Wer derart rücksichtslos mit anderen Menschen umgeht, darf, so meint sie, nicht ungeschoren davonkommen. Tatsächlich haben wir manchmal den Eindruck, dass wir es uns selbst oder vielleicht auch anderen geradezu schuldig sind, hart zu bleiben. In solchen Situationen stellt sich die grundsätzliche Frage, ob es tatsächlich immer gut ist, vergebungsbereit zu sein.

Von der Antwort auf diese Frage hängt einiges ab, denn wie wir mit der Erfahrung von Unrecht umgehen, hat großen Einfluss darauf, wie unser Leben verläuft und ob unser Zusammenleben mit anderen gelingt. Nicht nur die Verletzungen, die man uns zugefügt hat, sondern auch unsere Reaktion darauf kann die Beziehungen zwischen uns und anderen – schlimmstenfalls dauerhaft – belasten. Angemessen zu reagieren, wenn wir selbst oder andere Unrecht erleiden, gehört zu den grundlegenden Herausforderungen unserer Existenz, und die Frage nach der Moral des Verzeihens ist in diesem Zusammenhang zentral. «Der Mensch heißt Mensch, weil er mitfühlt und vergibt», singt Herbert Grönemeyer, den ich eingangs zitiert habe, und tatsächlich ist es nicht nur die Möglichkeit, Unrecht zu tun, sondern auch die Fähigkeit, zu vergeben, die den Menschen von anderen Wesen unterscheidet und ihn als menschlich auszeichnet.

Manche Philosophinnen und Philosophen unterscheiden dabei zwischen dem «menschlichen» Verzeihen und der «göttlichen» Vergebung, um darauf hinzuweisen, dass wahre Vergebung – das heißt: die Aufhebung von Schuld – Gott allein vorbehalten bleibt.

Menschen hingegen sind bestenfalls dazu imstande, die Folgen des Unrechts zu mildern. In unserer Alltagssprache machen wir diesen Unterschied jedoch nicht, und daran werde ich mich auch in diesem Buch halten. Die Wörter *vergeben* und *verzeihen* meinen im Folgenden dasselbe, nämlich eine ganz bestimmte, typisch menschliche Reaktion auf die Erfahrung von Unrecht.

In den Ohren vieler Menschen haben diese beiden Wörter einen positiven Klang, denn die Bereitschaft zu verzeihen genießt im Allgemeinen einen guten Ruf. Mitunter bewundern wir andere dafür, dass sie dazu imstande sind, zu vergeben, was ihnen angetan wurde, vor allem, wenn es dabei um besonders schwerwiegendes Unrecht geht. Nelson Mandela, der jahrzehntelang unschuldig im Gefängnis saß, hat es fertiggebracht, denen, die dafür verantwortlich waren, dennoch mit Wohlwollen zu begegnen. Für viele ist er schon aus diesem Grund ein moralisches Vorbild.

Vergebungsbereitschaft gilt aber nicht nur als ein Wesenszug, den wir an Menschen wertschätzen. Manche betrachten das Verzeihen sogar als eine Art moralische Pflicht. In religiösen Kontexten und insbesondere im Christentum ist diese Auffassung weit verbreitet, und sie findet sich auch in der sogenannten weltlichen Alltagsmoral wieder, etwa wenn es heißt, dass jeder eine zweite Chance *verdient* hat.

Das klingt ganz so, als sei Vergebung nicht bloß ein Akt der Güte und Menschenfreundlichkeit, sondern etwas, das wir einander schuldig sind. Demnach dürfen wir niemanden abschreiben, der uns Unrecht getan hat. Selbst die, die schwerste Schuld auf sich geladen haben, haben die Möglichkeit verdient, einen neuen Anfang zu machen und aus ihren Fehlern zu lernen. Aber stimmt das wirklich? Und wie sieht es aus, wenn jemand seine zweite Chance nicht nutzt? Wie sollen wir mit denjenigen umgehen, die sich ein ums andere Mal über unsere Ansprüche hinwegsetzen oder die gar nicht erst um Verzeihung bitten, weil ihnen entweder jedes Unrechtsbewusstsein fehlt oder ihnen schlicht gleichgültig ist, was sie anderen antun?

Spätestens in solchen Fällen zeigt sich bei vielen eine ambivalente Haltung in Sachen Verzeihen. Tatsächlich hat die menschliche Vergebungsbereitschaft ihren Status als unumstrittene Tugend mittlerweile eingebüßt. Sowohl in der Öffentlichkeit als auch innerhalb der akademischen Philosophie gibt es seit einigen Jahrzehnten eine kontroverse Debatte zum Thema Verzeihen. Hier wird nicht nur darüber gestritten, wann und warum wir anderen gegebenenfalls verzeihen *sollten*, sondern auch diskutiert, ob die Bereitschaft zu verzeihen nicht auch etwas Schlechtes sein kann. Ist es, beispielsweise, überhaupt vertretbar, denen zu vergeben, die für sexuelle Gewalt an Kindern und Frauen in der katholischen Kirche verantwortlich sind? Viele der Beteiligten haben sich zu ihrer Schuld bekannt und um Verzeihung gebeten, doch längst nicht jeder ist davon überzeugt, dass es richtig wäre, diese Bitte zu erfüllen. Sind nicht manche Taten schlicht unverzeihlich, sodass wir es uns selbst – als Einzelne oder vielleicht auch als Gesellschaft – geradezu schuldig sind, den Verantwortlichen jedes Entgegenkommen zu verweigern?

Diese Auffassung wird auch von Philosophinnen und Philosophen vertreten. Als paradigmatisches Beispiel für das schlechthin Unverzeihliche gelten dabei die Verbrechen der Nazi-Zeit. Es war die politische Kontroverse um die juristische Verjährung dieser Gräueltaten, die in den 1960er Jahren das philosophische Interesse am Thema Verzeihen neu belebte. Mittlerweile hat sich die philosophische Verzeihensdebatte allerdings von diesem Ausgangspunkt entfernt. Philosophinnen und Philosophen beschäftigen sich mit dem Verzeihen als einem Phänomen, das im alltäglichen Zusammenleben der Menschen eine große Rolle spielt und uns nicht erst in moralischen Extremsituationen vor grundsätzliche Herausforderungen stellt. Neben der Verständigung darüber, was genau es eigentlich heißt, jemandem etwas zu verzeihen, gehört dazu die argumentative Auseinandersetzung mit den Gründen, die gegen das Verzeihen sprechen.

Darin unterscheiden sich die philosophischen Beiträge von der umfangreichen populärpsychologischen Literatur zum Thema Vergebung. In den zahlreichen Ratgeber- und Lebenshilfebüchern, die sich mit dem Phänomen beschäftigen, sucht man in der Regel vergeblich nach kritischen Stimmen. Die meisten dieser Bücher singen ein Loblied der Vergebungsbereitschaft und betonen die therapeutische Kraft des Verzeihens, das dabei oft als eine Art Allheilmittel für jene Wunden gilt, die die Zeit nicht heilt. Auch aus der wissenschaftlichen Psychologie erhält die Auffassung Unterstützung, dass Verzeihen etwas durch und durch Positives ist und entscheidend zum Wohlbefinden von Menschen beiträgt. So hat etwa der amerikanische Psychologe Robert Enright in zahlreichen Studien eindrucksvoll belegt, dass der Entschluss zu verzeihen die seelische und körperliche Gesundheit von Menschen stärken kann, ihre Resilienz im Umgang mit Krisen erhöht und ihre Lebensqualität deutlich verbessert.[4] Enright hat das *Internationale Institut für Vergebung* gegründet, das unter anderem Kurse anbietet, in denen man lernen kann, wie man verzeiht.

Von der heilsamen Kraft der Vergebung sind aber nicht nur viele Psychologinnen und Psychologen überzeugt. Auch Vertreter der Weltreligionen setzen auf die segensreiche Wirkung des Verzeihens. Zu ihnen gehört der Friedensnobelpreisträger Erzbischof Desmond Tutu, der in der menschlichen Vergebungsbereitschaft eine Voraussetzung für persönliche Befreiung, Frieden und Versöhnung sieht. In seinem *Buch des Vergebens*, das er gemeinsam mit seiner Tochter Mpho vor einigen Jahren veröffentlicht hat, betont er: «Vergebung ist gesund. Vergebung befreit uns von der Vergangenheit, von den Tätern, von der Festschreibung unserer

Opferrolle. Wir vergeben, um nicht körperlich und seelisch unter den Folgen aufgestauter Wut und Verbitterung zu leiden. Vergebung ist ein Geschenk, das wir uns selber machen.»[5]

Desmond Tutu weiß, wovon er spricht, wenn es um Unrecht geht. Als Vorsitzender der Wahrheits- und Versöhnungskommission in Südafrika, die 1995 ins Leben gerufen wurde und politisch motivierte Verbrechen während der Zeit der Apartheid untersuchte, hat er den Schilderungen entsetzlicher Gräueltaten zugehört und er hat diejenigen, die darunter zu leiden hatten, darin bestärkt, den Schuldigen zu verzeihen. Jahre später war er an der Gründung des *Forgiveness Project* beteiligt, auf dessen Homepage sich zahlreiche Berichte von Menschen finden, die Unrecht erlitten und verziehen haben. Nicht alle sind Opfer schwerer Verbrechen geworden, in manchen Fällen geht es auch um vergleichsweise alltägliche Verletzungen. Doch Desmond Tutus Empfehlung, um des eigenen Wohlergehens willen zu vergeben, gilt unterschiedslos. Sie richtet sich an die Opfer von Vergewaltigung und Terror ebenso wie an die Frau, die immer wieder von ihrer Schwester herabgesetzt wird, oder den Mann, dessen Frau ein Verhältnis mit seinem besten Freund hatte.

Dieses Buch ist kein psychologischer Ratgeber, und es ist auch kein Leitfaden zur friedlichen Beilegung von politischen, sozialen oder persönlichen Konflikten. Im Folgenden geht es stattdessen um eine *philosophische Betrachtung des Verzeihens*, die der Ambivalenz in Sachen Verzeihen nachgeht und fragt, welche Überlegungen sich hinter unserer zwiespältigen Einstellung zum Verzeihen verbergen. Dabei werden viele Beispiele zur Sprache kommen. Einige stammen aus Romanen und sind rein fiktiv. Andere schildern historische Ereignisse, und wieder andere verdichten typische Szenarien, die uns im Alltag mit dem Problem des Verzeihens konfrontieren. Die Beispiele unterscheiden sich dabei deutlich mit Blick auf das Ausmaß des Unrechts, um das es jeweils geht, denn Verzeihen ist eine Form des Umgangs mit sehr unterschiedlichen Unrechtserfahrungen. Das philosophische Nachdenken über die Moral des Verzeihens nimmt das gesamte Feld des Unrechts in den Blick. Die unmenschlichen Verbrechen der Nazis spielen dabei ebenso eine Rolle wie die sexuelle Gewalt in der katholischen Kirche, Mobbing am Arbeitsplatz, die Untreue eines Ehepartners oder die Unzuverlässigkeit eines Freundes.

Manches davon gilt als unverzeihlich. Bei anderen, eher banalen Vergehen klingt es dagegen fast zu dramatisch, hier vom Verzeihen zu sprechen. Wie sich zeigen wird, sind es allerdings gerade die Grenzfälle, die dem facettenreichen Phänomen des Verzeihens Kontur geben und uns besser verstehen lassen, worum es dabei im Kern geht. Zudem werden wir sehen, dass Menschen sich aus gutem Grund in all diesen Fällen mit der Frage nach dem Verzeihen beschäftigen und dabei zu unterschiedlichen Antworten kommen. Es ist das Anliegen dieses Buches, die Überlegungen dahinter freizulegen und über den Einzelfall hinausgehend die Frage zu diskutieren, was es bedeutet, jemandem zu verzeihen, und was aus moralischer Perspektive dafür- und was dagegenspricht.

Die philosophische Perspektive bietet sich dabei auch deswegen an, weil das Nachdenken über das Verzeihen innerhalb der Philosophie eine lange Tradition hat. Viele Philosophinnen und Philosophen haben sich mit dem Thema beschäftigt – Aristoteles, Immanuel Kant, David Hume, Georg Friedrich Wilhelm Hegel, Søren Kierkegaard, Arthur Schopenhauer, Martin Heidegger, Jacques Derrida, Karl Jaspers, Emmanuel Lévinas und Hannah Arendt sind nur einige von ihnen. Manche ihrer Gedanken werden in diesem Buch zur Sprache kommen. Wer jedoch an einer umfassenden philosophiegeschichtlichen Darstellung in Sachen Verzeihen interessiert ist, wird hier nicht fündig werden.[6] Diesem Buch liegt kein historisches, sondern ein systematisches Interesse zugrunde, und es verfolgt ein aufklärerisches Anliegen. Was ist damit gemeint?

In seiner berühmten Schrift *Was ist Aufklärung?* aus dem Jahr 1784 hat der deutsche Philosoph Immanuel Kant den Wahlspruch der Aufklärung folgendermaßen formuliert: «Habe Mut, dich deines eigenen Verstandes zu bedienen.» Wenn es um die Gestaltung unseres Lebens und um unseren Umgang mit anderen Menschen geht, sollten wir uns nicht von vermeintlichen Autoritäten abhängig machen. Wir müssen unsere eigene Vernunft zum Einsatz bringen, also kurz gesagt: selber denken. Das gilt auch mit Blick auf die Frage, ob wir jemandem, der uns Unrecht getan hat, verzeihen sollten. Natürlich kann man sich einfach auf seine Intuition verlassen bzw. auf das, was manchmal als «Bauchgefühl» bezeichnet wird. Doch wie wir oben schon gesehen haben, ist unsere Intuition in Sachen Verzeihen häufig ambivalent und gibt keine eindeutige Orientierung. Zudem ist die Erfahrung von Unrecht meist emotional aufwühlend, und es ist auch darum fraglich, ob die eigenen Gefühle ein verlässlicher Kompass sind, wenn es um den angemessenen Umgang mit Unrecht geht.

Die Angelegenheit aus einer distanzierteren, von der konkreten Situation abstrahierenden Perspektive zu betrachten und im Lichte vernünftiger Argumente zu erwägen, ob wir jemandem verzeihen sollten oder nicht, ist im Zweifelsfall eine vielversprechendere Vorgehensweise.

Zunächst sollten wir uns also fragen, was gemeint ist, wenn wir von Vergebung und Verzeihen sprechen. Was ist typisch für das Verzeihen und worin unterscheidet es sich von anderen versöhnlichen Formen des Umgangs mit Unrecht? Um diese Fragen geht es im ersten Teil dieses Buches. Im zweiten Teil werde ich dann zunächst verschiedene Einwände gegen das Verzeihen betrachten und anschließend darlegen, was sich aus moralischer Perspektive *zugunsten* der Vergebungsbereitschaft sagen lässt.

# TEIL I

# Was heißt Verzeihen?

Wer jemals einem anderen Menschen Unrecht getan und erlebt hat, dass ihm verziehen wurde, kennt das Gefühl der Befreiung, das damit einhergeht. Die sprichwörtliche «zweite Chance», die jemand uns gibt, kann sich anfühlen, als seien wir neu geboren, und nicht selten beflügelt die Erleichterung unsere Motivation, von nun an alles besser zu machen. Verzeihen ist ein wirkmächtiger Akt der Entlastung, der uns, wie die Philosophin Hannah Arendt es formuliert hat, «von den Folgen der Vergangenheit befreit» und verhindert, dass diese «uns bis an unser Lebensende im wahrsten Sinne des Wortes verfolgen»[7]. Dabei verändert Vergebung nichts an den Erfahrungen, die Menschen miteinander gemacht haben. Was wir gesagt und getan haben, ist unwiderruflich und lässt sich nicht zurücknehmen. Niemand kann nachträglich noch etwas daran ändern, dass er einen Freund belogen, heimlich das Handy seiner Partnerin ausspioniert oder sein Kind geschlagen hat, und manchmal ist das Vertrauen, das jemand in uns gesetzt hat, dauerhaft erschüttert. Doch wenn die Person, die wir verletzt haben, bereit ist, uns zu verzeihen, besteht immerhin die Möglichkeit, einander irgendwann wieder unbefangen zu begegnen – frei von Beklemmung und Scham und ohne schlechtes Gewissen. Das kann sehr entlastend sein.

Aber nicht nur für unsere Beziehung zum anderen, auch für unser Verhältnis zu uns selbst macht es gegebenenfalls einen großen Unterschied zu wissen, dass jemand uns nicht mehr nachträgt, was wir getan haben. Viele Menschen äußern noch auf dem Sterbebett den Wunsch, eine bestimmte Person um Verzeihung zu bitten: Als hätten sie erst dann die Erlaubnis, mit sich selbst Frieden zu schließen und das Geschehene zu akzeptieren. Vergebung kann dazu beitragen, dass Menschen ihre Selbstachtung zurückgewinnen, dass sie sich trotz der Fehler, die sie in ihrem Leben gemacht haben, akzeptieren und mit der Vergangenheit Frieden schließen. Wenn jemand sehr schwere Schuld auf sich geladen hat, ist dieser Wunsch oft besonders intensiv. So kommt es immer wieder vor, dass Straftäter, die bereits verurteilt sind, die Opfer ihrer Taten um Verzeihung bitten. Dabei geht es klarerweise nicht um den Versuch, doch noch ungestraft davonzukommen, und auch nicht um Versöhnung oder einen Beziehungsneubeginn. Es ist eine andere Art von Entlastung, die Menschen erleben, wenn diejenigen, die unter ihrem Verhalten zu leiden hatten, ihnen verzeihen.

Das gilt interessanterweise nicht nur für die, denen verziehen wird. Es betrifft oft auch diejenigen, die ihnen verzeihen. Menschen, die schwerstes Unrecht erlitten haben, berichten, wie entlastend es für sie war, den Schuldigen zu vergeben. Ein bekanntes Beispiel dafür ist Eva Mozes Kor, die als Nebenklägerin im Gerichtsprozess gegen den SS-Unterscharführer Oskar Gröning unlängst «allen Nazis» öffentlich verziehen hat. Eva Kor war im Alter von zehn Jahren gemeinsam mit ihrer Familie nach Auschwitz deportiert worden, wo sie und ihre Zwillingsschwester Miriam über viele Monate hinweg den Experimenten des KZ-Arztes Josef Mengele ausgesetzt waren. Shlomo Graber, der ähnlich Entsetzliches erlebt und verziehen hat, beschreibt Mengele so: «Er war an Grausamkeit und Menschenverachtung kaum zu überbieten und selbst unter den hartgesottenen SS-Schergen seiner Brutalität wegen gefürchtet. Was Mengele an Menschenversuchen durchführte, gehört zu den grauenhaftesten Dingen, die Menschen an Menschen je verübt haben.»[8] Wie durch ein Wunder überlebt die kleine Eva dieses Grauen, während ihre Eltern sowie zwei weitere Geschwister in den Gaskammern ermordet werden und ihre Zwillingsschwester Miriam später an den Folgen der Versuche stirbt. Dennoch entschließt sich die erwachsene Eva Mozes Kor Jahrzehnte später, den Schuldigen zu verzeihen, und sie erlebt ein überwältigendes Gefühl der Befreiung. In ihrem Buch *Die Macht des Vergebens* schildert sie eindrucksvoll, wie die Entscheidung zu verzeihen ihr Leben verändert und zum Guten gewendet hat.[9]

Geschichten wie die von Eva Kor und Shlomo Graber sind in jeder Hinsicht extreme und insofern eher untypische Beispiele in Sachen Unrecht und Vergebung. Für die allermeisten Menschen ist das, was ihnen angetan wurde, völlig unvorstellbar. Hier schlicht von Unrecht zu sprechen, klingt geradezu verharmlosend. Zudem sind diejenigen, die Eva Kor gequält haben, längst verstorben, und die Nazis, denen sie verziehen hat, sind ihr größtenteils nie begegnet. All das ist anders, wenn wir im Alltag über Vergebung nachdenken. Meist geht es dabei um Personen, die wir kennen, und um Taten, die zwar Unrecht, aber keineswegs «unmenschlich» sind. Doch auch Menschen, die sich entschließen, ihren Eltern zu vergeben, dass sie sie als Kind vernachlässigt haben, oder die Jahre nach einer Scheidung bereit sind, ihrem Partner zu verzeihen, dass er die Familie verlassen hat, fühlen sich dadurch oft entlastet. Offenbar teilen viele die Erfahrung, von der Eva Kor berichtet: Der Entschluss zu verzeihen kann befreiend sein und dem eigenen Leben sowie dem Leben derjenigen, die uns Unrecht getan haben, einen anderen Verlauf geben. Das ist bemerkenswert, und es wirft die Frage auf, was genau wir eigentlich tun, wenn wir jemandem verzeihen. Wie kann es sein, dass der Satz

«Ich verzeihe dir!» eine solche Macht entfaltet, und: Was verbirgt sich hinter diesen Worten?

Auf den ersten Blick sieht es so aus, als ließe sich diese Frage schnell beantworten. Verzeihen ist schließlich kein Fremdwort. Wir alle haben eine mehr oder weniger konkrete Vorstellung davon, was damit gemeint ist. Im Alltag versteht man Vergebung dabei meist als eine Geste der Versöhnung zwischen Menschen, die eine persönliche Beziehung zueinander haben. Wenn ich meiner Schwester verzeihe, dass sie mich auf meiner eigenen Hochzeit vor allen Gästen bloßgestellt hat, dann beende ich den Streit zwischen uns. Ich bin bereit, meinen Zorn und meine Enttäuschung hinter mir zu lassen und ihr nicht länger nachzutragen, dass sie das Fest beinahe verdorben hat. Vergebung erscheint dann, bildhaft gesprochen, wie eine verbindende Brücke über den Graben, den ein verletzendes Ereignis zwischen zwei Menschen hat entstehen lassen: Indem wir verzeihen, schaffen wir die Voraussetzung dafür, dass wir einander entgegenkommen können.

Dieses Alltagsverständnis von Vergebung als Mittel zum Zweck der Versöhnung im sozialen Nahbereich deckt sich allerdings nicht in jeder Hinsicht mit dem, was Philosophinnen und Philosophen vor Augen haben, wenn sie über das Verzeihen nachdenken. Ein erster Unterschied besteht dabei darin, dass Vergebung in der philosophischen Debatte vorzugsweise als eine Form des Umgangs mit *moralischem Unrecht* diskutiert wird und nicht als versöhnliche Reaktion auf Verletzungen aller Art. Beides – Unrecht und Verletzungen – fällt jedoch nicht unbedingt zusammen, denn längst nicht immer, wenn Menschen uns weh tun, tun sie etwas, das sie nicht hätten tun dürfen.

So sind, beispielsweise, manche Eltern zutiefst enttäuscht, wenn ihre erwachsenen Kinder zu Weihnachten nicht nach Hause kommen, und es kann sehr verletzend sein, wenn man die Einzige aus der Abteilung ist, die nicht zur Geburtstagsparty der Kollegin eingeladen wird. Dass der langjährige Beziehungspartner doch keine Kinder mit mir haben will oder der beste Freund sich entschließt auszuwandern und den Rest seines Lebens am anderen Ende der Welt zu verbringen, tut weh und ist nicht unbedingt leicht zu verkraften. Im Alltag äußern Menschen auch in solchen Fällen manchmal die Hoffnung, dass die Leidtragenden ihnen verzeihen. Aus philosophischer Sicht gibt es hier jedoch streng genommen gar nichts zu vergeben, denn in keinem dieser Fälle ist jemandem ein Unrecht geschehen.

Zudem hat der Begriff des Verzeihens im philosophischen Kontext zwar durchaus etwas mit der Beseitigung von Störungen im zwischenmenschlichen Verhältnis zu tun, aber dabei geht es, wie wir noch sehen werden, nicht unbedingt um *persönliche* Beziehungen und auch nicht zwangsläufig um Versöhnung. Vergebung ist auch zwischen Menschen möglich, die einander nicht näher kennen, und dass jemand bereit ist zu verzeihen muss keineswegs heißen, dass die Beteiligten anschließend wieder Freunde werden.

Der Verzeihensbegriff, wie er in der Philosophie verwendet wird, unterscheidet sich also in mancher Hinsicht von unserem Alltagverständnis von Vergebung. Doch es gibt auch deutliche Überschneidungen zwischen dem üblichen Sprachgebrauch und dem, was man der Einfachheit halber die philosophische Standarddefinition des Verzeihens nennen könnte. Demnach geht es beim Verzeihen im Wesentlichen darum, alle negativen Gefühle zu überwinden, die wir gegenüber denjenigen hegen, die uns Unrecht getan haben. Wenn wir jemandem verzeihen, lassen wir den Zorn hinter uns, wir hören damit auf, unseren Groll zu nähren und dem anderen für sein Verhalten Vorwürfe zu machen. Stattdessen kehren wir innerlich wie äußerlich zu einer Haltung des Wohlwollens ihm gegenüber zurück. Das hat nichts mit Nächstenliebe oder Sympathie zu tun. Gemeint ist eher eine neutral zugewandte Haltung, wie wir sie Menschen gegenüber einnehmen, die uns nichts getan haben.

Der philosophischen Standardauffassung zufolge hat Verzeihen also vor allem etwas mit unseren *Empfindungen* zu tun, und das betrifft mehr als nur den Verzicht auf Rache. Der Entschluss, jemandem zu verzeihen, reicht tiefer. Wir sehen nicht nur davon ab, es dem anderen mit gleicher Münze heimzuzahlen, sondern erteilen schon dem bloßen Wunsch nach Vergeltung eine Absage. Wer verzeiht, entscheidet sich dafür, den berechtigten Groll auf den anderen, den Hass und die Wut, zu überwinden – darin deckt sich das philosophische Verständnis von Vergebung mit der Alltagsauffassung.

Doch ist das wirklich schon alles? Ist Verzeihen im Kern nichts anderes als eine Art emotionaler Sinneswandel, den wir bewusst vollziehen und der zur Folge hat, dass wir jemandem sein Verhalten nicht nachtragen und ihm keine Vorwürfe mehr machen?

Ich bin davon nicht überzeugt, und das hat vor allem zwei Gründe: *Erstens* lassen sich meines Erachtens viele der Phänomene, die typischerweise mit dem Verzeihen verbunden sind, damit allein nicht angemessen erklären. Vergebung, so habe ich eingangs gesagt, kann unter anderem dazu beitragen, dass Menschen ihre Selbstachtung zurückgewinnen. Doch warum sollte die bloße Tatsache, dass ich meiner Schwester ihr Verhalten auf meiner Hochzeit nicht mehr übel nehme, irgendeinen Einfluss auf ihre Selbstachtung haben? Und: Geht es Menschen, die um Verzeihung bitten, wirklich vor allem darum, dass der andere ihnen wieder wohlgesonnen ist? Zudem ist *zweitens* fraglich, ob wir von jedem Menschen, der Unrecht erlitten und sich dazu entschlossen hat, den Schuldigen nicht zu grollen, schon sagen sollten, dass er verziehen hat.

Nehmen wir als Beispiel den Brief, den der französische Journalist Antoine Leiris im November 2015 auf Facebook veröffentlicht hat. Er ist an die Männer adressiert, die nur wenige Tage zuvor im Pariser Konzertsaal Bataclan seine Frau Hélène und mit ihr achtundachtzig weitere Menschen ermordet haben. Der Brief ist kurz, doch bereits die wenigen Zeilen lassen das unermessliche Leid erahnen, das Terror über Menschen bringt: Leiris schreibt von der unveränderten Schönheit seiner toten Frau, von seiner Liebe zu ihr und dem gemeinsamen Sohn Melvil, der erst siebzehn Monate alt und «soeben aus seinem Mittagsschlaf erwacht»[10] ist. Innerhalb kürzester Zeit rufen die wenigen Worte weltweit ein überwältigendes Echo hervor. Zahllose Menschen bringen ihr Mitgefühl zum Ausdruck, und viele von ihnen zollen dem Verfasser tiefen Respekt. Das hat insbesondere mit dem Satz zu tun, der den Brief übertitelt und sich direkt an die Täter richtet: «Meinen Hass bekommt ihr nicht!» Antoine Leiris gibt dem Groll auf die Menschen, die seine Frau getötet haben, keinen Raum. Doch seine Absage an den Hass hat mit Vergebung nichts zu tun. Dass er die Mörder seiner Frau nicht verflucht, dass er sie weder bedroht noch beleidigt, all das heißt nicht schon, dass er ihnen verzeiht – und ganz sicher wäre ihm nicht so viel Respekt begegnet, hätte man seine Worte als Ausdruck von Vergebungsbereitschaft verstanden.

Das alles lässt vermuten, dass Vergebung mehr ist als der bewusste Verzicht auf Vergeltung, Hass und Groll. Doch worin besteht dieses Mehr, und: Was heißt es dann, jemandem zu verzeihen? Um diese Fragen soll es nun gehen. Ich werde darlegen, was der Prozess des Verzeihens aus meiner Sicht beinhaltet und was ihn als solchen auszeichnet. Als Ausgangspunkt dient mir dabei die Überlegung, dass Vergebung ein Akt der Entlastung ist, der Menschen, wie Hannah Arendt es formuliert hat, «von den Folgen der Vergangenheit» befreit. Diese Beobachtung zieht sich als roter Faden durch die nun folgenden Kapitel, denn meines Erachtens liegt darin der Schlüssel sowohl zum Verzeihen selbst als auch zum Verständnis unserer moralischen Ambivalenz in Sachen Vergebung. Zugleich ist damit ein hilfreicher Ausgangspunkt gefunden, um das Phänomen genauer zu beleuchten, denn Vergebung ist nicht die einzige entlastende Form des Umgangs mit Unrecht. Es gibt eine ganze Reihe von Alternativen, und dazu gehören insbesondere das *Vergessen*, das *Entschuldigen* und die *Nachsicht*.

Im Folgenden werde ich diese Verhaltensweisen dem Verzeihen zunächst einzeln gegenüberstellen, um deutlich zu machen, worin die Unterschiede zwischen ihnen bestehen. So wird nach und nach freigelegt, was aus meiner Sicht das Besondere am Verzeihen ist.

Beginnen wir mit dem Unterschied zwischen Vergeben und Vergessen.

# Vergeben und Vergessen

«Henriette», sagte ich, «ich bin einer Verstellung nicht fähig. Ich kann wohl ins Wasser springen, um meinen ertrinkenden Feind zu retten, ich kann ihm meinen Mantel geben, um ihn zu wärmen – kurz, ich könnte ihm verzeihen, aber nicht sein Unrecht vergessen.»[11]

*Honoré de Balzac, Die Lilie im Tal*

Wenn Menschen besonders schmerzhafte Erfahrungen gemacht haben, würden sie manchmal am liebsten vergessen, was geschehen ist. Ein gutes Gedächtnis hat viele Vorteile, doch mit Blick auf einige Erlebnisse wäre es sicher besser, wir könnten sie aus der Erinnerung streichen. Das ist allerdings nicht einfach. Manche Ereignisse begleiten uns ein Leben lang, ob wir wollen oder nicht. Solange es sich dabei um schöne Momente handelt, kann das sehr beglückend sein. Doch es wird unter Umständen zu einer enormen Last, wenn es um Erfahrungen von Verlust und Schmerz, von Trauer und von Unrecht geht. Der französische Schriftsteller Honoré de Balzac hat das einmal so formuliert: «Die Erinnerungen verschönern das Leben. Aber das Vergessen allein macht es erträglich.» So preisen denn auch viele Dichter und Denkerinnen seit jeher die «Kunst des Vergessens» als eine wirksame Methode, um die Bürden des Lebens zu erleichtern. Vergessen kann entlasten. Wie wir gesehen haben, gilt das auch für das Verzeihen, und die Vermutung liegt nahe, dass beides zusammenhängt. Verdankt sich die entlastende Macht der Vergebung vielleicht auch dem Umstand, dass Verzeihen etwas mit Vergessen zu tun hat?

Tatsächlich besteht zwischen dem Verzeihen und dem Vergessen eine Art sprichwörtliche Nähe. Jeder kennt die Redewendung, mit der wir einen Schlussstrich unter unerfreuliche Erfahrungen in der Vergangenheit ziehen und den Neuanfang besiegeln: «Vergeben und vergessen!» Die Formulierung deutet bereits darauf hin, dass es sich dabei nicht um ein und dieselbe Sache handelt, weil beides explizit erwähnt wird. Die Überzeugung, Vergeben sei ohne Vergessen nicht zu haben, teilen jedoch viele Menschen. Fast noch deutlicher kommt das im Fall der Unversöhnlichkeit zum Ausdruck: Wer auf eine Verletzung mit der Ankündigung reagiert «Das vergesse ich dir nie!», macht deutlich, dass sein Gegenüber gar nicht erst auf Vergebung hoffen muss.

Ist die Bereitschaft zu verzeihen also immer auch mit der Absicht verbunden, nach Möglichkeit zu vergessen, was jemand uns angetan hat? Und: Können wir eine Bitte um Verzeihung überhaupt erfüllen, wenn wir nicht bereit oder einfach nicht dazu imstande sind, das Geschehene zu vergessen?

Der Gedanke, dass Verzeihen und Vergessen viel miteinander zu tun haben, findet sich auch in philosophischen Texten zum Verzeihen wieder. Ein bekanntes Beispiel dafür liefert der viel diskutierte Essay *Pardonner?* des französischen Philosophen Vladimir Jankélévitch.[12] Er erscheint erstmalig im Sommer 1965 und fällt damit in die Zeit der sogenannten Verjährungsdebatten. Nicht nur in Frankreich wird damals darüber gestritten, ob die Morde der Nazis unter die gesetzliche Verjährungsfrist fallen sollen, die zu dieser Zeit zwanzig Jahre betrug. Jankélévitchs Essay, ursprünglich als offener Brief in der Zeitschrift *Le Monde* erschienen, beinhaltet ein eindeutiges Plädoyer gegen die juristische Verjährung der Nazi-Verbrechen, und er richtet sich zugleich gegen das Verzeihen. Denn für Jankélévitch hängt beides – Verjährung und Vergeben – eng zusammen. Zuzulassen, dass die Untaten der Nazis juristisch verjähren, würde aus seiner Sicht zwangsläufig bedeuten, dieses «maßlose Verbrechen» zu verzeihen, und das wiederum führe zwangsläufig zum Vergessen: «Ist es nicht widersprüchlich und sogar absurd, hier um Verzeihung zu flehen? Dieses gewaltige Verbrechen gegen die Menschlichkeit zu vergessen, wäre ein neues Verbrechen gegen die menschliche Gattung.» Jankélévitch plädiert daher dafür, den Tätern nicht zu vergeben und ihre Taten nicht verjähren zu lassen.

Viele Menschen teilen die Auffassung, dass die Bereitschaft, jemandem zu verzeihen, nur dann aufrichtig ist, wenn sie mit dem Vorsatz einhergeht, das Vorgefallene aus dem Gedächtnis zu streichen. Der Philosoph Klaus-Michael Kodalle bringt diese Überzeugung folgendermaßen auf den Punkt: «Ob jemand schließlich tatsächlich *vollständig* vergessen wird, was ihm angetan wurde, mag dahingestellt bleiben. Aber der *Wille*, es zu vergessen, ist doch Ausdruck der Vergebungsbereitschaft.»[13] Wer verzeiht, gibt demnach quasi eine Art Absichtserklärung ab, zu vergessen, was ihm angetan wurde.

Das braucht Zeit und geht nicht auf Kommando, und niemand kann garantieren, dass es ihm gelingt. Wir können nicht beschließen, etwas zu vergessen, so wie wir beschließen können, ein Glas Wasser zu trinken oder eine E-Mail zu schreiben. In seinem Buch *Ethik der Erinnerung* veranschaulicht der israelische Philosoph Avishai Margalit das am Beispiel der Unterscheidung zwischen den sogenannten willkürlichen und den unwillkürlichen Muskeln. Erstere, wie beispielsweise die Beinmuskeln, sind unserem Willen unterworfen. Wir können ihre Aktivität bewusst steuern. Für letztere, wie etwa den Herzmuskel, gilt das nicht. Unser Erinnerungsvermögen hat in dieser Hinsicht Ähnlichkeit mit den unwillkürlichen Muskeln: Zwar haben wir durchaus Einfluss auf unser Gedächtnis – so wie wir unseren Herzmuskel aktivieren können, indem wir losrennen, können wir unser Erinnerungsvermögen deaktivieren, etwa indem wir von einem Ereignis nicht mehr sprechen und es, bildlich gesprochen, mit dem Mantel des

Schweigens verhüllen. Doch eine Erfolgsgarantie gibt es dabei nicht. Zudem werden Erinnerungen oft durch Ereignisse geweckt, über die wir keinerlei Kontrolle haben: Eine Melodie erklingt, ein Geruch liegt in der Luft, wir sehen ein Foto – und schon ist alles wieder da.

Die Kontrolle über unsere Erinnerungen liegt also nicht vollständig in unseren Händen, und daher kann der Akt des Verzeihens kein Versprechen beinhalten, zu vergessen, was vorgefallen ist. Aber wir können immerhin etwas anderes zusagen, wenn wir verzeihen: Die Erinnerung an das Geschehene nicht bewusst wachzuhalten. Auf den ersten Blick sieht es ganz so aus, als gehe Vergebung mindestens damit einher.

Wenn jemand sagt, er habe uns verziehen, nehmen wir in der Regel an, dass er aufhört, über seine Verletzung weiter nachzudenken und sie in der Erinnerung noch wachsen zu lassen. Wir erwarten, dass Menschen, die verziehen haben, darauf verzichten, den Schuldigen ihr Fehlverhalten nachzutragen und bei nächster Gelegenheit wieder vorzuwerfen. Der amerikanische Sozialphilosoph George Herbert Mead formuliert das so: «Ein Mensch, der zwar vergibt, nicht aber vergisst, ist ein unerfreulicher Zeitgenosse. Mit dem Vergeben ist das Vergessen, das Auslöschen der Erinnerung verknüpft.»[14] Hat er damit recht? Ist die Bereitschaft zu vergessen so etwas wie eine notwendige Bedingung für echte Vergebung?

Wenn das so wäre, hätten wir jedenfalls eine erste Erklärung dafür gefunden, warum Verzeihen für beide Seiten – also nicht nur für die Täter, sondern auch für die Opfer des Unrechts – befreiend sein kann. Denn schließlich lastet die Erinnerung an das Geschehene auch und vor allem auf denen, die unter dem Unrecht zu leiden hatten: Insbesondere sie würden wohl am liebsten vergessen, was ihnen angetan wurde. Es wäre insofern nur verständlich, dass sie sich entlastet fühlen und erleichtert sind, wenn der

Entschluss zu verzeihen ihnen erlaubt, die Vergangenheit hinter sich zu lassen und den Blick nach vorn zu richten.

Die Philosophin Hannah Arendt hat über die menschliche Fähigkeit zu verzeihen gesagt, sie stelle ein «Heilmittel gegen Unwiderruflichkeit» dar. Das lässt sich auch vom Vergessen behaupten. Wir können Getanes nicht rückgängig machen und Erlebtes nicht ungeschehen. Doch sobald wir vergessen haben, was vorgefallen ist, wird sich unser Denken, Fühlen und Handeln immerhin nicht länger daran orientieren. Vergessen entkräftet das Unrecht, indem es dessen zerstörerischen Charakter daran hindert, sich voll zu entfalten, unsere Beziehungen zu belasten und unsere Zukunft zu bestimmen – oder mit den Worten des chinesischen Philosophen Konfuzius: «To be wronged is nothing unless you continue to remember it.» (Es macht nichts, wenn einem Unrecht geschieht. Man muss es nur vergessen können.)

Dennoch glaube ich nicht, dass Vergeben und Vergessen zwei Seiten derselben Medaille sind, und die Bitte um Verzeihung ist meines Erachtens auch nicht als Ausdruck der Hoffnung zu verstehen, eine Tat möge möglichst bald in Vergessenheit geraten. Vielmehr bin ich davon überzeugt: Menschen können selbst dann verzeihen und um Verzeihung bitten, wenn sie wissen, dass sich die Erinnerung an das Geschehene niemals auslöschen lässt. Vergessen ist, mit anderen Worten, weder eine notwendige noch eine hinreichende Bedingung für Vergebung: Es ist möglich, jemandem zu verzeihen, ohne zu vergessen, was er getan hat, so wie es möglich ist, zu vergessen, was jemand getan hat, ohne ihm zu verzeihen. Tatsächlich hat Verzeihen weit weniger mit Vergessen zu tun, als man gemeinhin glaubt. Sehen wir uns das kurz etwas genauer an.

Ich habe einleitend bereits erwähnt, dass die Bereitschaft, erlittenes Unrecht zu vergeben, bei vielen Menschen einen guten Ruf genießt. Für die Bereitschaft, erlittenes Unrecht zu *vergessen*, gilt das dagegen nicht unbedingt. Das hat nichts mit Moral zu tun, sondern eher etwas mit Klugheitsüberlegungen: Wenn wir aus dem, was wir erlebt haben, etwas lernen wollen, ist es ratsam, es im Gedächtnis zu behalten. «Vergeben und vergessen», so hat es der Philosoph Arthur Schopenhauer formuliert, «heißt, gemachte kostbare Erfahrungen zum Fenster hinauswerfen.»[15]

Tatsächlich sind leidvolle Erfahrungen wie Enttäuschungen und Verletzungen mitunter durchaus lehrreich: Wenn jemand sein halbes Vermögen einem Bekannten anvertraut, um dann zu erleben, wie dieser sich damit aus dem Staub macht, hat er, wenn auch unfreiwillig, sicher etwas gelernt. Solches Erfahrungswissen – etwa um unsere eigene Naivität und Verletzlichkeit oder um die mangelnde Vertrauenswürdigkeit bestimmter Menschen – lässt sich zudem nicht theoretisch erwerben. Man kann es sich nicht anlesen, sondern nur in der Lebenspraxis gewinnen.

Selbst wenn wir manches lieber nie erlebt hätten, ist es daher nicht unbedingt klug, dieses Wissen bewusst in Vergessenheit geraten zu lassen, nachdem wir so teuer dafür bezahlen mussten. Es gehört zu den Bonmots, dass «Ent-Täuschungen» den Vorteil haben, uns von Täuschungen zu befreien. Manchmal lassen sie uns die Dinge klarer sehen, und das betrifft auch die Erfahrung, die wir machen, wenn jemand uns Unrecht tut. Sie kann wertvoll sein. Wenn wir uns darum bemühen, nach Möglichkeit zu vergessen, was geschehen ist, schätzen wir diesen Wert gering und schlagen wichtige Lektionen in den Wind, die uns vielleicht vor zukünftigen Verletzungen bewahren könnten.

Das gilt ebenso im umgekehrten Fall. Nicht nur Unrecht, das wir erleiden, auch das Unrecht, das wir tun, ist lehrreich und in diesem Sinne erinnerungswürdig. Denn: Im Gedächtnis zu behalten, was wir selbst anderen zugefügt haben, kann uns dabei helfen, ein besserer Mensch zu werden. Der Philosoph Immanuel Kant hält es aus diesem Grund sogar für unsere Pflicht, «die Rückerinnerung ehemaliger Übertretungen nicht schwinden zu lassen».[16] Aus dem eigenen moralischen Fehlverhalten wird man – bestenfalls – klug.

Wenn es also tatsächlich so wäre, dass die Bereitschaft zu verzeihen mit der Absicht einhergehen muss, zu vergessen, was geschehen ist, wäre in Sachen Vergebung wohl grundsätzlich Zurückhaltung geboten. Ganz unabhängig vom jeweiligen Einzelfall sollten wir schon aus Klugheitsgründen davon absehen zu vergeben. Doch dieser Rat ist meines Erachtens unnötig, weil er auf einem Missverständnis der Beziehung zwischen Vergeben und Erinnern beruht. Verzeihen nötigt uns nicht dazu, Erfahrungen zu ignorieren oder zu vergessen. Wer um Vergebung bittet und wer Vergebung gewährt, dem geht es nicht darum, die Vergangenheit loszuwerden, sondern darum, sie zu *bereinigen*.

Nehmen wir das Beispiel der ehemaligen RAF-Terroristin Silke Maier-Witt. Im November 2017 kommt es auf Vermittlung einer großen deutschen Tageszeitung zu einer Begegnung zwischen ihr und Jörg Schleyer, dem Sohn des ehemaligen Arbeitgeberpräsidenten Hanns-Martin Schleyer. Hanns-Martin Schleyer war vierzig Jahre zuvor von der RAF entführt und nach sechs Wochen Geiselhaft erschossen worden. Für die Beteiligung an diesen Verbrechen hat Silke Maier-Witt eine zehnjährige Haftstrafe verbüßt. Nun steht sie dem Sohn des Toten gegenüber, und sie eröffnet das Gespräch mit einer Bitte um Verzeihung: «Es klingt so platt. Aber ich möchte erst einmal um Verzeihung bitten. Eigentlich habe ich immer versucht, mich damit auseinanderzusetzen. Aber die direkte Konfrontation mit Ihnen zum Beispiel habe ich nicht gesucht. Dafür möchte ich mich auch noch mal entschuldigen. Das war eine gewisse Feigheit, die ich mir auch jetzt noch übelnehme.»[17]

Silke Maier-Witt weiß sehr wohl, dass zu ihren Lebzeiten und noch darüber hinaus nicht vergessen sein wird, was sie getan hat. Selbst wenn Jörg Schleyer tatsächlich bereit sein sollte, ihr zu verzeihen, dürfte beiden bewusst sein, dass nicht nur er sich immer daran erinnern wird, was sein Vater, seine Familie und er selbst erleiden mussten. Dennoch bittet ihn die Frau, die dafür mitverantwortlich ist, um Verzeihung, und auch wenn ihr Anliegen in dieser Situation vielleicht befremdlich erscheint, ist es nicht gegenstandslos. Mit anderen Worten: Obwohl ausgeschlossen ist, dass das Verbrechen in Vergessenheit gerät, ist die Bitte um Verzeihung weder überflüssig noch zwecklos.

Wenn Verzeihen ohne die Bereitschaft zu vergessen hingegen gar nicht möglich wäre, könnte sich Frau Maier-Witt ihre Bitte sparen. Natürlich könnte sie ihre Schuld eingestehen und zum Ausdruck bringen, dass sie bereut, was sie getan hat. Doch die Bitte um Verzeihung umfasst, wie wir sehen werden, weit mehr als das. Wer um Verzeihung bittet, spricht nicht nur über sich selbst, seine moralischen Überzeugungen und seine Gefühle. Er liefert sich dem anderen in gewissem Sinne aus und unterstellt sich dessen Autorität. Was genau damit gemeint ist, wird später noch zu klären sein. Für den Moment geht es nur darum, deutlich zu machen, dass die Bitte um Verzeihung auch da möglich und als solche sinnvoll und verständlich sein kann, wo Vergessen ausgeschlossen ist.

Einen weiteren Hinweis darauf, dass es beim Verzeihen nicht ums Vergessen geht, liefern Situationen, in denen die Betroffenen ohne die Bitte um Verzeihung gar nicht erst realisieren würden, dass ihnen Unrecht geschehen ist. Hier ist sozusagen nicht das Vergessen ausgeschlossen, sondern das Erinnern.

Das ist beispielsweise dann der Fall, wenn die betreffende Person gar nicht weiß, welches Unrecht ihr geschehen ist: Die DDR-Bürgerrechtlerin Vera Wollenberger hat nichts davon gemerkt, dass ihr Mann sie und den gemeinsamen Freundeskreis über Jahre hinweg als informeller Mitarbeiter der Stasi bespitzelt hat – und viele Menschen berichten, sie seien «aus allen Wolken gefallen», als sie erfuhren, dass ihre Partnerin oder ihr Partner seit langem eine Affäre hat.

Manchmal bemerken Menschen das Unrecht auch deswegen nicht, weil sie die Schuld an dem, was geschehen ist, bei sich selbst suchen – so wie die alte Dame, die nicht realisiert, dass ihr Enkel sie bestohlen hat, weil sie den Verlust ihres Portemonnaies der eigenen Nachlässigkeit zuschreibt. Unrecht gibt sich, mit anderen Worten, nicht immer als solches zu erkennen. Im Gegenteil: Meist verbergen Menschen vor anderen, was sie getan haben, weil sie sich schämen, weil sie Angst vor deren Reaktion haben oder weil sie fürchten, ihre Zuneigung oder ihr Vertrauen zu verlieren.

Allerdings kommt es auch vor, dass jemand sich dann doch zu seiner Verantwortung bekennt, und dabei kann der Wunsch nach Vergebung eine große Rolle spielen. Nicht nur im Film beginnen solche Gespräche typischerweise mit den Worten «Ich muss dir etwas sagen …». Für den Zusammenhang zwischen Vergeben und Vergessen ist das interessant, denn an diesen Beispielen wird deutlich, wie ausgerechnet das Bemühen um Vergebung mitunter verhindert, dass das Unrecht verborgen bleibt und unentdeckt in Vergessenheit gerät. Wenn es beim Verzeihen im Wesentlichen darum ginge dafür zu sorgen, dass andere vergessen, was geschehen ist, und uns unser Fehlverhalten nicht mehr vorhalten, wäre es irrational, jemanden für etwas um Verzeihung zu bitten, wovon er gar nichts weiß. Doch das ist es keineswegs. Selbst wenn der Übeltäter sich ganz sicher sein kann, dass seine Tat niemals bekannt werden wird, ist es nachvollziehbar und keineswegs unvernünftig, wenn er um Verzeihung bittet.

In seinem Roman *Mein Herz so weiß* schildert der spanische Schriftsteller Javier Marías einen solchen Fall. Um für seine große Liebe frei zu sein, erstickt die Hauptfigur Ranz seine Frau im Ehebett und verschleiert die Tat erfolgreich, indem er eine brennende Zigarette neben sie legt, bevor er das Haus verlässt. Es ist das perfekte Verbrechen. Das Feuer zerstört den Tatort vollends, und niemand fragt nach, denn «sie hatte die Angewohnheit im Bett zu rauchen. Wahrscheinlich war sie eingeschlafen, vielleicht hatte sie ein bisschen getrunken, um in den Schlaf zu finden, sie pflegte es in der letzten Zeit zu tun. Die Glut erfasste die Laken.»[18] Ranz gesteht sein Verbrechen nicht im Zuge der Bitte um Verzeihung, die in diesem Fall wohl ohnehin zu spät käme. Er bekennt den Mord vielmehr als eine Art Liebesbeweis gegenüber der Frau, um derentwillen er ihn begangen hat und die diese Enthüllung kurz darauf in den Suizid treibt. Fortan lebt er mit seiner doppelten Schuld, doch vielen Menschen, die weit weniger schwerwiegendes Unrecht auf sich geladen haben, gelingt das nicht. Sie decken auf, was sie getan haben, weil das unverdiente Vertrauen des arglosen Partners, Freundes, Kindes sie beschämt. Sie sehnen sich nicht zuletzt nach der Entlastung, die das Verzeihen verspricht und die eben nicht im Vergessen der Vergangenheit besteht, sondern in der Chance, sich mit ihr zu versöhnen.

Wenn wir im Zusammenhang mit Vergebung von der Bereitschaft sprechen, Gras über eine Sache wachsen zu lassen, trifft dieses Bild insofern sehr gut, worum es geht. Doch das liegt nicht daran, dass Gras ein blickdichter Bodendecker ist und wir, wenn wir verzeihen, bemüht sind, das Geschehene unsichtbar zu machen. Es hat aus meiner Sicht vielmehr etwas damit zu tun, dass wir uns, indem wir jemandem vergeben, bewusst dazu entschließen, aus dem Boden vergangenen Unrechts etwas Neues erwachsen, etwas Lebendiges entstehen zu lassen. Die Metapher vom hoffnungsvoll grünen Gras veranschaulicht diesen Gedanken.

Damit das gelingt, ist es notwendig, die Dinge zunächst ruhen zu lassen, denn die Saat kann nur keimen, wenn wir die Gegend eine Weile nicht betreten. Aber, einmal verwurzelt, ist Gras eine robuste Pflanze, die den Untergrund betretbar und tragfähig macht. Und auch diesbezüglich ist das Bild hilfreich. Es verdeutlicht, dass Verzeihen nicht nur vereinbar sein kann mit der Erinnerung an geschehenes Unrecht, sondern gegebenenfalls erst einen leidfreien Zugang zu dieser Erinnerung eröffnet. Oft ermöglicht es erst der Entschluss, jemandem zu vergeben, dass sich die Beteiligten der Vergangenheit stellen können und sie als das erkennen, was sie ist: ein unwiderruflicher Teil ihres Lebens.

Fassen wir das bisher Gesagte kurz zusammen: Die Bereitschaft, zu vergessen, was jemand getan hat, ist weder eine notwendige noch eine hinreichende Bedingung dafür, ihm zu verzeihen. Verzeihen und Erinnern sind durchaus miteinander vereinbar, denn Vergebung beinhaltet nicht das Auslöschen der Vergangenheit, sondern ermöglicht einen anderen Umgang mit ihr. Der Akt der Vergebung befreit uns nicht von der Last der Erinnerung, vielmehr befreit er die Erinnerung von manchem, was an ihr belastend ist.

Soweit es die Person betrifft, die Unrecht getan hat, besteht diese Last nicht zuletzt in der Schuld, die sie auf sich geladen hat. Das legt die Vermutung nahe, dass Verzeihen deswegen entlastend ist, weil der Betreffende dadurch von seiner Schuld befreit und sozusagen «ent-schuldigt» wird. Wie wir nun sehen werden, ist das jedoch ein Missverständnis: Wer verzeiht, entschuldigt nicht. Verzeihen kommt vielmehr überhaupt erst in Betracht, wenn es für das, was jemand getan hat, keine Entschuldigung gibt. Tatsächlich sind Verzeihen und Entschuldigen sehr unterschiedliche Reaktionen auf die Erfahrung von Unrecht. Sehen wir uns genauer an, was sie verbindet und was sie trennt.

# Entschuldigen

«Es scheint kein Grund zum Verzeihen vorzuliegen, wo keine Schuld vorausgegangen ist.»[19]

*Pierre Abaelard, Scito Te Ipsum*

Ich habe eingangs gesagt, dass das Phänomen des Verzeihens im menschlichen Zusammenleben eine entscheidende Rolle spielt. Das gilt allerdings nicht gleichermaßen für den Begriff des Verzeihens. Tatsächlich kommt es eher selten vor, dass jemand wortwörtlich um Verzeihung bittet. Wenn wir diese Bitte überhaupt formulieren, dann eher als eine Art Höflichkeitsfloskel im Zusammenhang mit alltäglichen Bagatellbelastungen – etwa, wenn man jemandem versehentlich auf den Fuß getreten ist oder die Aufmerksamkeit eines Fremden in Anspruch nimmt, um ihn nach dem Weg zum Bahnhof zu fragen. Die Bitte um «Verzeihung!» ist in diesem Zusammenhang allerdings nicht beim Wort zu nehmen, denn zu verzeihen gibt es hier, streng genommen, nichts. Das ist anders, wenn wir uns tatsächlich etwas haben zuschulden kommen lassen, doch in dem Fall ist eine andere Formulierung verbreiteter: Statt um Verzeihung bitten Menschen eher um Entschuldigung für ihr Fehlverhalten.

Inhaltlich ist damit in der Regel dasselbe gemeint: Wenn jemand sich bei uns entschuldigt, dann wissen wir, dass wir ihm verzeihen sollen. Und wer eine Bitte um Entschuldigung akzeptiert, signalisiert damit Vergebungsbereitschaft. Doch im hier vorliegenden Kontext – also mit Blick auf das Anliegen, nachzuvollziehen, was wir eigentlich tun, wenn wir jemandem verzeihen – ist Genauigkeit gefordert. Und tatsächlich wird bei näherer Betrachtung erkennbar, dass es einen großen Unterschied macht, ob man ein Handeln entschuldigt oder verzeiht. Der eigenen Mutter zu vergeben, dass sie die Familie verlassen und jahrelang jeden Kontakt zu ihren Kindern verweigert hat, ist etwas ganz anderes als ihr Verhalten zu entschuldigen. Wo liegt der Unterschied?

Um diese Frage zu beantworten, ist es hilfreich, mit der wesentlichen Gemeinsamkeit zwischen dem Entschuldigen und dem Verzeihen zu beginnen: Beides sind Reaktionen auf Unrecht. Betrachten wir also zunächst, was mit Unrecht gemeint ist.

Wenn jemand sich entschuldigt oder um Verzeihung bittet, hat das üblicherweise eine unerfreuliche Vorgeschichte. Beide Bitten setzen nämlich voraus, dass die betreffende Person etwas falsch gemacht hat, und damit können alltagssprachlich alle möglichen Verletzungen gemeint sein. Das philosophische Verständnis von Verzeihen ist dagegen deutlich enger und in diesem spezifischeren Sinne ist es nur dann angebracht, um Verzeihung zu bitten, wenn das, was jemand getan hat, ein Unrecht, also moralisch falsch war.

Für welche Handlungen das gilt, darüber lässt sich lange streiten. Tue ich der Kollegin Unrecht, wenn ich sie nicht zu meiner Geburtstagsparty einlade, obwohl alle anderen aus der Abteilung dabei sein werden? Sollte ich ein schlechtes Gewissen haben, wenn ich nicht bereit bin, meine alten Eltern zu Hause zu pflegen? Hat eine Frau, die heimlich die Pille abgesetzt hat und nun schwanger ist, Grund, ihren Partner um Entschuldigung zu bitten? Das sind schwierige Fragen, doch wir müssen sie hier nicht beantworten. Für den Moment genügt eine eher allgemeine Bestimmung von Unrecht, und aus meiner Sicht ist die folgende Kennzeichnung für unsere Zwecke treffend: Einer Person Unrecht zu tun beinhaltet, die *moralischen Rechte* oder Ansprüche, die diese Person uns gegenüber hat, *ungerechtfertigterweise* zu verletzen. Um zu verstehen, was damit gemeint ist, ist ein Beispiel hilfreich.

Nehmen wir an, ein Kollege erzählt mir, er sei schwer krank und werde bald wohl für immer arbeitsunfähig sein. Er kam mir schon eine ganze Weile sehr bedrückt vor. Mehrfach hatte ich versucht, mit ihm ins Gespräch zu kommen, und ihm schließlich zugesichert, alles, was er mir erzählt, werde unter uns bleiben. Nachdem er seine Geschichte beendet hat, bin ich verwirrt und unsicher, wie ich mit der Information umgehen soll. Eines allerdings weiß ich: Mein Kollege hat ein Recht auf meine Diskretion. Dieses Recht hat nichts mit Gesetzen zu tun, und man kann es nicht vor Gericht einklagen. Es ist ein *moralisches* Recht, das aus meinem Versprechen ihm gegenüber resultiert und meinen Kollegen zu der Erwartung berechtigt, dass niemand durch mich von seiner Krankheit erfährt. Wenn ich andere in sein Geheimnis einweihe, ohne dass er mir das vorher ausdrücklich erlaubt hat, würde ich dieses Recht verletzen. In dem Fall täte ich ihm also Unrecht und hätte zweifellos einen Grund, um Entschuldigung oder um Verzeihung zu bitten.

Eines Tages bricht der Kollege bei der Arbeit bewusstlos zusammen und man ruft den Notarzt. Ich bin zufällig in der Nähe und die Einzige, die von seiner Erkrankung weiß. Obwohl ich versprochen habe, nichts zu sagen, weihe ich den Arzt in die Vorgeschichte ein. Auch in diesem Fall breche ich mein Versprechen dem Kollegen gegenüber, und doch würde wahrscheinlich niemand sagen, ich täte ihm damit Unrecht. Das liegt nicht an meiner zweifellos guten Absicht – denn die Absicht, aus der Menschen handeln, entscheidet nicht schon als solche darüber, ob das, was sie tun, richtig oder falsch ist. Dass es unter den gegebenen Umständen gerechtfertigt ist, mein Wort zu brechen, erklärt sich vielmehr dadurch, dass in dieser Situation zwei Verpflichtungen miteinander in Konflikt stehen, die ich dem Kollegen gegenüber habe: Ich sollte tun, was ich kann, um ihm zu helfen, und ich sollte Wort halten. Weil beides gemeinsam nicht geht, muss ich eine Entscheidung treffen. Allerdings ist es zweifellos wichtiger, jemandes Leben zu retten, als sein Geheimnis zu wahren. Unter den gegebenen Umständen ist es daher – alles in allem betrachtet – moralisch zulässig, mein Versprechen zu brechen, und daher ist es kein Unrecht. Unrecht tun wir jemandem nämlich nur dann, wenn wir seine Rechte oder Ansprüche *ungerechtfertigterweise* verletzen.

Dieser Definitionsvorschlag ist recht weit, denn solange man Unrecht als ungerechtfertigte Verletzung der moralischen Rechte anderer Menschen versteht, werden gegebenenfalls sehr viele und sehr unterschiedliche Verhaltensweisen als Unrecht gelten. Es beginnt mit eher harmlosen Lügen und reicht bis zu schwersten Verbrechen. In manchen dieser Fälle klingt es übertrieben, davon zu sprechen, dass jemand uns Unrecht getan hat: Wenn mein Nachbar versprochen hat, mir beim Umzug zu helfen, tut er mir – dieser Definition zufolge – Unrecht, wenn er dann doch lieber im Bett bleibt und mich auf meinen Kartons sitzen lässt. Das ist im ersten Moment irritierend, denn das Wort Unrecht hört sich nach eher schwerwiegenden Vergehen an. In anderen Fällen besteht hingegen genau das umgekehrte Problem, und am Beispiel der Geschichte von Eva Kor haben wir das bereits gesehen. Es klingt geradezu verharmlosend, was Menschen in Auschwitz angetan wurde, lediglich als Unrecht zu bezeichnen. Der Unrechtsbegriff, den ich hier vorerst zugrunde lege, ist also gewöhnungsbedürftig, doch er ist, wie sich noch zeigen wird, gut geeignet, um das Phänomen des Verzeihens besser zu verstehen: gerade, *weil* er vergleichsweise weit und zunächst rein formal ist.

Die Kennzeichnung von Unrecht als ungerechtfertigte Verletzung der moralischen Rechte anderer Menschen ist rein formal, weil sie als solche noch nichts darüber aussagt, welche konkreten Handlungen ein Unrecht darstellen. Das hängt nämlich ganz davon ab, welche Rechte Menschen haben und unter welchen Bedingungen es gerechtfertigt wäre, diese Rechte zu verletzen. Darüber wird nicht nur innerhalb der Philosophie gestritten. Doch sofern man von der «Existenz» solcher moralischen Rechte ausgeht, dürfte dazu beispielsweise das Recht gehören, nicht erniedrigt oder gequält zu werden, und wahrscheinlich zählt auch das Recht dazu, dass man uns nicht bewusst hintergeht.

Diese Rechte haben eine Schutzfunktion, und manche davon, wie etwa das moralische Recht auf körperliche und seelische Unversehrtheit, schützen besonders bedeutsame Güter. Wenn jemand diese Rechte ohne Not verletzt, macht er sich eines besonders schwerwiegenden Vergehens schuldig. Doch auch vergleichsweise alltägliche Fehltritte fallen unter die genannte Unrechtsdefinition: Wer seinem Partner Treue versprochen hat und heimlich eine Affäre beginnt, tut ebenso Unrecht wie jemand, der einen Kollegen öffentlich bloßstellt oder ungerechtfertigterweise eine Person belügt.

Dabei ist es für die Frage danach, ob eine bestimmte Handlung ein Unrecht war, nicht entscheidend, dass der andere dadurch tatsächlich zu Schaden gekommen ist – das ist nicht zwangsläufig der Fall. Mitunter hat ein Seitensprung am Ende für alle Beteiligten sogar glückliche Folgen, und möglicherweise hat der Kollege einzig und allein sich selbst geschadet, als er die intimen Fotos seiner Büronachbarin im Internet hochgeladen hat. Das ändert jedoch nichts daran, dass die Verantwortlichen in beiden Fällen Grund haben, um Verzeihung oder Entschuldigung zu bitten. Denn sowohl der Ehepartner als auch die Kollegin haben ein moralisches Recht darauf, nicht in dieser Weise behandelt zu werden, und das – und nicht der gegebenenfalls entstandene Schaden – ist dafür ausschlaggebend, ob ein Verhalten moralisch falsch war.

Wie wir noch sehen werden, ist es gerade in Sachen Verzeihen wichtig, diese beiden Dinge – den Schaden, den jemand gegebenenfalls erlitten hat, und das Unrecht, das ihm zugefügt wurde – auseinanderzuhalten, denn beides fällt nicht unbedingt zusammen. Nicht immer, wenn Menschen anderen Menschen Unrecht tun, ist für den Betreffenden ein Schaden entstanden, und Gleiches gilt umgekehrt: Wenn jemand geschädigt oder verletzt wird, heißt das nicht unbedingt, dass ihm Unrecht getan wurde. Viele Erfahrungen, die für Menschen schmerzhaft, verletzend oder enttäuschend sind, sind vielmehr aus moralischer Perspektive betrachtet unproblematisch.

Ein Beispiel dafür ist die Kollegin, die die Beförderung bekommt, auf die ich lange hingearbeitet hatte. Hätte sie sich nicht beworben, wäre ich jetzt an ihrer Stelle, und das wissen wir beide. Man könnte also durchaus sagen, dass sie mir mit ihrer Bewerbung geschadet hat, doch natürlich hatte sie jedes Recht, zu tun, was sie getan hat. Sie muss dafür ebenso wenig um Verzeihung bitten wie der Mann, der sich einer Geschlechtsumwandlung unterziehen wird. Auch wenn seine Frau und die Kinder darunter leiden: zu verzeihen gibt es hier nichts. Niemand hätte in diesen Fällen mit Recht erwarten dürfen, dass ihm die entsprechende Erfahrung erspart bleibt. Es kann insofern zwar durchaus angemessen sein, Bedauern zu äußern, wenn andere unter unserem Verhalten leiden oder dadurch geschädigt werden. Doch Grund, um Verzeihung zu bitten oder sich zu entschuldigen, gibt es streng genommen nur dann, wenn jemand Unrecht getan, das heißt, die moralischen Rechte anderer ungerechtfertigterweise verletzt hat.

In Sachen Verzeihen spielt dieser Unterschied auch deswegen eine Rolle, weil Menschen oft vergeblich darauf warten, dass eine Person, die sie verletzt oder enttäuscht hat, für ihr Verhalten um Entschuldigung bittet. Doch möglicherweise ist sich der Betreffende gar keiner Schuld bewusst. Vielleicht ahnt er gar nicht, dass ich ihm seit Jahren grolle und längst von ihm erwartet hätte, dass er sein (vermeintliches) Unrecht eingesteht und mich um

Verzeihung bittet. Welche Verletzungen ein Unrecht darstellen und wann und wofür wir um Entschuldigung oder Verzeihung bitten sollten, versteht sich nämlich nicht von selbst, und dieser Umstand sorgt für zusätzliche – praktische und moralphilosophische – Probleme, wenn es ums Verzeihen geht.

Wahrscheinlich kennt jeder solche Beispiele: Meine Cousine gibt offen zu, dass sie nie vorhatte, mir bei der Grabpflege zu helfen. Aber sie versteht nicht, dass ich dafür eine Entschuldigung von ihr erwarte. Anders als ich ist sie nämlich nicht der Meinung, ich würde zu Recht von ihr erwarten, dass sie einen Teil der Arbeit übernimmt. Schließlich, so meint sie, sei ich es ja gewesen, die ihrer Mutter damals versprochen habe, ihr Grab werde nicht verwahrlosen. Sie selbst habe gar nichts dazu gesagt und das aus gutem Grund. Aus Sicht meiner Cousine sind meine Vorwürfe daher unfair, und den alljährlich spätestens zu Allerheiligen wiederkehrenden Streit empfindet sie als entnervend. Wenn hier überhaupt jemand Grund hat, um Entschuldigung zu bitten, dann bin das, aus ihrer Sicht, ich.

Auseinandersetzungen dieser Art sind oft unangenehm. Aber sie können auch hilfreich sein. Nicht selten führen erst die Vorwürfe, die wir einander machen, dazu, die Unterschiede in unseren moralischen Erwartungshaltungen aufzudecken. Denn wer sich empört und vom anderen eine Entschuldigung einfordert, bringt seine Vorstellung von «richtig» und «falsch» zum Ausdruck.

Nicht immer lassen sich diese Meinungsverschiedenheiten beilegen. Viele Menschen gehen sogar davon aus, dass sich Fragen der Moral gegenüber anderen Streitfragen geradezu dadurch auszeichnen, dass wir uns diesbezüglich wohl niemals alle einig sein werden, und manche machen dafür gern die unterschiedlichen Kulturzugehörigkeiten der Menschen verantwortlich. Beides ist aus meiner Sicht falsch. Denn, *erstens*, gibt es erstaunlich viel Einigkeit in Fragen der Moral, und, *zweitens*, sind moralische Streitigkeiten zwischen den Angehörigen unterschiedlicher Kulturen nicht unbedingt häufiger als innerhalb der eigenen kulturellen Herkunftsfamilie – man denke nur an die entsprechenden Auseinandersetzungen mit den eigenen Eltern. Dennoch haben Menschen zweifellos unterschiedliche Auffassungen davon, was sie einander schulden und voneinander erwarten dürfen, und gelegentlich setzen wir fälschlicherweise voraus, dass andere die Dinge genauso sehen wie wir.

Mindestens aus philosophischer Sicht ist, ungeachtet aller inhaltlichen Differenzen in Fragen der Moral, eines gleichwohl unstrittig: *Wenn* jemand eine ernstgemeinte Bitte um Entschuldigung oder Verzeihung an uns richtet, bringt er damit zum Ausdruck, dass *er selbst* meint, mit seinem Verhalten stimme, gelinde gesagt, etwas nicht. In dieser Hinsicht unterscheidet sich die Bitte um Entschuldigung nicht von der Bitte um Vergebung. Im einen wie im anderen Fall bekennt sich jemand zu einem Fehlverhalten. Sowohl das Entschuldigen als auch das Verzeihen sind Reaktionen auf die Erfahrung von Unrecht.

Ich habe oben gesagt, dass es trotz dieser Gemeinsamkeit etwas anderes ist, ob wir das Verhalten einer Person entschuldigen oder ob wir ihr verzeihen, und der Unterschied betrifft, wie ich nun deutlich machen möchte, die Schuldfrage. Damit ist Folgendes gemeint: Wer erlittenes Unrecht *entschuldigt*, geht, anders als jemand, der *verzeiht*, davon aus, dass die Person, die seine Rechte verletzt hat, für das, was sie getan hat, nicht verantwortlich gemacht werden kann. Was heißt das, und was hat das mit der Schuldfrage zu tun?

Nehmen wir das Beispiel der Freundin, die fest versprochen hatte, auf meine Kinder aufzupassen, damit ich nach Jahren der Erwerbsarbeitslosigkeit ein Vorstellungsgespräch wahrnehmen kann. Doch sie kommt nicht. Ich bin verärgert und zu Recht empört, zumal ich mehr als deutlich gemacht habe, wie viel für mich von diesem Termin abhängt. Sie war auch früher mitunter unzuverlässig, und dieses Mal bin ich entschlossen, ihr nicht zu verzeihen – bis sich herausstellt, dass sie auf dem Weg zu mir einen Unfall hatte. Das ändert alles: Sie ist klarerweise nicht dafür verantwortlich, dass ich meine Chance auf den neuen Job verpasst habe. Auch wenn sie mir formal gesehen Unrecht getan hat – ich durfte mit Recht von ihr erwarten, Wort zu halten und pünktlich vor Ort zu sein –, trifft sie keine Schuld, denn *Schuld ist Verantwortung für Unrecht*, und ohne Verantwortung gibt es keine Schuld.

Eben diese Schuld und damit die entsprechende Verantwortung ist aber notwendigerweise vorausgesetzt, wenn wir jemandem verzeihen oder wenn jemand um Verzeihung bittet. Und darin besteht der wesentliche Unterschied zwischen Vergeben und Entschuldigen. Verzeihen kommt überhaupt nur dann in Frage, wenn wir eine Person *zu Recht für das Unrecht verantwortlich machen*, das wir erlitten haben. Der amerikanische Philosoph Jeffrie Murphy erklärt das so: «Wenn wir jemanden entschuldigen, sagen wir: Was die Person getan hat, war moralisch falsch, doch aufgrund bestimmter Faktoren wäre es unfair, sie dafür verantwortlich oder ihr für ihr Fehlverhalten Vorwürfe zu machen.»[20] Jemandem zu verzeihen ist hingegen etwas anderes, weil wir anderen nur das verzeihen können, was wir ihnen zu Recht verübeln. Sollte sich zeigen, dass der andere für sein Verhalten gar nicht im strengen Sinne verantwortlich war, haben wir dazu jedoch kein Recht. «Groll – und damit Vergebung – richtet sich gegen *Unrecht, für das die betreffende Person die Verantwortung trägt.*»[21] Verzeihen ist, mit anderen Worten, eine Reaktion auf *schuldhaftes Unrecht.*

Ob es tatsächlich etwas zu verzeihen gibt oder ob jemand entschuldigt ist, hängt also davon ab, ob wir berechtigt sind, ihm sein Handeln zum Vorwurf zu machen. Im Fall meiner verunfallten

Freundin bin ich das nicht. Sie trägt keine Schuld daran, dass ich mein Vorstellungsgespräch verpasst habe, und darum wäre es *erstens* unfair, ihr dafür Vorwürfe zu machen, und *zweitens* unpassend, zu sagen «Ich verzeihe dir!» Ich habe ihr nämlich gar nichts zu verzeihen, weil sie entschuldigt ist.

Führt man sich das vor Augen, wird klar, dass es streng genommen gar keinen Sinn ergibt, um Entschuldigung zu *bitten*. Entweder jemand *ist* entschuldigt, weil er für die Verletzung meiner Ansprüche nicht verantwortlich ist, oder eben nicht. Ob das eine oder das andere zutrifft, hängt weder von mir noch von ihm ab, und insofern ist die *Bitte* um Entschuldigung im Grunde genommen überflüssig. Jedenfalls ist sie nicht im eigentlichen Sinne als eine Bitte zu verstehen, das heißt als Ersuchen einer Gunst, die jemand auch verweigern könnte. Wenn mich die Freundin, die mich unfreiwillig und «unschuldig» versetzt, dafür dennoch um Entschuldigung bittet, ist das eher als eine Art Aufforderung an mich zu verstehen, anzuerkennen, dass sie keine Schuld an den Ereignissen trägt. Zwar hat sie die Situation verursacht – sie ist nicht gekommen –, aber zu verantworten hat sie sie nicht.

Wenn wir jemanden entschuldigen, entlasten wir ihn also von der Verantwortung für das, was geschehen ist. Damit sprechen wir ihm allerdings nicht generell die Verantwortung für sein Tun ab. Im Gegenteil: Entschuldigen oder Verzeihen kann man nur die- bzw. denjenigen Personen, die grundsätzlich verantwortungsfähig sind. Das zeigt sich, wenn wir an Menschen denken, für die das noch nicht oder nicht mehr gilt, wie beispielsweise kleine Kinder oder Menschen, die geistig verwirrt sind. Es wäre schlicht dumm, der zweijährigen Tochter meiner Freundin zu verübeln, dass sie meine kostbare Uhr in der Toilettenschüssel versenkt hat. Und ebenso wenig hat meine demenzerkrankte Mutter Vorwürfe verdient, wenn sie mich schlägt, weil ich sie ins Bett bringen will. Keine der beiden kommt als Adressat von Vergebung in

Frage. Doch ebenso wenig würden wir sagen, dass Kinder oder demenzbetroffene Menschen «entschuldigt» sind, wenn sie Dinge tun, die man eigentlich nicht tun darf. Zutreffender ist wohl die Behauptung, dass prinzipiell verantwortungsunfähige Menschen gar nichts falsch machen können. Eben das ist aber nicht nur beim Verzeihen, sondern auch im Fall des Entschuldigens vorausgesetzt: Entschuldigungen und Vergebung braucht nur, wer – jedenfalls prinzipiell – Unrecht tun kann.

Der Unterschied zwischen Entschuldigen und Verzeihen betrifft also die Schuldfrage, und dabei geht es nicht um die prinzipielle Verantwortungsfähigkeit der Person, die Unrecht getan hat – die ist in beiden Fällen vorausgesetzt. Entscheidend ist vielmehr deren aktuelle Verantwortung für das, was geschehen ist. Jemandem zu verzeihen beinhaltet den Verzicht auf *berechtigte* Vorwürfe. Ihn zu entschuldigen bedeutet hingegen, anzuerkennen, dass Vorwürfe ihm gegenüber gerade *nicht berechtigt* sind. So befreien uns erfolgreiche Entschuldigungen von jener Verantwortung, die im Fall der Vergebung notwendig vorausgesetzt sein muss. Und genau das ist der Grund, warum Verzeihen erst dann eine ernst zu nehmende Option ist, wenn es keine Entschuldigung gibt für das, was jemand getan hat: Vergebung braucht nur, wer keine Entschuldigung geltend machen kann.

Zwischen Verzeihen und Entschuldigen besteht daher – anders als im Fall von Vergeben und Vergessen – ein grundlegender Unterschied, denn das eine schließt das andere aus: Wenn jemand entschuldigt ist, gibt es nichts, was man ihm verzeihen müsste. Und wenn wir einer Person verzeihen, entschuldigen wir gerade nicht, was sie getan hat.

Die Neigung, beides gleichzusetzen, ist dennoch weit verbreitet, und sie findet sich auch in der philosophischen Debatte. So versteht etwa Hannah Arendt Verzeihen als eine Reaktion auf «Verfehlungen», das heißt auf Dinge, die Menschen «getan haben, ohne zu wissen, was sie tun.»[22] Sie bezieht sich dabei ausdrücklich auf eine im christlich-abendländischen Kulturkreis besonders prominente Bitte um Vergebung, die Jesus am Kreuz stellvertretend für diejenigen ausspricht, die ihn zum Tode verurteilt haben: «Vater, vergib ihnen, denn sie wissen nicht, was sie tun.» Viele Autoren haben bemerkt, dass diese Bitte irritierend ist. Denn wenn jemand tatsächlich nicht wusste, was er tat, oder wenn er nicht wissen konnte, dass sein Handeln moralisch falsch ist, trifft ihn keine Schuld, die es zu verzeihen gilt. Wer tatsächlich nicht weiß, was er tut, ist, mit anderen Worten, entschuldigt, und wer entschuldigt ist, braucht keine Vergebung. Warum also für den Ahnungslosen um Verzeihung bitten, wenn er doch entschuldigt ist?

Wir haben nun gesehen, dass Vergebung nur im Fall von schuldhaftem Unrecht eine Option ist und dabei vorausgesetzt ist, dass jemand die Verantwortung für das Unrecht trägt, das ein anderer erleiden musste. Auf dem Papier lässt sich das klar voneinander trennen, doch in der Praxis ist das manchmal schwierig. Tatsächlich fühlen sich viele Menschen ein Leben lang schuldig für Ereignisse, die ihnen gar nicht anzulasten sind.

In seinem Roman *Nemesis* (in der griechischen Mythologie bezeichnenderweise der Name der «Göttin des gerechten Zorns») erzählt der amerikanische Schriftsteller Philip Roth von einem solchen Fall.[23] Die Hauptfigur der Geschichte, der Sportlehrer Eugene «Bucky» Cantor, leidet zeit seines Lebens unter schweren Schuldgefühlen. Er fühlt sich verantwortlich für den Tod jener Kinder, die in einem von ihm betreuten Ferienlager an Kinderlähmung erkranken und schließlich versterben. Bucky Cantor weiß nicht, dass er selbst infiziert und infektiös ist, und als sich die Gelegenheit bietet, als Ersatz für einen ausgefallenen Betreuer zu seiner Verlobten Marcia in das Lager zu reisen, zögert er nicht lange. Doch dann wird er krank und sieht sich fortan als Auslöser der Katastrophe. Er löst die Verlobung und trägt den Schmerz der

Trennung und des sich daran anschließenden einsamen Lebens mit einer schweren Behinderung als eine Form der Buße für das, was er unfreiwillig bewirkt hat. Die eindringliche Bitte eines ehemaligen Schülers, den er nach Jahren wieder trifft – «Stellen Sie sich nicht gegen sich selbst! Die Welt ist grausam genug. Machen Sie sie nicht noch schlimmer, indem Sie sich zum Sündenbock erklären» –, erreicht ihn so wenig wie die flehenden Worte von Marcia, die ihn im Krankenhaus besucht: «Immer hältst du dich für verantwortlich, auch wenn du es *nicht* bist. Entweder der schreckliche Gott ist verantwortlich oder der schreckliche Bucky Cantor ist verantwortlich – in Wirklichkeit liegt die Verantwortung aber bei *keinem* von ihnen.»

Keine Theorie des Verzeihens kann allein durch eine entsprechende Begriffsklärung denen Befreiung bringen, die unter der Last des von ihnen unverschuldet verursachten Elends leiden. Menschen fühlen sich nicht nur für Handlungen schuldig, die gar kein Unrecht sind, sondern auch für Unrecht, an dem sie keine Schuld tragen. In solchen Fällen ist es mitunter hilfreich, die eigenen Empfindungen aus der philosophischen Distanz auf ihre Angemessenheit hin zu überprüfen, auch wenn wir die therapeutische Wirkung philosophischer Reflexion nicht überschätzen sollten. So oder so gilt es festzuhalten: Wer keine Schuld trägt, braucht keine Vergebung.

Fassen wir kurz zusammen, was die Betrachtung von Entschuldigen und Verzeihen gezeigt hat. Bei beiden Vorgängen handelt es sich um Reaktionen auf Unrecht, das heißt auf Handlungen, mit denen jemand die Ansprüche einer anderen Person ungerechtfertigterweise verletzt. Dabei kann sich herausstellen, dass das Unrecht, das der andere mir zugefügt hat, gar nicht «auf sein Konto geht». In dem Fall ist er entschuldigt. Einer Person, die uns Unrecht getan hat, zu vergeben, setzt hingegen voraus, dass sie die volle Verantwortung und damit die Schuld an dem trägt, was geschehen ist. Vergebung kommt also überhaupt erst in Frage, wenn eine Tat nicht zu entschuldigen ist.

Wir haben gesehen, dass die Last, von der das Verzeihen befreit, weder in der Erinnerung an das Geschehene noch in der Verantwortung für das Unrecht besteht. Im Folgenden möchte ich deutlich machen, dass auch ein dritter Vorschlag zur Erklärung des entlastenden Effekts von Vergebung nicht überzeugen kann: Die Idee, Verzeihen bestehe darin, Verständnis zu zeigen und denen, die uns schuldhaft verletzt haben, ihr Handeln nachzusehen.

# Verständnis und Nachsicht

«Wir müssen nachsichtig sein,
dann kann man vieles,
sehr vieles verzeihen.»[24]

*Fjodor M. Dostojewski,*
*Verbrechen und Strafe*

Vergebung ist, wie wir soeben gesehen haben, eine Reaktion auf die Erfahrung von schuldhaftem Unrecht. Wenn wir davon sprechen, jemandem zu verzeihen, ist vorausgesetzt, dass die betreffende Person das, was sie getan hat, *erstens* nicht hätte tun dürfen, und dass sie *zweitens* für ihre Handlung verantwortlich und in diesem Sinne nicht entschuldigt ist. Dabei ist Verzeihen ein Vorgang, von dem – anders als beim Vergessen – mindestens zwei Personen betroffen sind und der für beide Seiten Entlastung verspricht. All das gilt allerdings auch für eine andere Form des Umgangs mit Unrecht, die zunächst viel Ähnlichkeit mit dem Verzeihen hat: Statt sich zu empören, dem Schuldigen zu grollen und ihm Vorwürfe zu machen, zeigen Menschen bisweilen Verständnis und Nachsicht, wenn ihnen Unrecht geschieht.

Von außen betrachtet lässt sich oft nicht erkennen, ob jemand einer Person verziehen hat oder ob sein Verhalten ein Ausdruck verständnisvoller Nachsicht ist, und auf den ersten Blick könnte man meinen, dass beides letztlich auf ein und dasselbe hinausläuft. In ihrem Roman *Corinna oder Italien* hat die französische Schriftstellerin Madame de Staël zu Beginn des 19. Jahrhunderts geschrieben, dass «alles verstehen sehr nachsichtig» macht.[25] Der Satz ist längt zum geflügelten Wort geworden, allerdings in leicht abgewandelter Form: «Alles verstehen heißt alles verzeihen.» Tatsächlich deutet manches darauf hin, dass Verständnis, Nachsicht und Verzeihen viel miteinander zu tun haben. Menschen, die sich grundsätzlich weigern, anderen zu verzeihen, nennen wir «unnachsichtig», und denen, die zu schnell dazu bereit sind, werfen wir manchmal vor, sie seien «viel zu nachsichtig». Doch auch im Fall der Nachsicht gilt, dass sie sich vom Verzeihen in relevanter Hinsicht unterscheidet: Es ist etwas anderes, ob ich jemandem seine Lügen nachsehe oder sie ihm verzeihe. Und es macht einen Unterschied, ob mein Partner für den Seitensprung um Verzeihung bittet oder ob er mich bittet, ihm seine Untreue nachzusehen. Worin besteht die Differenz?

Wie schon bei der Unterscheidung zwischen Vergeben und Entschuldigen hat auch der Unterschied zwischen Vergebung und Nachsicht etwas mit der Frage der Schuld zu tun. Schuld, so habe ich es oben formuliert, ist *Verantwortung für Unrecht*. Der Unterschied zwischen Verzeihen und Entschuldigen betrifft dabei, wie wir gesehen haben, den Aspekt der *Verantwortung*: Wer jemanden entschuldigt, erkennt an, dass die Person für das, was sie angerichtet hat, nicht verantwortlich war, und spricht sie damit von jeder Schuld frei. Das ist im Fall der Nachsicht anders. Hier liegt die wesentliche Differenz zum Verzeihen in der Haltung, die wir gegenüber dem *Unrecht* einnehmen, das man uns zugefügt hat. Wenn jemand Nachsicht übt, verhält er sich nämlich so, als sei ihm gar kein Unrecht geschehen. Während Vergebung darauf hinausläuft, den Schaden zu reparieren, den Unrecht im Verhältnis der Menschen zueinander anrichtet, geht es dem Nachsichtigen darum, einen solchen Schaden gar nicht erst entstehen zu lassen. Sehen wir uns das etwas genauer an.

Im Alltag meinen wir mit Nachsicht meist so etwas wie die Bereitschaft, anderen Verhaltensweisen «durchgehen zu lassen», die man eigentlich missbilligt. Oft geht es dabei um eher banale

Dinge: Es ist nicht in Ordnung, dass mein Bekannter zu jeder Verabredung mindestens eine Viertelstunde zu spät erscheint, obwohl er immer wieder von neuem versichert, *dieses* Mal sei er aber ganz bestimmt pünktlich. Doch mittlerweile habe ich mich daran fast schon gewöhnt und rege mich gar nicht erst auf. Mit der Zeit bin ich, was ihn und seine Unpünktlichkeit betrifft, nachsichtig geworden. In dieser Hinsicht hat Nachsicht viel Ähnlichkeit mit Toleranz. Im einen wie im anderen Fall geht es darum, Einstellungen oder Verhaltensweisen anderer hinzunehmen, obwohl sie uns zu Recht stören. Wer tolerant ist, reagiert gelassen, wenn andere seine Lebensweise oder Weltanschauung nicht teilen und Dinge für richtig halten, die er selbst ablehnt. Nachsicht ist hingegen vorzugsweise dann gefragt, wenn Menschen moralische Schwächen zeigen.

Der Slogan «Nobody is perfect!» bringt diese Haltung gut auf den Punkt: Wir machen eben alle mitunter moralische Fehler, und Unachtsamkeit und Willensschwäche spielen dabei ebenso eine Rolle wie Angst oder Eigennutz. Eigentlich hat mein Urlaubsflirt eine ehrliche Antwort auf seine Frage verdient, ob ich in einer Beziehung lebe. Dennoch lüge ich ihn an, weil ich befürchte, dass er sonst auf Abstand geht. Und obwohl ich weiß, dass die Kollegin zu Unrecht beschuldigt wird, vertrauliche Informationen weitergegeben zu haben, sage ich nichts, weil ich sie nicht mag und nicht in die Sache hineingezogen werden will. Wir alle sind, wie es der amerikanische Philosoph Richard Hare formuliert hat, gelegentlich «moralisch in Urlaub»[26] und insofern kommt die Bereitschaft von Menschen, über die Schwächen anderer nachsichtig hinwegzusehen, wahrscheinlich jedem irgendwann zugute. Mit grundsätzlich unnachsichtigen Menschen, die immer gleich unter die Decke gehen, wenn jemand sich nicht einwandfrei verhält, und die auch bei eher lässlichen Sünden eine ausdrückliche Entschuldigung erwarten, lässt sich nur schwer zusammenleben, und das Gleiche gilt für diejenigen, die von sich selbst meinen, auf Nachsicht verzichten zu können, weil sie immer alles richtigmachen. So gesehen spricht also manches für eine nachsichtige Grundhaltung.

Allerdings ist es längst nicht immer angebracht, verständnisvoll und nachsichtig zu sein, wenn Menschen sich falsch verhalten. Im Fall von sogenannten Notlügen oder «moralischen Ausrutschern» sollten wir wahrscheinlich nicht zu streng miteinander sein. Schließlich kann niemand ein Interesse daran haben, die Standards so hoch zu legen, dass er selbst regelmäßig daran scheitern muss. Doch spätestens, wenn jemand sich ohne Rücksicht oder gar mit böser Absicht über die Rechte anderer hinwegsetzt, sind Verständnis und Nachsicht fehl am Platze. Wer beispielsweise damit konfrontiert ist, dass er selbst oder andere bewusst missachtet werden, und sich entscheidet, mit verständnisvoller Nachsicht darüber hinwegzusehen statt einzugreifen oder wenigstens zu protestieren, leistet keinen Beitrag zu Frieden und Verständigung. Ganz im Gegenteil.

Der amerikanische Bürgerrechtler Martin Luther King hat sich in seinen Schriften und Reden oft und vehement gegen solcherart missverstandene Nachsicht ausgesprochen: «Wer Böses einfach erduldet, ist nicht besser als der, der es tut. Wer das Böse akzeptiert, ohne zu protestieren, arbeitet in Wahrheit mit ihm zusammen.»[27] Dabei richtet sich der Vorwurf der Komplizenschaft vor allem gegen diejenigen, die untätig bleiben und sich nachsichtig zeigen, wenn *andere* Unrecht erleiden. Doch es spricht nichts dagegen, ihn auch als Mahnung an uns selbst zu verstehen. Wenn wir mit denen, die uns Unrecht tun, zu viel Verständnis haben und nahezu alles mit uns machen lassen, spielen wir ihnen noch in die Hände. Ein englischer Kalenderspruch bringt das auf den Punkt: «Be careful of what you tolerate. You are teaching people how to treat you.» (Sei vorsichtig mit dem, was du tolerierst. Denn dadurch bringst du den anderen bei, wie sie dich behandeln sollen.)

Wie für die Toleranz gilt dabei auch im Fall der Nachsicht: Sie ist nur innerhalb bestimmter Grenzen als Tugend zu betrachten. Wer Nachsicht übt, verzichtet nämlich bewusst darauf, die Person, die ihm Unrecht getan hat, für ihr Handeln zur Rechenschaft zu ziehen. Statt seine Rechte zu verteidigen und den anderen mit seinem Verhalten zu konfrontieren, nimmt er, jedenfalls äußerlich, klaglos hin, wie man ihn behandelt hat. Die Frau, die ihrem Mann nachsieht, dass er die gesamten Ersparnisse der Familie im Casino verspielt hat, macht daraus kein Aufhebens. Sie blendet bewusst aus, dass es auch um ihr Geld geht und ihr Mann damit nicht einfach machen durfte, was er wollte.

Nachsichtig zu sein bedeutet dabei nicht, das, *was* der andere getan hat, gutzuheißen, zu rechtfertigen oder zu entschuldigen. Aber es heißt immerhin, ihm nicht zum Vorwurf zu machen, *dass* er es getan hat. Wer Nachsicht übt, sieht, mit anderen Worten, über die Verletzung seiner Rechte hinweg. Er lässt «fünfe grade sein» und entscheidet sich dafür, was geschehen ist, nicht so genau zu nehmen. Der Nachsichtige ist also nicht völlig blind für das Unrecht, aber er drückt immerhin ein Auge zu, und darin besteht aus meiner Sicht der wesentliche Unterschied zwischen Nachsicht und Vergebung: Er liegt in der Haltung, die wir jeweils gegenüber dem erlittenen Unrecht einnehmen. Was bedeutet das?

Wir haben gesehen, dass Verzeihen etwas mit der Überwindung von Groll und Empörung zu tun hat, und diese Empfindungen sind etwas anderes als bloß Wut oder Ärger. Um sich über jemanden zu ärgern oder wütend auf ihn zu sein, muss er keinen moralischen Fehler gemacht haben. Es reicht aus, dass sein Verhalten unseren Interessen entgegensteht oder uns, salopp gesagt, nicht passt. Menschen ärgern sich darüber, dass ihr Partner immer zu spät daran denkt, seinen Pass zu verlängern, und kurz vor dem Urlaub regelmäßig in Stress gerät. Wir werden wütend, wenn wir in Eile sind und jemand mit seinem Auto die Straße vor der Kita blockiert, um sich in Ruhe von seinen Kindern zu verabschieden. Groll und Empörung sind dagegen etwas anderes. Philosophinnen und Philosophen betrachten sie als *unrechtsspezifische* Gefühle, das heißt als Empfindungen, die sich typischerweise einstellen, wenn jemand unsere Rechte verletzt hat. Und es kommt noch etwas hinzu: Wenn wir jemandem grollen oder uns über ihn empören, nehmen wir das, was er getan hat, persönlich. Wir fühlen uns nicht nur davon betroffen, sondern gleichsam damit *gemeint*. Meist liegt das daran, dass es die eigenen Rechte sind, die verletzt wurden. Aber wir empören uns auch über Menschen, die *anderen* Unrecht tun, etwa weil wir uns mit den Leidtragenden solidarisieren.

Der Entschluss, jemandem zu verzeihen, ist damit verbunden, dass wir diese spezifischen Empfindungen bewusst überwinden wollen. Wir beschließen zu tun, was nötig ist, um den Groll hinter uns zu lassen. Wer hingegen Nachsicht übt, lässt die entsprechenden Gefühle gar nicht erst aufkommen, weil er das, was der andere getan hat, nicht persönlich nimmt.

Philosophinnen und Philosophen haben verschiedentlich darauf hingewiesen, dass Menschen, wenn sie anderen Unrecht tun, eine Art Botschaft aussenden. Sie geben ihrem Gegenüber bewusst oder unbewusst zu verstehen, mit ihm «könne man es ja machen». Der Freund, der regelmäßig zu spät kommt, geht offenbar nicht davon aus, dass ich ein Recht auf Pünktlichkeit habe. Wenn man so will, könnte man sein Verhalten als Ausdruck der Botschaft verstehen, mich dürfe man ruhig warten lassen. Aber man *muss* es eben nicht so verstehen, und es kennzeichnet die Haltung der nachsichtigen Person, dass sie sich dagegen entscheidet, die Missachtung ihrer Ansprüche in diesem Sinne persönlich zu nehmen. Wer sich nachsichtig zeigt, nimmt die Verletzung, die man ihm zugefügt hat, gar nicht erst *als Unrecht* in den Blick.

Das ist beim Verzeihen anders. Hier konzentrieren wir uns geradezu auf den Unrechtscharakter der Handlung, denn jemandem zu verzeihen setzt voraus, dass wir die schuldhafte Verletzung als vergebungsbedürftig und damit *als Unrecht* wahrnehmen und thematisieren. Wer verzeiht, ist also gerade nicht bereit, für das Fehlverhalten einer anderen Person Verständnis zu zeigen, mildernde Umstände geltend zu machen oder schlicht darüber hinwegzusehen. Im Gegenteil: Er entschließt sich, dem anderen eine zweite Chance zu geben, *obwohl* die Person ihm Unrecht getan hat – er trennt also den Täter von seiner Tat. Eine solche gedankliche Trennung nehmen wir auch dann vor, wenn wir uns jemandem gegenüber nachsichtig zeigen. Doch in diesem Fall verläuft die Trennung nicht zwischen der Tat und dem Täter, sondern zwischen der Tat und uns als ihrem Opfer: Indem wir über das Unrecht hinwegsehen, das jemand uns zugefügt hat, lassen wir es nicht an uns heran.

Soweit es den Fokus der Aufmerksamkeit betrifft, könnte man daher sagen, dass nicht Vergebung, sondern Nachsicht das eigentliche Gegenprogramm zur Rache ist: Der wütende Rächer sieht nur noch das ihm zugefügte Unrecht und ist blind für alles andere. Das perfekte Beispiel dafür ist Edmond Dantès, der Held in Alexandre Dumas' Roman *Der Graf von Monte Christo*, der nach vierzehn Jahren unschuldiger Kerkerhaft in sein Heimatdorf zurückkehrt, um sich an denen zu rächen, deren Lügen ihn damals am Tag seiner Hochzeit ins Gefängnis gebracht haben. Edmond Dantès bereitet seinen Vergeltungsschlag gründlich vor und dazu gehört auch, dass er zunächst diejenigen belohnt, die ihm und seiner Familie beigestanden haben. Dann heißt es: «Und jetzt ade, Güte, Menschlichkeit, Dankbarkeit! Ade, alle guten Gefühle, die das Herz erwärmen. Ich habe mich an die Stelle der Vorsehung gesetzt, um die Guten zu belohnen ... trete der Gott der Rache mir jetzt seinen Platz ab, um die Bösen zu bestrafen!»[28] Das ist das Gegenteil von Nachsicht: Der Rächer Edmond Dantès hat *nichts als* das Unrecht im Sinn, der Nachsichtige hingegen *alles bis auf* das Unrecht.

Das hat Konsequenzen für unseren jeweiligen Umgang mit den Schuldigen, und darin besteht ein weiterer, wesentlicher Unterschied zwischen Nachsicht und Vergebung. Nehmen wir als Beispiel die Referendarin, die von ihren Schülern gemobbt wurde und sich entscheidet, nachsichtig zu sein. Damit erklärt sie sich zugleich dazu bereit, die Sache auf sich beruhen zu lassen. Sie wird die Verletzung, die ihr zugefügt wurde, nicht ignorieren können, aber sie sieht in der Begegnung mit ihren Schülern darüber hinweg, dass die dafür verantwortlich sind, und erspart ihnen die Konsequenzen. Nachsicht zu üben, ist insofern nicht damit vereinbar, eine Tat beispielsweise zur Anzeige zu bringen oder für den entstandenen Schaden Kompensation zu fordern. Im Fall der Vergebung gilt das, wie wir noch sehen werden, nicht zwangsläufig. Jemandem zu verzeihen schließt keineswegs aus, ihn mit den Folgen seines Verhaltens zu konfrontieren, und dazu gehört möglicherweise auch die juristische Ahndung seiner Tat. Man kann, mit anderen Worten, bereit sein, jemandem eine zweite Chance zu lassen, und es dennoch für richtig halten, dass er sich für sein Handeln vor Gericht verantworten muss.

So hat etwa Eva Mozes Kor den Nazis zwar vergeben, aber dennoch als Nebenklägerin am Prozess gegen den SS-Unterscharführer Oskar Gröning teilgenommen. Das ist kein Widerspruch. Wer vergibt, muss nicht vergessen, und er darf bezeugen und beklagen, was ihm angetan wurde. Zwar hat Vergebung häufig zur Folge, dass der andere für sein Fehlverhalten nicht büßen muss, aber das ist eher ein Nebeneffekt und nicht das, worum es beim Verzeihen geht. Es kommt vor, dass bereits verurteilte Straftäter sich mit der Bitte um Vergebung an die Opfer wenden. Jemanden mit Blick auf eine Tat, für die man bereits bestraft worden ist, noch nachträglich um Nachsicht zu bitten, ergibt hingegen keinen Sinn.

Tatsächlich bringt die Bitte um Nachsicht – anders als die Bitte um Verzeihung – nicht nur die Hoffnung zum Ausdruck, der andere möge nicht persönlich nehmen, was man ihm angetan hat. Sie hat auch mit dem Wunsch zu tun, von negativen Konsequenzen des eigenen Handelns verschont zu bleiben. In gewissem Sinne hat die Bitte um Nachsicht darum auch etwas Verharmlosendes: Sie spielt das Geschehene herunter. Deshalb ist es mitunter befremdlich, wenn beispielsweise jemand, der seinen Partner hintergangen hat, dafür um Nachsicht – statt um Verzeihung – bittet: Wie könnte man es denn nicht persönlich nehmen, wenn ein Mensch, dem man vertraut hat, sich über Monate hinweg verstellt und unaufrichtig ist? Und wie kann der andere auch nur hoffen, man würde darüber hinwegsehen und das Ganze bliebe konsequenzlos?

Ich habe oben gesagt, dass wir meist eher banale Fälle vor Augen haben, wenn es um Nachsicht geht. Doch die Bereitschaft, über erlittenes Unrecht hinwegzusehen, es nicht persönlich zu nehmen und den Schuldigen harte Konsequenzen zu ersparen, zeigen Menschen manchmal auch angesichts gewichtigerer Verletzungen. Oft ist diese Haltung, wie wir gesehen haben, auf eine Art Solidarität mit den Schwächen unserer Mitmenschen zurückzuführen – schließlich sind wir alle keine Heiligen und «wer im Glashaus sitzt, sollte nicht mit Steinen werfen». Nachsicht kann aber auch aus der Einsicht erwachsen, dass man selbst nicht ganz unschuldig an der jetzigen Situation ist. Vielleicht haben wir dem anderen schon viel zu lange erlaubt, unsere Ansprüche zu missachten, oder ihn erst dazu getrieben.

Manchmal sind Menschen auch deswegen nachsichtig mit jemandem, weil sie den Eindruck haben, der andere sei schon genug gestraft. Und schließlich kann die Tendenz zur Nachsicht auch aus der Erkenntnis resultieren, dass jemand unter besonderem Druck stand oder sich in einer verzweifelten Situation befand. Wir beginnen zu verstehen, warum er sich so verhalten hat, und das stimmt uns milde.

Dieser Effekt lässt sich bisweilen sogar dann beobachten, wenn schwerste Straftaten vor Gericht verhandelt werden und im Zuge des Prozesses die Lebensgeschichte des Täters beleuchtet wird. Nicht selten entpuppt sich das vermeintliche Monster dann als ein Mensch, der von frühester Kindheit an schweren Misshandlungen ausgesetzt war und schlicht keine Chance hatte, Mitgefühl gegenüber anderen und Respekt vor ihren Ansprüchen zu entwickeln. Das Verbrechen verliert dadurch nichts von seiner Grausamkeit, und es wäre sicher nicht angemessen, darüber hinwegzusehen. Die Abscheu gegenüber der *Tat* bleibt bestehen. Der Hass auf den *Täter* klingt hingegen manchmal ab, wenn man ihn nicht mehr nur als einen Verbrecher betrachtet, sondern in ihm einen Menschen sieht, der ein Opfer seiner Lebensumstände ist. Verständnis kann der Boden sein, in dem Nachsicht wurzelt.

Ich habe oben gesagt, dass sich von außen oft nicht erkennen lässt, ob jemand Nachsicht übt oder tatsächlich verziehen hat, und mittlerweile ist klargeworden, woran das liegt: Der wesentliche Unterschied zwischen beidem hat etwas mit der inneren Haltung einer Person zu tun und nicht so sehr mit ihrem äußeren Verhalten. Dabei sind die Grenzen bisweilen fließend und im Alltag greifen Nachsicht und Vergebungsbereitschaft oft ineinander. Indem wir Verständnis für das Verhalten einer Person entwickeln, wächst in uns womöglich die Bereitschaft, ihr zu verzeihen, doch solches Verständnis kann ebenso gut zur Folge haben, dass wir uns entschließen, über das, was jemand getan hat, stillschweigend hinwegzusehen. Nachsicht und Vergebung sind insofern, technisch gesprochen, sowohl phänomenologisch als auch terminologisch nicht so klar voneinander zu trennen wie etwa Verzeihen und Entschuldigen. Ich möchte daher zum Abschluss dieses Kapitels mithilfe eines etwas ausführlicheren Beispiels nochmals veranschaulichen, wodurch sich aus meiner Sicht die Haltung der Nachsicht auszeichnet und worin sie sich von der Vergebungsbereitschaft unterscheidet. Es findet sich in Victor Hugos Roman *Les Misérables*.

Die Geschichte, die zu Beginn des 19. Jahrhunderts spielt, schildert das Schicksal des ehemaligen Galeerensklaven Jean Valjean, der für den Diebstahl von einem Stück Brot verurteilt und erst neunzehn Jahre später als gebrochener und verbitterter Mann aus der Haft entlassen wird. Seine Sozialprognose ist denkbar schlecht, denn der gelbe Pass, den man ihm aushändigt, entlarvt ihn für jeden als Sträfling auf Bewährung. Niemand will etwas mit ihm zu tun haben. Nicht einmal einen Teller Suppe verkauft man ihm. Jean Valjean hat keinerlei Perspektive – bis er schließlich, fast schon erfroren und nah dem Verhungern, an die Tür des Bischofs von Digne klopft, der ihm als Einziger Einlass gewährt.

Der betagte Bischof lebt mit seiner Schwester und einer Haushälterin in recht ärmlichen Verhältnissen und ist ein überaus demütiger Mensch. Er bewirtet den heruntergekommenen Fremden, lässt ihm ein Bett für die Nacht herrichten und behandelt seinen Gast mit Respekt. Er spricht ihn als Monsieur Valjean an, und «jedes Mal, wenn er mit seiner freundlichen Stimme das höfliche ‹Monsieur› aussprach, leuchtete es auf in dem Gesicht des Unglücklichen. Der Klang dieses Wortes wirkt auf einen Sträfling wie der Anblick eines Glases Wasser, das man einem Verdurstenden darreicht. Wer in der Schande steckt, lechzt nach Achtung.»[29] Dem Bischof bleibt das nicht verborgen. Zu Ehren des Gastes lässt er den Tisch mit zwei silbernen Leuchtern aus seinem Schlafzimmer schmücken und sechs silberne Bestecke auflegen – die einzigen Dinge von Wert, die das Geschwisterpaar besitzt.

Doch Jean Valjean dankt ihm seine Freundlichkeit nicht: In der Nacht steht er auf, steckt das Silberbesteck in seinen Rucksack, springt über die Gartenmauer und eilt davon. Allerdings kommt er nicht weit. Schon am nächsten Morgen bringen Gendarmen ihn und seine Beute zurück zum Tatort. Das Schicksal des Gefangenen ist damit besiegelt. Er wird den Rest seiner Tage auf der Galeere verbringen. Doch ein weiteres Mal rettet der Bischof ihm das Leben. Er erklärt, es handele sich um einen Irrtum: Jean Valjean sei nicht des Diebstahls schuldig. Vielmehr habe er seinem Gast das Silberbesteck zum Geschenk gemacht. Und mehr noch: «‹Guter Freund›, fuhr jetzt der Bischof wieder fort. ‹Hier, ehe Sie gehen, nehmen Sie die Leuchter. Noch eins. Wenn Sie wiederkommen, brauchen Sie nicht durch den Garten zu gehen. Die Straßentür ist Tag und Nacht nur zugeklinkt.›»

Der Bischof betrachtet den undankbaren Gast schlicht nicht als Dieb, der sein Vertrauen aufs Schändlichste missbraucht hat. Vielmehr behandelt er ihn – im wörtlichen Sinne *ungeachtet* seines Tuns – mit Freundlichkeit und Wohlwollen, gerade so, als sei nichts vorgefallen.

Das ist es, was die Haltung der Nachsicht auszeichnet und von der Vergebungsbereitschaft unterscheidet. Denn auch wenn Vergebung letztlich ebenfalls dazu führt, jemandem sein Verhalten nicht mehr vorzuwerfen, setzt sie dennoch voraus, dass ich im anderen denjenigen sehe, der mir Unrecht getan hat.

Der nachsichtige Blick des Bischofs blendet diesen Umstand jedoch gerade aus. Er nimmt das, was geschehen ist, nicht persönlich: Obwohl es um *seine* Leuchter geht, die Jean Valjean gestohlen hat, und um *sein* Vertrauen, das dieser missbraucht hat, bezieht er das Verhalten seines Gastes nicht auf sich. Es macht auch nicht den Eindruck, als müsste der Bischof irgendwelchen Groll überwinden, und das liegt ganz offensichtlich nicht daran, dass er Jean Valjean entschuldigt oder den Diebstahl für moralisch gerechtfertigt hält. Es hat eher etwas mit Mitgefühl zu tun und mit Verständnis für dessen bedauernswerte Lage und seine schwere Geschichte. So sieht er ihm sein Handeln nach und sorgt dafür, dass er ungestraft davonkommt. Das ist ein Paradebeispiel für die Haltung der Nachsicht.

Zusammenfassend können wir den Unterschied zwischen Nachsicht und Vergebung also folgendermaßen auf den Punkt bringen: Wer Nachsicht übt, sieht bewusst über die Verletzung seiner Rechte hinweg und sorgt so dafür, dass dieser Umstand folgenlos bleibt. Wer dagegen vergibt, nimmt den Unrechtscharakter einer Handlung ausdrücklich in den Blick und reagiert bewusst auf den moralischen Schaden, der dadurch entstanden ist.

Doch wie sieht diese Reaktion nun eigentlich aus? Was tun wir, wenn wir jemandem verzeihen? Dieser Frage wende ich mich nun zu.

# Den Groll überwinden

> «... denn als ich das Ausmaß der Katastrophe begriff, ich zu verstehen begann, was das Erlebte in mir anrichten würde, beschloss ich, ob dem, was geschehen war, weder zu weinen noch zu hassen – sondern zu vergeben.»
>
> *Shlomo Graber, Der Junge, der nicht hassen wollte*

Als 2017 der ehemalige deutsche Bundeskanzler Helmut Kohl starb, rief das weltweit ein enormes Echo hervor. Überall in der Welt würdigte man den Verstorbenen und seine politischen Verdienste um Europa und die deutsche Wiedervereinigung. Dabei geriet auch eine eher unpolitische Geschichte in den Fokus der medialen Aufmerksamkeit: Es war die Geschichte der zerrütteten Beziehung zwischen Helmut Kohl und seinen Söhnen. Ausgerechnet der Kanzler der Einheit starb in Zwietracht mit seinen eigenen Kindern. Das hatte etwas Tragisches und zugleich etwas sehr Menschliches, denn dass Familienmitglieder den Kontakt zueinander abbrechen und nichts mehr voneinander wissen wollen, kommt gar nicht so selten vor.

In den öffentlichen Reaktionen auf den Tod von Helmut Kohl kam immer wieder auch das Thema Verzeihen zur Sprache. Das lag nicht zuletzt an seinem politischen Wirken. Unter dem Titel «Ein Europa des Verzeihens» schrieb der französische Journalist Jean-Sébastien Lefebvre in der *ZEIT*, ihm werde vor allem ein Bild des deutschen Kanzlers in Erinnerung bleiben. Es zeige Helmut Kohl, wie er Hand in Hand mit dem französischen Staatspräsidenten Mitterrand vor den Soldatengräbern in Verdun steht: «Was überdauert, ist das bedingungslose Verzeihen der Fehler, die Vergebung des Leids, das sich die beiden Völker gegenseitig angetan haben.»[30]

Aber auch mit Blick auf Helmut Kohls private Verhältnisse war damals viel vom Verzeihen die Rede. Beim Requiem zu Ehren des Verstorbenen sprach der Bischof von Speyer in Abwesenheit der Söhne von Helmut Kohl von Versöhnung als einem Wesenselement des christlichen Glaubens, und der *Tagesspiegel* kommentierte: «Helmut Kohl, der katholische Christ, nimmt seinen Groll mit ins Grab. Das ist Strafe genug.»[31]

Die Geschichte von Helmut Kohl ist ein anschauliches Beispiel sowohl für die Macht des Verzeihens als auch für die Grenzen der menschlichen Vergebungsbereitschaft, und sie macht zugleich deutlich, welche Hoffnung sich mit dem Verzeihen verbindet: Wenn Menschen bereit sind zu vergeben, besteht die Möglichkeit, dass sie einander – bildhaft gesprochen – die Hand reichen und die Vergangenheit hinter sich lassen. Vergebung kann die Voraussetzungen dafür schaffen, dass Menschen sich versöhnen und miteinander Frieden schließen. Sie erlaubt uns, ohne den alten Zwist weiterleben und irgendwann in Frieden sterben zu können.

Ein solches Verständnis von Vergebung hat viel mit der Überwindung feindseliger Gefühle zu tun, und es spielt nicht nur in unserem Alltag eine Rolle, sondern ist auch unter Philosophinnen und Philosophen verbreitet. Die Stanford Enzyklopädie für Philosophie definiert es so: «Beim Verzeihen geht es im Wesentlichen darum, was wir füreinander empfinden. Grob gesagt, lässt sich das Verzeihen am besten als ein grundlegender emotionaler Sinneswandel verstehen. Wenn jemandem Unrecht getan wurde und er der betreffenden Person vergibt, beinhaltet das vor allem, dass er einschlägige negative Gefühle, die die Unrechtserfahrung in ihm ausgelöst hat, wie beispielsweise Groll, Empörung, Hass und Verbitterung, überwindet, sie abflauen lässt oder unterbindet.»[32]

Sehen wir uns etwas genauer an, welche Vorstellung sich dahinter verbirgt.

Wenn im Alltag von Verzeihen die Rede ist, steht dabei oft die Idee der Versöhnung im Vordergrund. Meist geht es um Menschen, die einander mehr oder weniger gut kennen, und die Vorstellung ist häufig, dass das Verzeihen es ihnen ermöglicht, ihre Beziehung fortzusetzen und «wieder Freunde» zu sein. Doch wenn wir im Zuge des Verzeihens feindselige Gefühle überwinden, muss das keineswegs auf eine Art Wiedervereinigung hinauslaufen. Es ist kein Widerspruch, seinem untreuen Ehepartner zu vergeben und sich dennoch von ihm scheiden zu lassen, und die Chefin, die ihrem Mitarbeiter den Diebstahl aus der Kasse verzeiht, legt sich damit nicht darauf fest, ihn weiterhin zu beschäftigen.

Auch wenn eine Fortsetzung der Beziehung mit der betreffenden Person für uns keine Option ist, können wir ihr also gleichwohl verzeihen. Dem Psychoanalytiker Sigmund Freud wird gar der Satz zugeschrieben: «Wenn man einem Menschen alles verziehen hat, ist man mit ihm fertig.» Vergebung ist nicht zwangsläufig ein erster Schritt auf dem Weg zur Versöhnung. Vielmehr ist es ebenso gut möglich, dass der Entschluss, jemandem zu verzeihen, es leichter macht, sich von ihm zu lösen und in Zukunft getrennte Wege zu gehen. Eines jedoch gilt so oder so: Verzeihen beinhaltet die bewusste Abkehr von Gefühlen wie Groll und Empörung.

Die Veränderung, die dieser Entschluss bewirkt, betrifft dabei unsere emotionale Haltung gegenüber der anderen Person und nicht unser Urteil über das, was sie getan hat. Vergebung ist insofern kein mentaler, sondern ein emotionaler Sinneswandel. Entscheidend ist nicht, was wir über das Verhalten des anderen denken und wie wir sein Handeln moralisch beurteilen, denn daran ändert sich nichts, wenn wir verzeihen. Die Frau, die ihrem Mann verzeiht, dass er sie im Auftrag der Stasi jahrelang bespitzelt hat, ist nicht plötzlich der Meinung, dass er ihr damit kein Unrecht getan hat. Im Gegenteil: Sie bleibt dabei, dass sein Verhalten durch nichts gerechtfertigt werden kann. Dennoch entschließt sie sich, ihm sein Handeln nicht länger zu verübeln. Sie gibt die Vorwurfshaltung auf und begegnet ihrem Mann stattdessen mit Wohlwollen.

Ganz in diesem Sinne wird Verzeihen in der englischsprachigen Debatte häufig als ein «change of heart» bezeichnet, ein Vorgang, der «unser Herz wandelt». Das fängt den emotionalen Aspekt des Verzeihens gut ein, und es ist auch in anderer Hinsicht ein anschauliches Bild: Wenn es ums Verzeihen geht, denkt man in der Regel an etwas, das sich *zwischen zwei Menschen* abspielt. Das Bild vom gewandelten Herzen betont dagegen, dass Verzeihen immer auch etwas *Höchstpersönliches* ist. Das Herz ist ein verborgenes inneres Organ, in das niemand hineinsehen kann. Herzensangelegenheiten sind dem gezielten Zugriff von außen entzogen, sie sind, im eigentlichen Sinne des Wortes, Privatsache. Das passt gut zum Verzeihen, denn was und wem wir vergeben, das können nur wir selbst und das dürfen wir ganz allein entscheiden. Ob ich meinem untreuen Partner verzeihe oder nicht, ist erst einmal allein meine Sache.

Dabei ist es nicht schon ausreichend, dem anderen mitzuteilen, dass man ihm verzeiht – auch das macht die Metapher vom Herzenswandel deutlich. Vergebung ist kein bloßer Sprechakt, und der Satz «Ich verzeihe dir!» ist noch keine Vergebung im eigentlichen Sinne des Wortes. Erst wenn wir ernsthaft versuchen, die feindseligen Gefühle gegenüber der Person, die uns Unrecht getan hat, tatsächlich zu überwinden, sind wir bereit zu verzeihen.

Dieser Wandel geschieht nicht von heute auf morgen. Es braucht nicht nur Entschlossenheit, sondern gegebenenfalls auch Zeit, bis Groll und Empörung in uns abklingen und sich schließlich ganz verlieren. Verzeihen wird dementsprechend oft als ein

*Prozess* beschrieben, und nicht immer führt dieser Prozess zum gewünschten Ergebnis. Manchmal müssen wir feststellen, dass es uns trotz aller Bemühungen einfach nicht gelingt, unseren Groll loszuwerden. Doch auch wenn Vergebung scheitern kann oder die alten Gefühle zwischenzeitlich wieder in uns aufflammen: Solange wir entschlossen sind, ihnen keinen Raum zu geben, sind wir bereit, jemandem zu verzeihen.

Wir haben bereits gesehen, dass es sich bei diesen Gefühlen um besondere Empfindungen handelt, die nicht mit Ärger oder Wut zu verwechseln sind. Es geht auch nicht um Enttäuschung, Frustration oder das Gefühl der Abneigung, das wir manchmal selbst Menschen gegenüber empfinden, die uns gar nichts getan haben. Groll und Empörung sind vielmehr Gefühle, mit denen wir auf das reagieren, was der amerikanische Philosoph Jeffrie G. Murphy, der hier bereits mehrfach zu Wort kam, als *moralische Verletzung* bezeichnet hat: «Die Person, die uns Unrecht tut, sagt damit so etwas wie ‹Du zählst nicht so wie ich›. Wenn Menschen uns mit Absicht Unrecht tun, *beleidigen* sie uns und versuchen (manchmal erfolgreich) uns zu erniedrigen – schuldhaftes Unrecht beinhaltet eine moralische Verletzung, und solche Verletzungen nehmen wir sehr ernst.»[33]

Jeffrie Murphy hat hier vor Augen, dass jemand einer anderen Person *mit der Absicht* Unrecht tut, ihr zu schaden oder sie zu verletzen, und natürlich gibt es solche Fälle und sie empören uns in besonderer Weise. Aber längst nicht immer verbirgt sich hinter dem Unrecht, das Menschen durch andere erleiden, ein böser Wille. Der Mann, der seine Frau für die Stasi bespitzelt hat, hat sicher nicht in der Absicht gehandelt, sie zu beleidigen oder zu erniedrigen. Wahrscheinlicher wollte er sich selbst schützen – wenn er nicht sogar der Meinung war, dass sein Handeln durch einen höheren Zweck gerechtfertigt ist. Dennoch hat die Frau jeden Grund, ihm zu grollen, und dieses Gefühl des Grolls wird – hier wie in anderen Fällen – nicht allein durch die seelische oder körperliche Verletzung hervorgerufen und auch nicht durch den Schaden, der gegebenenfalls entstanden ist. Es ist vielmehr die moralische Verletzung, das heißt die Missachtung der eigenen Rechte, auf die Menschen mit Groll und Empörung reagieren.

Die entsprechenden Empfindungen beinhalten insofern ein moralisches Urteil, und das ist es, was sie so speziell macht: Wenn wir jemandem grollen und uns über ihn empören, sind wir nicht nur verärgert, sondern *wir verurteilen ihn für sein Verhalten.* Wie wir schon gesehen haben, sind wir dazu nur dann berechtigt, wenn unser Gegenüber tatsächlich für das verantwortlich war, was geschehen ist. Sollte sich herausstellen, dass der Arzt mich deswegen falsch behandelt hat, weil im Labor die Blutproben verwechselt wurden, kann ich ihm keinen Vorwurf machen. Mein Groll auf ihn ist unangemessen, denn so katastrophal die Folgen seiner Fehldiagnose auch sind: Die Verantwortung dafür liegt nicht bei ihm. Groll und Empörung sind also nicht nur unrechts-, sondern zugleich schuldspezifische Empfindungen.

Der britische Philosoph Peter F. Strawson hat daraus eine interessante Konsequenz gezogen. In einem berühmten Aufsatz aus dem Jahr 1960 mit dem Titel *Freiheit und Übelnehmen*[34] stellt er fest, dass in unserer Empörung eine Art Anerkennung der Person, die uns Unrecht getan hat, zum Ausdruck kommt. Wenn ich jemandem grolle und mich über sein Verhalten empöre, mache ich damit nämlich immer auch deutlich, dass ich ihn als jemanden betrachte, der für sein Verhalten verantwortlich ist. Ich nehme ihn «für voll» und begegne ihm auf Augenhöhe.

Wenn Menschen hingegen einfach darüber hinwegsehen, dass jemand ihre Ansprüche bewusst verletzt, hat das mitunter etwas Herablassendes. Was als Nachsicht oder Güte daherkommt, kann auch die Botschaft transportieren, man erwarte von seinem Gegenüber entweder nichts anderes oder nehme ihn gar nicht als ebenbürtigen und verantwortlichen Akteur ernst. Man behandelt den anderen wie ein Kind oder einen Untergebenen und etwas davon klingt auch im Verhalten des Bischofs von Digne an, den wir im letzten Kapitel als Paradebeispiel eines nachsichtigen Menschen kennengelernt haben. Gefühle von Groll und Empörung sind demnach nicht nur angemessen, sondern gegebenenfalls sogar gefordert, wenn andere Menschen uns Unrecht tun. Wer stillschweigend erduldet, dass jemand seine Rechte schuldhaft verletzt, lässt es gegebenenfalls an einer Form von basalem Respekt vermissen, den wir selbst denjenigen schulden, die uns Unrecht getan haben.

Jemandem zu verzeihen beinhaltet also, den eigenen Groll als berechtigt wahrzunehmen und sich ihm dennoch bewusst entgegenzustellen. Dieser Vorgang spielt sich zunächst im Innern der betroffenen Person ab, und in diesem Sinne ist Verzeihen etwas sehr Privates, etwas Höchstpersönliches. Doch wenn wir jemandem verzeihen, hat das zugleich eine *soziale Dimension* bzw. einen relationalen Aspekt, denn Groll und Empörung sind Empfindungen, die sich gegen jemanden richten. Wer verzeiht, verändert also nicht seine Einstellung zu sich selbst oder dem, was ihm widerfahren ist, sondern seine Haltung gegenüber einer anderen Person.

In Filmen und Romanen ist das oft szenisch verdichtet: Da hat jemand etwas Schlimmes getan und kann mit der Schuld nicht mehr leben. Reuevoll bekennt er sich zu seinem Fehlverhalten, gelobt Besserung und bittet um Verzeihung. Und wenn er Glück hat, spricht der andere die erlösenden Worte: «Ich verzeihe dir!» Im wahren Leben vollzieht sich das Verzeihen meist weniger spektakulär. Oft haben Menschen gar nicht den Mut, wortwörtlich um Verzeihung zu bitten. Manchmal schämen sie sich zu sehr für das, was sie getan haben, oder sie halten es für unangemessen, diejenigen, die unter ihrem Verhalten zu leiden hatten, auch noch um etwas zu bitten.

Der Vater eines Freundes hat sich nie ausdrücklich dafür entschuldigt, dass er sich auf dessen Hochzeit völlig betrunken und ihn in seiner launigen Festrede vor allen Gästen bloßgestellt hat – aber er rührt seitdem auf den Familienfeiern keinen Alkohol mehr an und nimmt jede Gelegenheit wahr, um seinen Sohn vor der Familie zu loben. Er ist ganz offensichtlich bemüht, den Schaden wiedergutzumachen, und es ist spürbar, wie leid es ihm tut. Mein Freund versteht sein Verhalten als eine Art Bitte um Verzeihung, und er hat ihm schließlich verziehen – doch er ist zugleich froh, dass er das nicht aussprechen muss und der Vater ihn nie ausdrücklich um Verzeihung gebeten hat. Er will seinen Vater nicht beschämen, aber er möchte auch seine eigene Verletzlichkeit nicht so deutlich zu erkennen geben. Über erlittenes Unrecht zu sprechen, bedeutet, einander sehr nahezukommen, und es gibt eine ganze Reihe von Gründen, warum Menschen das nicht möchten – selbst wenn sie bereit sind, dem anderen zu verzeihen.

Vergebung ist also nicht zwangsläufig ein verbalkommunikativer Akt. So wenig es ausreicht, bloß zu sagen, dass wir jemandem verziehen haben, ist es notwendig, dass der andere ausdrücklich um Verzeihung bittet. Zwar kann das, wie wir später noch sehen werden, durchaus ein Grund sein, ihm zu verzeihen. Aber rein technisch ist Vergebung auch ohne die Bitte um Verzeihung möglich. Wir können Menschen verzeihen, die wir gar nicht kennen und denen wir nie begegnet sind – beispielsweise dem Terroristen, der die Bombe gezündet hat, die viele Menschen schwer verletzt hat, oder dem anonymen Absender der hasserfüllten Kommentare im Internet. Es ist zudem weder praktisch noch begrifflich ausgeschlossen, einer Person zu verzeihen, mit der wir nicht mehr reden können, etwa weil sie längst verstorben ist.

In seinem autobiographischen Roman *Lügen über meinen Vater* erzählt der Schriftsteller John Burnside von seiner Kindheit und Jugend in Schottland, die geprägt ist von der brutalen Kälte, der Unzugänglichkeit und Grausamkeit seines alkoholkranken Vaters. Man versteht sofort, warum Burnside diesen Vater gehasst hat. Doch die Begegnung mit einem Fremden namens Mike, der ihn nach seiner Geschichte fragt, fördert noch etwas anderes zutage: «Ich hätte Mike sagen können, dass ich wusste, zu behaupten, mein Vater habe mich verletzt und ich hätte Jahre gebraucht, mich davon zu erholen, ist zu einfach. Und dann hätte ich Mike – einem Fremden, den ich nie wiedersehen sollte – noch sagen können, dass ich meinem Vater auf meine Weise vergeben hatte, was mir von ihm angetan worden war, dass ich es aber niemals vergessen würde.»[35] John Burnside hat den Hass auf seinen Vater erst lange nach dessen Tod überwunden und ihm niemals mitteilen können, dass er ihm «auf seine Weise» vergeben hat, und vielleicht hätte er es ihm auch gar nicht mitteilen wollen. Dennoch hat er ihm verziehen und das Gefühl des Grolls in sich versiegen lassen – ganz ohne Worte.

Zu Beginn dieses Buches habe ich die Philosophin Hannah Arendt zitiert, die angesichts der Unwiderruflichkeit alles Geschehenen im Verzeihen eine unverzichtbare Möglichkeit sieht, uns von den Folgen der Vergangenheit zu befreien: Verzeihen entlastet. Mittlerweile ist deutlich geworden, dass die Last, um die es dabei geht, nicht in der Erinnerung an das Geschehene besteht und auch nicht in der Schuld, die jemand auf sich geladen hat. Wenn wir verzeihen, legen wir uns nicht darauf fest, nach Möglichkeit zu vergessen, was der andere getan hat, und ebensowenig heißt Verzeihen, sein Verhalten zu entschuldigen oder nachsichtig über das Unrecht der Tat hinwegzusehen. Stattdessen hat Vergebung etwas damit zu tun, dass Menschen bewusst Gefühle von Groll und Empörung hinter sich lassen. Besteht die Last, die wir loswerden, wenn wir verzeihen, also vor allem in diesen Empfindungen? Und geht es denen, die um Verzeihung bitten, in erster Linie darum, dass man ihnen nicht mehr böse ist?

Auf den ersten Blick leuchtet der Gedanke ein: Denn wenn wir jemandem grollen, der uns Unrecht getan hat, hält dieses Gefühl die Unrechtserfahrung in uns wach. Wie der Hass bindet uns auch der Groll an jene, auf die er zielt. Solange wir einer Person grollen, bleibt das, was sie uns angetan hat, in unserem Empfinden präsent. Denken wir an die Scheidungsstudie, die ich eingangs zitiert habe, und an die Männer und Frauen, die selbst Jahrzehnte nach der Trennung noch voller Wut auf ihre Expartner sind. Das ist kein angenehmes Gefühl. Mitunter beschreiben Menschen diesen Zustand als eine Art Gefangenschaft: Sie fühlen sich wie gefesselt an den anderen und an die Erfahrung, die sie mit ihm gemacht haben. Der Groll ruft ihnen das Erlebte immer wieder in Erinnerung. Insofern ist es nachvollziehbar, dass die Überwindung dieser Empfindung für die betreffende Person eine Art Befreiung darstellt.

Zudem kann es durchaus anstrengend sein, den eigenen Groll über die Zeit hinweg aufrecht zu erhalten. Denn wie bei anderen Gefühlen auch müssen wir den Groll pflegen, damit er nicht nach und nach von selbst versiegt. Entschließen wir uns hingegen, diese Empfindung hinter uns zu lassen, können wir uns diese Mühe sparen.

Dem Groll eine Absage zu erteilen, ist aber noch aus einem weiteren Grund entlastend. Es kann nämlich ebenso anstrengend sein, diesem Gefühl nicht nachzugeben. Für manche Menschen jedenfalls ist die Versuchung groß, sich am anderen zu rächen und sich damit selbst ins Unrecht zu setzen. Wer seinen Ex-Partner hasst, braucht unter Umständen sehr viel Selbstbeherrschung, um fair zu bleiben und ihn, beispielsweise gegenüber den gemeinsamen Kindern, nicht ständig herabzusetzen. Oft nutzen Menschen, die ihren Groll nicht kontrollieren können, auch Sorgerechtsprozesse, um den anderen dafür büßen zu lassen, dass er sein Treueversprechen gebrochen hat.

Kurzum: Den eigenen Groll zu bewahren und zu kontrollieren, kostet unter Umständen sehr viel Anstrengung. Zwar kann der gerechte Zorn anfangs durchaus Stärke verleihen und dazu beitragen, dass wir im Anschluss an die Erfahrung von Missachtung und Erniedrigung nicht «klein beigeben». Doch auf Dauer ist es schwierig, ein gutes Leben zu führen, während wir jemandem grollen, und das gilt selbst dann, wenn unser Groll mehr als berechtigt ist. «Auch der Hass gegen die Niedrigkeit verzerrt die Züge. Auch der Zorn über das Unrecht macht die Stimme heiser» heißt es in Bertolt Brechts Gedicht *An die Nachgeborenen.* Wir schaden, mit anderen Worten, auch – und schlimmstenfalls nur – uns selbst, wenn wir an unseren feindseligen Gefühlen festhalten. Die Lebenshilfebücher, die sich mit den Vorteilen von Vergebung beschäftigen, verweisen in diesem Zusammenhang oft auf einen Ausspruch, der wahlweise Konfuzius oder dem Buddha zugeschrieben wird: «An Zorn festhalten ist wie Gift trinken und hoffen, dass der andere stirbt.»

Einer anderen Person zu grollen ist also gleich in mehrfacher Hinsicht belastend, und insofern ist es nachvollziehbar, wenn Menschen sich wie befreit fühlen, sobald sie jemandem verziehen haben. Auch wenn das nicht auf Knopfdruck passiert und Verzeihen ein Prozess ist, der Zeit braucht, kann bereits der Entschluss, all diese «negativen Energien» hinter sich zu lassen und sie nicht länger zu befeuern, entlastend sein. Für den leidgeprüften Tom, eine der Hauptfiguren in dem Roman *Das Licht zwischen den Meeren,* liefert das den ausschlaggebenden Grund für seine Entscheidung zu verzeihen, was ihm angetan wurde. Denn verzeihen, so meint er, muss man nur einmal. «Doch hassen muss man den ganzen Tag und am nächsten Tag aufs Neue. Man muss sich all die Schlechtigkeiten merken.»[36]

Und nicht nur für diejenigen, die verzeihen, auch für die, denen verziehen wird, ist es entlastend, wenn der andere keinen

Groll mehr gegen sie hegt. In der Regel leiden Menschen darunter, wenn ihre Mitmenschen ihnen grollen oder sich über sie empören. Das liegt nicht nur daran, dass wir uns gegebenenfalls vor Vergeltung fürchten. Selbst wenn wir uns diesbezüglich keine Sorgen machen müssen, vermeiden wir es nach Möglichkeit, andere gegen uns aufzubringen, und tun einiges, damit sie uns ihr Wohlwollen nicht entziehen.

Dafür gibt es einen naheliegenden Grund: Jeder Mensch ist, jedenfalls in einem gewissen Umfang, auf das Wohlwollen seiner Mitmenschen angewiesen. Wer es sich mit allen «verscherzt hat», wird keines seiner Ziele erreichen können, denn wir alle brauchen – technisch gesprochen – Kooperationspartner, um unsere Interessen verwirklichen zu können. Wenn sich andere von uns abwenden, kann das schnell zum Problem werden. Meine Freundin wird ihrem Bruder nicht heimzahlen, dass er ihrer Mutter Lügen über sie erzählt und sie so dazu gebracht hat, das Testament zu seinen Gunsten zu ändern. Sie ist nicht der «Rächertyp», der anderen absichtlich Schaden zufügt. Aber eines ist sicher: Er kann fortan nicht mehr mit ihr rechnen. Voller Groll auf ihn verweigert sie sich jedem Gespräch über den Verkauf des Elternhauses, obwohl das bedeutet, dass auch sie selbst wohl noch lange auf ihren Anteil am Erbe wird warten müssen.

Wut, Hass und Groll sind also wirkmächtige Kooperationshindernisse. Wer uns grollt, wird wahrscheinlich selbst dann nicht bereit sein, unsere Anliegen zu unterstützen, wenn das zu seinem eigenen Vorteil wäre. Am Arbeitsplatz, in der Familie oder in der Nachbarschaft kann das sehr belastend sein. Denn nicht nur die Person, der wir Unrecht getan haben, fällt tendenziell als Kooperationspartner aus. Auch diejenigen, die sich mit ihr solidarisieren, wenden sich von uns ab. Meine Freundin konnte und wollte ihren Zorn nicht für sich behalten. Sie hat anderen erzählt, wie niederträchtig ihr Bruder sich verhalten hat, und bald die ganze Familie gegen ihn aufgebracht. Bereits 1759 hat der schottische Philosoph und Ökonom Adam Smith in seiner *Theorie der ethischen Gefühle* bemerkt, dass Menschen insbesondere dann, wenn ihnen Unrecht widerfahren ist, auf die Solidarität anderer Wert legen. Während Liebe und Zuneigung angenehme Gefühl sind, ist das «Vergeltungsgefühl ein unangenehmer Affekt; und deshalb sind wir nicht halb so ängstlich darauf bedacht, dass unsere Freunde unsere Freundschaften zu den ihrigen machen, als dass sie an unserem Vergeltungsgefühl Anteil nehmen. Wir verlieren alle Geduld, wenn ihnen die Beleidigungen gleichgültig zu sein scheinen, die man uns angetan hat.»[37]

Was Adam Smith über den Wunsch nach Vergeltung sagt, trifft auch auf den Groll zu: Wir suchen nach Verbündeten. Wer einer anderen Person Unrecht tut, läuft daher immer Gefahr, dass er nicht nur sie gegen sich aufbringt, sondern nach und nach ganz aus der (Kooperations-)Gemeinschaft ausgeschlossen wird. Auch darum lernen wir bereits im Sandkasten, um Entschuldigung zu bitten, wenn wir den Spielkameraden geschubst haben. Indem wir unser Fehlverhalten eingestehen, uns entschuldigen und Besserung geloben, schaffen wir die Bedingungen dafür, dass der andere seinen Ärger überwindet. Nur dann werden wir morgen wieder miteinander spielen können. Auch wenn wir auf den ein oder anderen Kooperationspartner vielleicht verzichten können, haben wir daher durchaus Grund, den Groll unserer Mitmenschen zu fürchten und ihre Bereitschaft, uns zu verzeihen, als Befreiung von einer Last zu empfinden. Das erklärt, warum Menschen ihr moralisches Fehlverhalten in der Regel verbergen oder sich herausreden und die Schuld auf andere schieben, wenn es dann doch ans Licht kommt.

Doch die Furcht vor der Reaktion der anderen hat auch positive Effekte. Viele Philosophinnen und Philosophen betrachten sie als ein wesentliches Motiv dafür, dass Menschen sich überhaupt an die Regeln der Moral halten und darauf verzichten, anderen Unrecht zu tun. In dieser disziplinierenden Wirkung hat der englische Philosoph und Theologe Joseph Butler den natürlichen Zweck von Empfindungen wie Groll und Empörung gesehen. Für die Verzeihensdebatte ist Joseph Butler ein wichtiger Autor. Seine beiden Predigten zum christlichen Gebot der Feindesliebe von 1827 sind philosophische Klassikertexte zum Verzeihen. Butler fragt sich, wie es zu erklären ist, dass Gott, der doch die Verkörperung des Guten ist, so ungute Gefühle wie Groll, Empörung und Vergeltungsdrang in die menschliche Seele gepflanzt hat. Das scheint zunächst so gar nicht zu Gottes Güte zu passen, denn «anders als andere Affekte, aus denen möglicherweise Übles für die Mitmenschen entstehen oder folgen kann, ist der Vergeltungsdrang der einzige Affekt, der explizit ein Übles zum Zweck hat».[38]

Doch Butler zufolge trügt dieser Schein. Denn auch wenn Groll und Empörung selbst nichts Gutes sind, befördern sie letztlich eben doch das Gute und das gleich in zweifacher Weise. *Erstens*, weil uns diese Gefühle erst dazu befähigen, Menschen, die Unrecht getan haben, ihrer gerechten Strafe zuzuführen. Ohne Groll und Empörung, so jedenfalls meint Butler, würden Verständnis und natürliches Mitgefühl uns viel zu oft davor zurückschrecken lassen, für Gerechtigkeit zu sorgen, indem wir diejenigen bestrafen, die sich nicht an die Regeln halten. Aber auch für die potenziellen Übeltäter selbst – und das heißt für uns alle – ist es von Vorteil, dass Menschen denjenigen grollen, die die Rechte anderer verletzen. Denn das Wissen um die Reaktion, die wir in dem Fall zu erwarten haben, hat *zweitens* eine abschreckende Wirkung und hilft uns dabei, in Momenten der Willensschwäche unsere Neigungen zu zügeln: «Was Menschen offensichtlich davon abhält, ihre Mitmenschen zu verletzen, ist die Angst vor deren Groll – und das ist auch sehr gut so, jedenfalls dann, wenn die Tugend allein sie nicht davon abhält.»[39] Demnach ist es nicht zuletzt die Furcht vor dem gerechten Zorn unserer Mitmenschen, die uns davor zurückschrecken lässt, ihnen Unrecht zu tun, und uns so zur Tugend verhilft.

Fassen wir das bisher Gesagte kurz zusammen: Der üblichen Auffassung zufolge besteht Vergebung in der bewussten Entscheidung, den berechtigten Groll auf eine Person, die Unrecht getan hat, zu überwinden und darauf zu verzichten, ihr für ihr Handeln Vorwürfe zu machen. Das ist für die betreffende Person entlastend. Sie muss sich nicht mehr fürchten, dass man ihr heimzahlt, was sie getan hat, und kann darauf hoffen, dass sich die Situation entspannt. Aber auch derjenige, der verzeiht, kann eine Art Befreiung erleben, wenn er seine Vorwurfshaltung aufgibt und den Groll überwindet. Denn solche Empfindungen belasten das Gemüt und binden uns an die Unrechtserfahrung.

Das alles klingt plausibel und es deckt sich mit vielen Erfahrungen, die Menschen typischerweise im Kontext von Vergebung machen. Haben wir also die Antwort auf die Frage, was es bedeutet, jemandem zu verzeihen, bereits gefunden? Besteht die Last, von der das Verzeihen die Beteiligten befreit, in den feindseligen Gefühlen, die durch die Erfahrung von Unrecht hervorgerufen werden und unsere Beziehungen zueinander behindern? Ich bin nicht dieser Meinung. Im folgenden Kapitel möchte ich deutlich machen, warum es meines Erachtens beim Verzeihen um mehr geht als nur um einen emotionalen Sinneswandel.

# Verzeihen als Vorrecht der Opfer

> «Vergeben ist nicht Sache der Politiker, sondern der Opfer.»[40]
>
> *Richard Goldstone,*
> *ehemaliger UN-Chefankläger*

Wenn wir jemandem verzeihen, verändern wir bewusst unsere emotionale Einstellung der Person gegenüber. Wir beschließen, unseren Groll auf den anderen hinter uns zu lassen und ihm wieder mit Wohlwollen zu begegnen, und wir machen ihm für das, was er getan hat, keine Vorwürfe mehr. Diese Standarddefinition des Verzeihens ist im Laufe der Zeit von Philosophinnen und Philosophen in unterschiedlicher Weise präzisiert worden. Sie haben beispielsweise darauf hingewiesen, dass der entsprechende emotionale Sinneswandel nur dann etwas mit Verzeihen zu tun hat, wenn er auf eine bestimmte Weise zustande kommt: Die Frau, die den Groll auf ihren untreuen Ehemann loswird, indem sie Tabletten schluckt, die ihre Stimmung heben, sorgt bewusst dafür, dass die Wut auf ihren Ehemann verschwindet – aber das bedeutet nicht, dass sie ihm verzeiht.

Andere haben betont, dass es nur dann angemessen ist, von Vergebung zu sprechen, wenn man die feindseligen Gefühle aus moralischen Gründen oder *um des anderen willen* überwindet. Wenn ich dem mobbenden Kollegen seine Niedertracht nur deswegen nicht mehr verüble, weil ich ihn mit meiner Großzügigkeit beschämen oder von anderen dafür bewundert werden will, ist fraglich, ob ich ihm wirklich verziehen habe. In der philosophischen Debatte findet sich eine ganze Reihe solcher Vorschläge zur Verfeinerung der Definition von Verzeihen. Ihnen gemeinsam liegt die Auffassung zugrunde, dass Menschen, die erlittenes Unrecht verzeihen, ihren berechtigten Zorn überwinden und Groll und Empörung bewusst hinter sich lassen.

Neben dieser Überzeugung gibt es jedoch noch eine zweite Annahme, die sowohl mit dem landläufigen als auch mit dem philosophischen Verständnis von Vergebung eng verknüpft ist. Es ist der Gedanke, dass nur diejenigen verzeihen können, denen das Unrecht, um das es jeweils geht, zugefügt wurde. In Ermangelung eines besseren Ausdrucks nenne ich sie hier die Opfer des Unrechts und bezeichne die Schuldigen vereinfachend als die Täter. Vergebung ist demnach eine Art Vorrecht der Opfer: Nur mein Mann kann mir verzeihen, dass ich ihn betrogen habe – mit Blick auf den Akt der Vergebung gibt es, so könnte man sagen, normalerweise keine Zweitbesetzung.

Für die meisten Menschen versteht sich das von selbst, und auch unter Philosophen wird diese Annahme kaum in Zweifel gezogen. Um jemandem verzeihen zu können, muss man demnach in einer bestimmten Beziehung zu dem stehen, was die betreffende Person getan hat. Das ist für die Frage interessant, was es bedeutet, jemandem zu verzeihen. Meines Erachtens deutet die Sonderstellung des Opfers nämlich darauf hin, dass Verzeihen mehr umfassen muss als nur den Entschluss, feindselige Gefühle zu überwinden und auf Vorwürfe zu verzichten. Die Standarddefinition des Verzeihens ist, mit anderen Worten, noch unvollständig. Woran das liegt und was das heißt, wird deutlich, wenn wir zunächst nachfragen, was mit der Behauptung vom Vorrecht der Opfer in Sachen Verzeihen gemeint ist, und anschließend betrachten, warum sich diese Behauptung nicht ohne Weiteres mit der Auffassung verbinden lässt, dass es beim Verzeihen allein um einen emotionalen Sinneswandel geht. Sehen wir uns das genauer an.

Um zu verstehen, was die These von der Sonderstellung der Opfer besagt, ist ein Beispiel hilfreich, das in philosophischen Texten zum Verzeihen häufiger zitiert wird. Es ist die autobiographisch eingefärbte Erzählung *Die Sonnenblume* des österreichischen Schriftstellers Simon Wiesenthal.[41] Sie schildert die Begegnung zwischen zwei jungen Männern, dem KZ-Häftling Simon und dem zweiundzwanzigjährigen SS-Mann Karl. Die beiden sind einander nie begegnet, bis zu dem Tag, an dem Simon beim Arbeitseinsatz in einem Lazarett an Karls Sterbebett geführt wird. Der Schwerverletzte ist nicht zu erkennen, er ist gleichsam gesichtslos, «der Kopf ist völlig verbunden, nur der Mund, die Nase und die Ohren sind frei. Er ist sehr mager, wie ausgeblutet, und unter seinem Hemd zeichnen sich deutlich die Knochen ab. Als wollten sie seine ausgetrocknete Haut durchbohren.» Karl kann kaum mehr sprechen, aber er will unbedingt noch etwas loswerden, das ihn spürbar quält. Stockend und flüsternd beginnt er seinen Bericht, und Simon erfährt, dass Karl «als Freiwilliger in die SS eingetreten» ist und ein Jahr zuvor «etwas Schreckliches ... etwas Unmenschliches» getan hat.

Das Verbrechen, das der Sterbende seinem unfreiwilligen Zuhörer beichtet, ist entsetzlich, und Simon wird bald klar, warum ausgerechnet er an dieses Bett geführt wurde: Die Opfer der Gräueltat, die niemand überlebt hat, waren, wie Simon selbst, allesamt Juden. Der junge SS-Mann Karl wird erdrückt von einem Gefühl überwältigender Schuld, mit der er weder leben noch sterben kann. Und in seiner Verzweiflung richtet er eine Bitte an Simon: «Ich weiß, was ich ihnen erzählt habe, ist furchtbar. In den langen Nächten, in denen ich auf den Tod warten musste, hatte ich immer wieder das Bedürfnis mit einem Juden darüber zu sprechen ... und ihn um Vergebung zu bitten. Ich weiß, was ich verlange ist fast zu viel für Sie. Aber ohne Antwort kann ich nicht in Frieden sterben.» Simon ist angewidert und entsetzt, doch er übersieht nicht, dass der Sterbende zutiefst bereut, was er getan hat. Anfänglich empfindet er sogar «so etwas wie Mitleid» mit ihm: Er verscheucht eine Fliege, die «um den Kopf des Sterbenden schwirrt», und er hört, wenn auch widerwillig, bis zum Schluss zu. Doch Karls Bitte kann und will er nicht erfüllen: «Es wird still im Raum, unheimlich still. Ich stehe auf, sehe in seine Richtung, auf seine gefalteten Hände. Ich habe mich entschieden. Ohne ein Wort verlasse ich das Zimmer.»

*Die Sonnenblume* ist nicht nur eine Erzählung. Sie ist Teil eines Projektes: Vor der Veröffentlichung hat der Verfasser den Text an eine Reihe von Schriftstellerinnen, Politiker, Theologinnen und Philosophen verschickt, und er hat sie um eine Stellungnahme zu jener Frage gebeten, die den Häftling Simon fortan beschäftigen wird: War es richtig, den Sterbenden mit seiner Schuld alleinzulassen? Oder hätte er dessen Bitte erfüllen und ihm vergeben sollen?

Als das Buch 1970 erstmalig erschien, enthielt es neben der Erzählung auch die Antworten der Befragten, und mit jeder Neuauflage kamen neue Kommentare hinzu. Dabei wiederholt sich etwas, das schon seit der ersten Ausgabe auffällt: Sehr viele der Kommentatoren weisen darauf hin, dass Simon sich gar nicht mit der Frage quälen muss, ob er hätte vergeben sollen, denn dazu wäre er ohnehin nicht befugt gewesen. So schreibt der französische Philosoph Olivier Babel in Reaktion auf die Geschichte: «Um vergeben zu können, muss einem selbst das Unrecht widerfahren sein. Diesen Platz kann niemand anderes einnehmen.»[42]

Immer wieder findet sich diese Auffassung in den unterschiedlichen Kommentaren: «Wirklich verzeihen kann nur dasjenige Opfer, dem von diesem SS-Mann konkret etwas angetan wurde. Es ist richtig, *nicht zu verzeihen*, da man die Autorität dazu gar nicht besitzt, auch wenn sie einem zugesprochen wurde.» – «Ich kann und darf letztlich nur verzeihen, was an mir selbst begangen wurde.» – «So wenig jemand die Schuld eines anderen übernehmen kann, so wenig kann jemand einem Opfer dessen alleiniges Recht zur Vergebung nehmen.» – «Kant sagt über Schuld, sie sei nicht transmissibel. Erst recht gilt umgekehrt für die Opfer von Unrecht: Was ihnen geschehen ist, kann kein anderer an ihrer Stelle vergeben.»

Ich nenne die Überzeugung, die hier zum Ausdruck kommt, der Einfachheit halber die These vom Opfer-Privileg, und gemeint ist damit, grob gesagt, dass sich diejenigen, die das Unrecht erlitten haben, in einer privilegierten Position befinden, wenn es darum geht, den Tätern zu verzeihen. Sie stehen sozusagen an erster Stelle, und ohne ihre Vergebungsbereitschaft ist die Entlastung, die das Verzeihen verspricht, nicht zu haben.

In der Einleitung zu diesem Buch habe ich bereits angekündigt, dass es sich lohnt, auch die Grenzfälle in Sachen Vergebung zu betrachten, wenn wir verstehen wollen, was es bedeutet, jemandem zu verzeihen. Die Geschichte von Wiesenthal schildert einen solchen Grenzfall und das gleich in mehrfacher Hinsicht: Das Verbrechen, für das Karl Simon um Verzeihung bittet, ist unmenschlich grausam, und zwischen den beiden Männern besteht keinerlei Beziehung. Sie sind einander nie zuvor begegnet und, streng genommen, gehört Simon nicht zu den Menschen, die Karl «auf dem Gewissen hat».

All das ist anders, wenn wir im Alltag darüber nachdenken, ob wir verzeihen oder um Verzeihung bitten sollten. In den meisten Fällen stellt sich die Frage nach dem Verzeihen zwischen Menschen, die einander mehr oder weniger gut kennen, und das Unrecht, um das es geht, ist bei Weitem nicht so schwerwiegend. Dennoch ist die Erzählung meines Erachtens hilfreich, um zu verstehen, was wir auch und gerade in diesen alltäglichen Kontexten tun, wenn wir einander verzeihen. Denn sie macht sichtbar, was in Sachen Verzeihen meist stillschweigend vorausgesetzt wird, weil es selbstverständlich erscheint: Die Bitte um Verzeihung geht ins Leere, wenn sie sich nicht an denjenigen Menschen richtet, dem wir Unrecht getan haben.

Dabei spielt es keine Rolle, was genau jemand getan hat und wie schwerwiegend sein Vergehen ist. Wenn ich, um mich vor anderen wichtig zu machen, ein Geheimnis ausplaudere, das meine Freundin mir anvertraut hat, hilft es nichts, wenn ich ihren Mann dafür um Verzeihung bitte. Ich kann ihm erzählen, was ich getan habe, ihm sozusagen mein Herz ausschütten und deutlich machen, wie leid es mir tut. Und vielleicht zeigt er Verständnis für mein Verhalten, sagt mir seine Unterstützung zu und macht mir Mut, mit meiner Freundin zu sprechen und sie um Verzeihung zu bitten. Aber *er* kann mir nicht verzeihen, was ich *ihr* angetan habe. Das kann nur meine Freundin selbst. Das Opfer-Privileg kommt also nicht erst dann ins Spiel, wenn es um besonders schweres Unrecht geht. Es gehört meines Erachtens zum Vorgang des Verzeihens als solchem.

Das heißt nicht, dass es immer nur eine einzige Person ist, an die sich die Bitte um Vergebung adressieren muss. Denn manchmal fügt jemand mit ein und derselben Handlung mehr als nur einem Menschen ein Unrecht zu. Das Verbrechen, an dem der sterbende Karl Mitschuld trägt, ist ein solcher Fall, und das gilt auch für andere Beispiele in diesem Buch.

Dass die ehemalige RAF-Terroristin Silke Maier-Witt, die an der Ermordung von Hanns-Martin Schleyer beteiligt war, 40 Jahre später dessen Sohn um Verzeihung bittet, ist insofern keineswegs unangemessen. Sie hat auch ihm furchtbares Leid zugefügt, und ihr Handeln war klarerweise nicht gerechtfertigt. Dem Sohn von Hanns-Martin Schleyer ist durch den Mord an seinem Vater also ebenfalls Unrecht widerfahren, und aus diesem Grund ist er durchaus der richtige Adressat für ihre Bitte um Verzeihung. Nichts anderes besagt die These vom Opfer-Privileg. Dabei kann der Sohn nicht verzeihen, was sein Vater erleiden musste – er hat keine Generalvollmacht in Sachen Vergebung. Die Art moralische Generalabsolution, die man aus dem religiösen Kontext kennt, gibt es zwischen Menschen nicht. Mit ihrer Schuld gegenüber Hanns-Martin Schleyer, seiner Frau und dessen anderen Kindern wird Silke Maier-Witt also auch dann weiterleben müssen, wenn sein Sohn bereit ist, ihr zu verzeihen, was sie ihm persönlich angetan hat.

Ich betrachte das Opfer-Privileg als grundlegend für das Phänomen des Verzeihens. Es gehört aus meiner Sicht zum Wesen von Vergebung, dass sie nicht jeder und nicht irgendjemand gewähren kann.

Das muss nicht unbedingt heißen, dass unter allen Umständen einzig und allein die Opfer dazu berechtigt sind, den Tätern zu verzeihen. Vielleicht können sie das entsprechende Recht übertragen oder es geht in bestimmten Situationen automatisch auf andere über, und möglicherweise können die Opfer von Unrecht ihr Privileg in Sachen Verzeihen auch verwirken. Doch im Normalfall ist Vergebung ein Vorrecht derjenigen, deren Rechte verletzt wurden. Die Praxis des Verzeihens wäre jedenfalls eine ganz andere, wenn wir nicht mehr davon ausgingen, dass den Opfern des Unrechts in diesem Zusammenhang eine besondere Autorität zukommt. Wir könnten unsere Bitte um Verzeihung dann einfach an jemand anderen richten, vorzugsweise an diejenigen, die besonders wohlwollend sind. Das scheint mir eine seltsame Idee. Unrecht beschädigt die moralische Beziehung zwischen zwei Menschen und Verzeihen hat, wie wir noch sehen werden, etwas mit der Reparatur dieser moralischen Beziehung zu tun. Das ist ohne die entsprechende Bereitschaft der Unrechtsopfer nicht möglich.

Oben habe ich bereits angedeutet, dass sich die These vom Opfer-Privileg meiner Ansicht nach nicht ohne Weiteres mit der

Standardauffassung in Sachen Verzeihen verbinden lässt. Wenn Vergebung ein Vorrecht derjenigen ist, die das Unrecht erlitten haben, dann muss es beim Verzeihen um mehr gehen als bloß um einen emotionalen Sinneswandel. Nachdem wir nun gesehen haben, was mit der Sonderstellung der Opfer gemeint ist, lässt sich erkennen, warum das so ist, denn: Die Opfer des Unrechts sind weder die ersten noch die einzigen, die den Groll auf die Täter überwinden können. Das können auch andere.

Wenn Vergebung sich in der bewussten Überwindung von Groll erschöpfen würde, dann wären, mit anderen Worten, nicht nur die Opfer, sondern auch Dritte prinzipiell dazu imstande, dem Täter zu verzeihen. Und das heißt im Umkehrschluss: Wenn die Opfer in Sachen Vergebung ein Privileg besitzen, dann muss der Entschluss, jemandem zu verzeihen, mehr beinhalten als bloß die Bereitschaft, feindselige Gefühle zu überwinden und dem anderen nicht länger zu verübeln, was er getan hat. Sehen wir uns auch das etwas genauer an.

Nehmen wir das Beispiel des Mannes, der im Streit seine Frau geschlagen hat. Sie spricht seitdem kein Wort mehr mit ihm, und als sie schließlich ausgezogen ist, hat sich die Geschichte schnell verbreitet. Alle Nachbarn sind empört und diejenigen, die dem Ehepaar nahestanden, wollen mit dem Mann nichts mehr zu tun haben. Er selbst beteuert, wie sehr er bereut, was er seiner Frau angetan hat. Er beginnt eine Therapie und tut alles, um das Vertrauen seiner Frau zurückzugewinnen. Und nach und nach wendet sich die Stimmung. Die Empörung legt sich, die Nachbarn grüßen wieder und manche von ihnen empfinden mit der Zeit sogar echtes Mitgefühl mit dem Mann. Dennoch wäre es aus meiner Sicht unangemessen zu sagen, dass die Nachbarn dem Mann vergeben haben, denn im eigentlichen Sinne verzeihen kann ihm nur seine Frau. Doch warum ist das so? Auf diese Frage bieten sich verschiedene Antworten an.

Eine erste lautet folgendermaßen: Die Nachbarn können dem Mann streng genommen nicht verzeihen, weil er ihnen gar nichts getan hat. Er hat nicht ihre Rechte verletzt, sondern die seiner Frau. Und weil das so ist, haben sie kein Recht dazu, ihm zu grollen, sich über ihn zu empören oder ihm Vorwürfe zu machen. Sie können sich ärgern oder aufregen, sie können wütend sein und enttäuscht, und sie können ihn für sein Verhalten kritisieren. Aber das Recht, dem Mann zu grollen, und das Recht, ihm Vorwürfe zu machen, das hat allein seine Frau. Darum kann auch nur sie ihm verzeihen. Denn wer verzeiht, überwindet *berechtigten* Groll, und Groll, so der Gedanke, ist nur dann *berechtigt*, wenn wir selbst Opfer des Unrechts sind.

Die Frau in unserem Beispiel hätte demnach eine Art Monopol darauf, ihrem Mann vorzuwerfen, dass er sie geschlagen hat, und nur sie wäre dazu berechtigt, ihm deswegen ihr Wohlwollen zu entziehen. Das Opfer-Privileg in Sachen Verzeihen wäre dann so etwas wie ein Opfer-Privileg in Sachen Groll. Nur die Leidtragenden wären zu diesen Empfindungen und den entsprechenden Verhaltensweisen berechtigt, und darum wären sie zugleich die einzigen, die diese Empfindungen bewusst überwinden und dem Täter verzeihen könnten. Wenn meine Eltern mich in meiner Kindheit geschlagen haben, wäre es demnach mein Vorrecht, ihnen ihr Verhalten übel zu nehmen und sie dafür zur Rechenschaft zu ziehen. Ich allein dürfte ihnen vorwerfen, was sie mir damit angetan haben, und ich allein hätte das Recht, Groll gegen sie zu hegen. Und weil Verzeihen, der Standardauffassung zufolge, darin besteht, all das zu überwinden, wäre ich als Einzige in der Position, ihnen zu verzeihen.

Aus meiner Sicht klingt das allerdings wenig überzeugend. Zwar ist es zweifellos richtig, dass die jeweiligen Opfer des Unrechts in besonderer Weise betroffen sind, weil es immerhin ihre Rechte sind, die verletzt wurden. Doch daraus folgt meines Erachtens nicht schon, dass die Opfer die einzigen sind, die dazu befugt sind, dem Täter zu grollen, sich über ihn zu empören und ihm Vorwürfe zu machen. Im Gegenteil: Wie wir oben gesehen haben, können die entsprechenden Empfindungen (auch) eine Form des Protests und des Widerstands gegen das Unrecht darstellen. Und dazu sind klarerweise nicht allein die Opfer aufgerufen, sondern auch Dritte. Menschen, denen Unrecht geschieht, dürfen gegebenenfalls sogar erwarten, dass andere nicht ignorieren, was ihnen widerfährt, sondern dass sie Solidarität zeigen und sich ihrem Protest anschließen.

Wenn meine Kollegin berichtet, der Chef habe sie sexuell belästigt, und wir halten uns raus und bringen bestenfalls unser Mitgefühl zum Ausdruck, ist das jedenfalls mehr als nur irritierend. Ich selbst habe bisher keine schlechten Erfahrungen mit ihm gemacht. Aber das spielt hier keine Rolle. Wenn die Kollegin die Wahrheit sagt, darf sie von mir erwarten, dass das auch etwas an meiner Haltung gegenüber unserem Vorgesetzten ändert. Es wäre jedenfalls nicht unangemessen, wenn ich ihm verüble, wie er sich ihr gegenüber verhalten hat, und es spricht nichts dagegen, ihn mit meinen Vorwürfen zu konfrontieren. Unrecht ist in diesem Sinne keine Privatangelegenheit. Es gibt auch Dritten mitunter Grund, ihre emotionale Einstellung dem Täter gegenüber zu verändern.

Zugegeben: Manche Menschen übertreiben es mit der diesbezüglichen Solidarität. Einige spielen sich auf, als seien sie von der «Moralpolizei» und damit beauftragt, jeden Fehltritt anderer anzuprangern, ob sie selbst davon betroffen sind oder nicht. Manchmal empfinden wir das als störend. Meiner Freundin geht es beispielsweise zu weit, dass ich kein Wort mehr mit ihrer Mutter wechsle, seit sie mir erzählt hat, dass sie als Kind oft geschlagen wurde. Sie meint, das sei ihre Sache, und ich solle mich da nicht einmischen. Auch im Fall von moralischen Bagatelldelikten wirkt es mitunter unangemessen, wenn Außenstehende sich mit den Leidtragenden solidarisieren. Wenn sich noch dazu ausgerechnet diejenigen am lautesten empören, die selbst keine weiße Weste haben, ist manchmal der Hinweis angebracht, der oder die Betreffende möge doch zunächst «vor der eigenen Türe kehren». Doch dass dieser Hinweis in manchen Fällen angemessen ist, lässt sicher nicht den Schluss zu, dass die Zeugen von Unrecht *niemals* berechtigt wären, ihrerseits mit Groll und Empörung auf das Verhalten des Täters zu reagieren. Mitunter sind sie dazu sogar aufgefordert.

Dabei kann es durchaus sein, dass die Empörung der Zeugen viel intensiver ist als der Groll derjenigen, denen das Unrecht widerfahren ist. Wenn Menschen, die uns besonders nahestehen, von anderen mutwillig verletzt werden, reagieren wir oft empfindlicher, als wenn es um uns selber geht, und nicht selten ist unser Groll auf den Übeltäter deutlicher größer als ihrer. Zudem gibt es Menschen, die gar keinen Zorn empfinden, wenn ihnen Unrecht widerfährt. Sie haben sich vielleicht längst daran gewöhnt, verlacht, geschlagen oder erniedrigt zu werden, sind emotional verstummt oder sogar der Ansicht, sie hätten keine bessere Behandlung verdient. Dass Menschen sich gegen die Verletzung ihrer Rechte wehren, ist auch ein Ausdruck von Selbstachtung, und wer immer wieder erleben muss, wie man seine Rechte mit Füßen tritt, kann nach und nach jede Selbstachtung verlieren.

In solchen Fällen ist es umso wichtiger, dass andere ihre Stimme gegen das Unrecht erheben und die Betreffenden ermutigen, sich ihrer Empörung anzuschließen und für sich einzustehen. Groll und Empörung sind insofern kein Monopol der Opfer und das bedeutet: Das Opfer-Privileg in Sachen Verzeihen – also die Behauptung, dass nur die Opfer den Tätern verzeihen können – lässt sich nicht damit erklären, dass sie die einzigen sind, die ein Recht auf Vorwürfe und die entsprechenden feindseligen Gefühle haben.

Auch eine zweite Erklärung für das Opfer-Privileg in Sachen Verzeihen ist aus meiner Sicht nicht überzeugend. So könnte man zugestehen, dass auch Dritte das Recht haben, dem Täter Vorwürfe zu machen und ihm zu grollen. Doch wann es damit genug ist, wann die Vorwürfe verstummen müssen, der Groll versiegen sollte und der Täter eine zweite Chance verdient hat, das darf allein die Person entscheiden, der das Unrecht zugefügt wurde. Mit Blick auf das Beispiel der Frau, die von ihrem Mann geschlagen wurde, würde das heißen: Solange sie den Groll auf ihren Mann nicht überwindet, hätten auch die Nachbarn kein Recht, ihm wieder mit Wohlwollen zu begegnen. Und sobald seine Frau ihm verzeiht, dürften auch die anderen ihm nicht mehr übel nehmen, was er ihr angetan hat.

Doch auch das scheint mir wenig plausibel. Wenn es gute Gründe dafür gibt, jemandem sein Verhalten nicht länger vorzuwerfen, dann spricht einiges dafür, dass diese Gründe nicht nur die Unrechtsopfer, sondern auch andere zu dem entsprechenden Haltungswechsel bewegen können. Warum sollten sie dafür die ausdrückliche Erlaubnis der Opfer brauchen?

Mitunter tun sich die mehr oder weniger unbeteiligten Dritten mit diesem Sinneswandel übrigens viel schwerer als die direkt Betroffenen: Bekannte, Freunde oder Familienangehörige sind häufig deutlich nachtragender als die eigentlich Geschädigten. Aber es ist ebenso gut denkbar, dass das Umfeld in Sachen Verzeihen großzügiger ist als das Opfer selbst und deutlich früher bereit, dem Täter sein Verhalten nicht länger zum Vorwurf zu machen. Wer selbst nicht direkt betroffen oder mit den Leidtragenden nicht in besonderer Weise verbunden ist, hat einen anderen Blick auf die Dinge und sieht sie bisweilen klarer. Tatsächlich kann persönliche Betroffenheit unser Urteilsvermögen auch trüben, wenn es um die Frage geht, wie schwer das Unrecht wiegt, das wir erlitten haben, und welches Ausmaß an Groll angemessen ist.

Bereits im 18. Jahrhundert hat der englische Philosoph John Locke festgestellt, «daß es unvernünftig für Menschen sei, Richter in eigener Sache zu sein, und daß Selbstliebe sie für das eigene und ihrer Freunde Interesse parteiisch machen werde; daß andererseits Bosheit, Leidenschaft und Rache sie in der Bestrafung anderer zu weit fortreißen und daraus nichts als Verwirrung und Unordnung folgen werde.»[43] Das betont auch Bischof Joseph Butler, dessen Predigten über das Gebot der Feindesliebe ich oben bereits zitiert habe: «Weil wir alle in vielfältiger Hinsicht zu unseren eigenen Gunsten parteilich sind, neigen wir dazu, die Verletzungen, die wir erleiden, für viel schwerwiegender zu halten als sie in Wahrheit sind.»[44]

Wir schießen in unserem Zorn sozusagen übers Ziel hinaus. Wir grollen dem Ehebrecher, als sei er ein Mörder, oder halten es für angemessen, jemandem eine einzige Lüge jahrelang zu verübeln. Es kann insofern durchaus sein, dass weniger befangene Dritte besser einschätzen können, wann es an der Zeit wäre, den Groll zu überwinden und die Vorwürfe verstummen zu lassen. Das alles ist hier jedoch nicht entscheidend. Denn so oder so scheint es nicht überzeugend, die Überwindung von Groll und Empörung und den Verzicht auf Vorwürfe gegenüber dem Täter als einen Vorgang zu betrachten, zu dem man eine besondere Befugnis braucht, die noch dazu nur die Opfer des Unrechts haben. Aus meiner Sicht spricht jedenfalls nichts dafür, dass es sich so verhält.

Fassen wir auch diese Überlegungen kurz zusammen: Üblicherweise verstehen wir unter Vergebung, einer Person, die uns Unrecht getan hat, ihr Verhalten nicht länger übel zu nehmen und zum Vorwurf zu machen. Diese Beschreibung passt gut zu vielen Erfahrungen, die Menschen typischerweise im Kontext von Vergebung machen. Doch meines Erachtens fehlt noch etwas Entscheidendes: Denn solange es beim Verzeihen nur um einen solchen emotionalen Haltungswechsel geht, lässt sich nicht erklären, warum den Opfern des Unrechts in Sachen Verzeihen so eine besondere Rolle zukommen sollte. Wenn wir am Opfer-Privileg festhalten wollen, muss Vergebung daher mehr beinhalten als einen emotionalen Sinneswandel. Im folgenden Kapitel möchte ich deutlich machen, worin dieses Mehr aus meiner Sicht besteht und was das für die Frage bedeutet, die uns in diesem ersten Teil des Buches beschäftigt hat: Was heißt es, jemandem zu verzeihen?

# Mit sich selbst ins Reine kommen

«Vergebung bedeutet nichts anderes,
als die Entfremdung des Täters
von sich selbst wieder aufzuheben.»[45]

*Gisela Mayer, Die Sonnenblume*

Im letzten Kapitel haben wir gesehen, dass sich die Opfer von Unrecht in einer besonderen Position befinden, wenn es darum geht, den Tätern zu verzeihen. Schon als Kinder lernen wir, dass wir uns entschuldigen müssen, wenn wir jemanden verletzt haben, und man bringt uns bei, die Bitte um Entschuldigung an die Person zu richten, die unter unserem Verhalten zu leiden hatte. Im Normalfall ist Verzeihen ein Vorgang, der sich zwischen zwei Menschen abspielt, und üblicherweise setzen wir dabei voraus, dass sich der eine von beiden *dem anderen gegenüber* etwas hat zuschulden kommen lassen. Wenn meine Nachbarin mir erzählt, sie könne ihrem Bruder nicht verzeihen, gehe ich, noch bevor ich die Geschichte im Einzelnen kenne, davon aus, dass er *ihr* – und nicht jemand anderem – etwas angetan hat.

Diese Auffassung deckt sich allerdings nicht in jeder Hinsicht mit unserem Sprachgebrauch. Manchmal sagen Menschen, sie seien nicht dazu bereit, jemandem zu verzeihen, obwohl der Betreffende gar nicht ihnen selbst, sondern einer *anderen* Person Unrecht getan hat. So war es auch im Fall meiner Nachbarin. Wie sich herausstellte, hatte ihr Bruder über Jahre hinweg ein heimliches Verhältnis mit der besten Freundin seiner Frau.

Man versteht sofort, was Menschen meinen, die so reden. Zu erleben, wie jemand eine andere Person hintergeht, löst auch in den nicht direkt davon Betroffenen etwas aus. Sie machen ebenfalls eine neue Erfahrung mit dem Täter, und das kann ihre Einstellung ihm gegenüber verändern und die Beziehung zwischen ihnen nachhaltig beschädigen. Bedeutet das, dass auch sie und eben doch nicht nur die eigentlichen Opfer ihm etwas zu verzeihen haben? Ich habe bereits deutlich gemacht, dass ich diese Ansicht nicht teile. Für meine Auffassung von Vergebung ist das Opfer-Privileg zentral. Warum das so ist und was das mit Blick auf die Frage bedeutet, was wir tun, wenn wir jemandem verzeihen, will ich nun erläutern.

Oben habe ich deutlich gemacht, dass der Schlüssel zum Verständnis von Vergebung aus meiner Sicht in der Entlastung liegt, die damit verbunden ist. Das zeigt sich auch am Beispiel meiner Nachbarin. Wenn wir aus dieser Perspektive auf die Geschichte blicken, wird nämlich erkennbar, dass zwischen den beiden Frauen – meiner Nachbarin und ihrer Schwägerin – ein entscheidender Unterschied besteht.

Stellen wir uns vor, der Bruder meiner Nachbarin bereut bitter, was er seiner Frau angetan hat. Er hätte ihr Vertrauen niemals so missbrauchen dürfen, und er leidet sehr unter der Last seiner Schuld. Wenn er sich in dieser Situation an seine Schwester wendet und sie dafür um Verzeihung bittet, dass er seine Frau mit deren bester Freundin betrogen hat, wäre das, gelinde gesagt, seltsam. Wahrscheinlich würde sie ihm schnell deutlich machen, dass er bei ihr an der falschen Adresse ist, denn er hat nicht sie, sondern seine Frau hintergangen. Als seine Schwester ist sie vielleicht imstande, trotz allem, was er getan hat, auch die positiven Seiten in ihm zu sehen oder vielleicht sogar Verständnis für ihn aufzubringen. Es ist gut möglich, dass sie schließlich doch dazu bereit ist, die vertrauensvolle Beziehung, die bisher zwischen ihnen bestanden hat, fortzusetzen. Doch die Last, unter der ihr

Bruder leidet, kann sie ihm nicht nehmen. Dazu braucht er seine Frau.

Damit habe ich nun einfach vorausgesetzt, dass Vergebung ein Vorrecht der Opfer ist, weil es beim Verzeihen um die Befreiung von einer Last geht, die nur das Opfer dem Täter nehmen kann. Aber vielleicht stimmt das gar nicht – oder jedenfalls nicht immer. Nehmen wir an, meine Nachbarin fordert ihren Bruder tatsächlich auf, sich mit seiner Bitte um Verzeihung nicht an sie, sondern an seine Frau zu wenden. Doch der winkt ab. Er weiß, dass eine Affäre kein Kavaliersdelikt ist, und auch wenn er sie mittlerweile beendet hat, ist ihm längst klar, dass seine Ehe keine Zukunft hat. Für ihn spielt es daher keine Rolle, ob seine Frau ihm verzeiht, denn sie wird sich ohnehin von ihm scheiden lassen – was ihm am Herzen liegt, ist allein das Verhältnis zu seiner Schwester. Ihn belastet die Sorge, dass sie fortan nichts mehr mit ihm zu tun haben will, und darum bittet er sie um Verzeihung, denn diese Last kann ihm nur seine Schwester nehmen.

Doch auch an dieser Version der Geschichte ist etwas irritierend. Wäre ich anstelle der Schwester, würde ich in einer solchen Situation jedenfalls stutzig: Der Bruder scheint im Grunde gar nicht zu bereuen, was er seiner Frau angetan hat. Es geht ihm ganz offensichtlich nicht um Vergebung, sondern lediglich um Schadensbegrenzung mit Blick auf seine Beziehung zur Schwester. Dass er in der Schuld seiner Frau steht und sich daran auch durch eine Scheidung nichts ändert, scheint ihm entweder nicht klar oder gleichgültig zu sein. Das Verhalten des Bruders lässt, kurz gesagt, einen Mangel an Unrechtsbewusstsein erkennen – sonst wüsste er, dass er zuallererst der Person etwas schuldig ist, deren Rechte er verletzt hat.

Das gilt meines Erachtens nicht nur in diesem Fall, sondern generell: Wenn Menschen anderen Unrecht tun, stehen sie in deren Schuld, und es ist letztlich diese besondere Schuldigkeit, der sich die privilegierte Position der Opfer in Sachen Vergebung verdankt. Was ist damit gemeint?

Kehren wir dazu noch einmal zu Simon Wiesenthals Erzählung *Die Sonnenblume* zurück. Nachdem der sterbende SS-Mann Karl dem Juden Simon gestanden hat, dass er an einem furchtbaren Verbrechen gegen «die Juden» beteiligt war, bittet er diesen nicht direkt um Vergebung. Er berichtet ihm zunächst, wie es zu seiner eigenen Verwundung kam. Es wirkt ganz so, als wollte er das Mitgefühl seines Zuhörers wecken: «Er sucht Mitleid bei mir. Hat er ein Recht auf Mitleid? Verdient überhaupt jemand seinesgleichen Mitleid?»[46] Doch Simon entgeht nicht, dass die Worte des Sterbenden mehr als das beinhalten. Sie sind zugleich ein Beleg seiner Reue, denn: Karl wurde von einer Granate zerfetzt, als er sich Monate nach dem Verbrechen in Erinnerung an die Gräueltat und im Bewusstsein seiner Schuld weigert, einem Kommando zum Angriff zu folgen. Vor seinem inneren Auge sieht der Soldat in diesem Moment die Gesichter der Menschen, für deren grausamen Tod er verantwortlich ist, und «meine Hände, die das Gewehr mit dem aufgepflanzten Bajonett hielten, fingen an zu zittern. ‹Nein, ein zweites Mal werde ich nicht auf sie schießen›, schoss es mir durch den Kopf ... Und dann krepierte neben mir eine Granate ...» Der Schwerverwundete kommt von einem Lazarett ins nächste, und er weiß, dass er keine Überlebenschance hat. Aber er kann noch nicht sterben, und er nennt Simon den Grund dafür: «Die Schmerzen quälen mich furchtbar. Aber viel schlimmer quält mich mein Gewissen. Ich kann nicht sterben ... ohne dass ich mit mir ins Reine gekommen bin. Das hier soll meine Beichte sein.»

Wir wissen bereits, dass Karl seine Beichte und die daran anschließende Bitte um Vergebung an Simon richtet, weil er auch in ihm ein Opfer seines Verbrechens sieht. So wie die Frauen, Männer und Kinder, an deren grausamer Ermordung Karl beteiligt war, ist Simon Jude. Für Karl gehört er damit zum Kreis derjenigen, die allein ihm vergeben könnten, und in seinen Worten deutet sich an, was er sich davon verspricht, wenn Simon seine Bitte erfüllt und ihm tatsächlich verzeiht: Er wünscht sich, dass seine Gewissensqualen enden und er *mit sich ins Reine kommen* kann. Die Erinnerung an das Geschehene und seine Schuld daran wird Simon ihm nicht nehmen können, aber er hat in den Augen des Sterbenden die Macht, ihn von einer anderen Last zu befreien: den quälenden Vorwürfen, die Karl sich machen muss für das, was er «den Juden» angetan hat. Sie belasten sein Gewissen schwer und entfremden ihn von sich selbst.

Die Formulierung, dass Karl sich den Opfern gegenüber für das, was er getan hat, Vorwürfe machen *muss*, ist dabei ganz bewusst gewählt, denn meines Erachtens geht es hier tatsächlich um eine moralische Pflicht: Karl hat «den Juden» furchtbares Unrecht zugefügt und diese Tatsache hat moralische Folgen. *Weil* er die Rechte dieser Menschen verletzt hat, *muss* er sich das, was er ihnen angetan hat, vorwerfen, und diese Selbstvorwürfe schuldet er den Opfern seines Verbrechens. Er muss, mit anderen Worten, *um ihretwillen* ein schlechtes Gewissen haben, sie sind in Sachen Selbstvorwürfe und Gewissensqualen seine Schuldner.

Aus meiner Sicht ist das der Grund dafür, warum nur sie ihn von der Pflicht entbinden können, sich seine Tat ihnen gegenüber weiter zum Vorwurf zu machen. Es liegt in ihrer Macht, ob der Sterbende mit sich ins Reine kommen darf. Indem er sie – stellvertretend in der Person von Simon – um Vergebung bittet, bittet er um ihre Erlaubnis, sich mit sich selbst versöhnen zu dürfen.

Die Geschichte von der Sonnenblume ist ein extremes Beispiel für Unrecht und Schuld, und sie unterscheidet sich von den Situationen, in denen wir in unserem Alltag mit der Frage nach dem Verzeihen konfrontiert sind.

Doch was sich hier zeigt, gilt meines Erachtens nicht nur in diesem besonderen Fall. Es trifft auf alle Situationen zu, in denen Menschen einander Unrecht tun: Wenn wir die Rechte anderer verletzen, sind wir den Betreffenden etwas schuldig. Wir können nicht einfach zur Tagesordnung übergehen und darauf vertrauen, dass die Zeit alle Wunden heilt. Und es reicht auch nicht, Bedauern zu äußern und zu sagen, dass es uns leidtut. Wir dürfen unser Handeln, salopp gesagt, nicht «auf die leichte Schulter nehmen», sondern müssen uns selbst, um des anderen willen, zum Vorwurf machen, was wir getan haben. Diese Schuldigkeit ist aus meiner Sicht eine direkte normative Konsequenz des Unrechts, das wir jemandem zugefügt haben, und sie besteht unabhängig davon, wie schwerwiegend unser Fehlverhalten war. Der Mann, der seine Frau hintergangen hat, muss sich dafür ebenso Vorwürfe machen wie die Mutter, die ihre Kinder schlägt, oder der Chef, der die Mitarbeiterin belästigt.

Das heißt nicht, dass die Betreffenden deswegen tatsächlich immer ein schlechtes Gewissen haben. Manche können offenbar ganz gut damit leben, dass sie anderen das Leben schwer machen. Doch aus moralischer Perspektive betrachtet sind die Verhaltensweisen und Einstellungen solcher Menschen kritikwürdig. Die Mutter meiner Freundin, die allem Anschein nach keinerlei schlechtes Gewissen hat, weil sie ihre Tochter geschlagen hat, ist offenbar nicht davon überzeugt, dass Kinder ein Recht auf gewaltfreie Erziehung haben, oder es ist ihr egal. Wenn wir nämlich die moralischen Rechte anderer anerkennen, dann wissen wir, dass wir uns selbst vorwerfen müssen, wenn wir diese Rechte verletzen. Wer ohne den geringsten Anschein von Reue die Ansprüche seiner Mitmenschen missachtet, lässt einen Mangel an Unrechtsbewusstsein erkennen, den wir ihm aus gutem Grund zum Vorwurf machen.

Wenn ich anderen von den Eheproblemen eines Kollegen erzähle, obwohl ich ihm versprochen hatte, es für mich zu behalten, muss ich mir also nicht nur gefallen lassen, dass *er* mir das übel nimmt. Ich bin dem Kollegen darüber hinaus schuldig, auch *mir selbst* meine Indiskretion vorzuwerfen, und zwar um seinetwillen – und nicht etwa, weil meine Indiskretion aufgeflogen ist, ich nun Ärger habe etc. Selbst wenn er niemals etwas davon mitbekommt, dass die Geschichte längst die Runde gemacht hat und ich dafür verantwortlich bin, stehe ich in seiner Schuld.

Von dieser Schuldigkeit kann nur mein Kollege mich befreien und meines Erachtens geschieht genau das, wenn er mir verzeiht. Die Befreiung, die mit dem Verzeihen einhergeht, stellt sich also nicht früher oder später von selbst ein, wenn wir nur lange genug abwarten. Es ist nicht die Zeit, die die Dinge wieder in Ordnung bringt, und es sind auch nicht Dritte, die die moralische Beziehung zwischen zwei Menschen reparieren und unser Gewissen entlasten können. Dafür ist die Bereitschaft derjenigen nötig, denen wir Unrecht getan haben, denn ihnen gegenüber stehen wir in der Pflicht, uns unser Verhalten zum Vorwurf zu machen.

Das Opfer-Privileg – also die Auffassung, dass den Opfern des Unrechts eine Sonderstellung in Sachen Verzeihen zukommt – ergibt sich meines Erachtens aus genau diesem Umstand: Menschen, die anderen Unrecht tun, sind den Leitragenden etwas schuldig, und in dieser Schuldigkeit besteht aus meiner Sicht zugleich die Last, von der uns der Akt der Vergebung befreit.

Die eingangs zitierte Behauptung der Philosophin Hannah Arendt, dass das Verzeihen uns «von den Folgen der Vergangenheit befreit und verhindert, dass sie uns bis an unser Lebensende verfolgen» lässt sich mit dieser Überlegung gut verbinden. Dabei geht es allerdings nicht um die psychologischen Konsequenzen – die Erinnerung an das Leid, das wir anderen zugefügt haben, das vielleicht für immer verlorene Vertrauen etc. –, sondern um die *normativen* Folgen des Unrechts, also die Pflicht, uns um des anderen willen zum Vorwurf zu machen, was wir getan haben.

Damit ist meine Antwort auf die Frage, was es heißt, jemandem zu verzeihen, genannt. Sie lautet: *Wenn wir verzeihen, ermöglichen wir jemandem, sein schlechtes Gewissen uns gegenüber zu entlasten, indem wir ihm erlauben, die Selbstvorwürfe, die er uns schuldet, hinter sich zu lassen.* Wie ein Gläubiger, der einen Schuldschein zerreißt, befreien wir die Person, die uns Unrecht getan hat, von dieser Schuldigkeit.

Das Unrecht ist damit nicht aus der Welt und die Schuld – also die Verantwortung des anderen für dieses Unrecht – nicht aufgehoben. Was geschehen ist, ist geschehen, und es war falsch. Und doch hat sich etwas Entscheidendes verändert: Der andere steht uns gegenüber nicht länger in der Pflicht, sich sein Verhalten vorzuwerfen.

Das heißt nicht, dass es keinerlei Grund mehr gibt, mit uns selbst im Streit zu liegen, sobald die Person, die wir verletzt haben, uns verziehen hat. Vergebung macht Selbstvorwürfe nicht irrational, sondern bestenfalls überflüssig. Wenn ich meine Kollegin vor allen anderen bloßgestellt habe und sie mir verzeiht, dann erlaubt sie mir, ihr gegenüber deswegen kein schlechtes Gewissen mehr zu haben. Was ich getan habe, steht nicht mehr zwischen uns. Ich mag dennoch auch weiterhin Grund haben, mir selbst für mein Verhalten Vorwürfe zu machen. Doch *ihr* bin ich diese Selbstvorwürfe *nicht mehr schuldig*. Verzeihen, so lässt sich dieser Gedanke formelhaft auf den Punkt bringen, heißt: jemandem zu erlauben, mit sich selbst ins Reine zu kommen.

Nicht immer führt unsere Vergebungsbereitschaft dazu, dass der andere fortan tatsächlich wieder mit ruhigem Gewissen schlafen kann. Mitunter fällt es Menschen, die Schuld auf sich geladen haben, schwer, mit den Selbstvorwürfen aufzuhören. Obwohl ihnen längst verziehen wurde, beruhigt sich ihr Gewissen nicht. In solchen Fällen heißt es manchmal, jemand könne sich selbst nicht verzeihen, und gemeint ist dann sein Unvermögen, eine wohlwollende Haltung sich selbst gegenüber einzunehmen und sich mit sich selbst zu versöhnen.

Mitunter zeigen Menschen solche unnachgiebige Härte sich selbst gegenüber auch dann, wenn das, was sie getan haben, streng genommen gar kein Unrecht, sondern eher eine Art Unglück oder ein Versehen war – etwa wenn jemand unbeabsichtigt oder unbewusst schweren Schaden angerichtet und anderen großes Leid zugefügt hat. Ein Beispiel dafür haben wir oben bereits kennengelernt. Bucky Cantor, der Sportlehrer in Philipp Roths Roman *Nemesis*, fühlt sich sein Leben lang am Tod der Kinder schuldig, die er unwissentlich mit einer schweren Krankheit infiziert hat. Obwohl ihn keine Schuld an ihrem Tod trifft – er wusste ja nicht einmal, dass er selbst infiziert ist – und niemand sonst ihm deshalb einen Vorwurf macht, kann er sich nicht verzeihen und büßt den Rest seiner Tage für das, was er ausgelöst hat.

Vergebung verspricht in solchen Fällen keine Entlastung – denn es gibt streng genommen nichts zu verzeihen. Wer sollte dem Mann verzeihen, der das kleine Mädchen überfahren hat, das völlig überraschend vor sein Auto gelaufen ist, und wer kann die Mutter von ihren Schuldgefühlen entlasten, deren Sohn sich wegen einer unglücklichen Liebe das Leben genommen hat? Sie trifft keine Schuld. Wenn wir Menschen in solchen Situationen Mut machen, sich selbst zu verzeihen, ist diese Formulierung aus meiner Sicht daher eher im übertragenen Sinne zu verstehen. Es geht nicht darum, dass die Betreffenden sich eigenmächtig von einer Pflicht entbinden sollten.

Wir wollen eher so etwas sagen wie: «Du hast genug gelitten und mehr als ausreichend für das gebüßt, was passiert ist. Du hast getan, was du konntest, um den Schaden zu lindern. Mehr geht nicht. Niemand hat etwas davon, wenn du so hart mit dir ins Gericht gehst. Versuche zu akzeptieren, was geschehen ist, und nach vorn zu blicken. Du bist ein Mensch und du hast, so wie alle anderen, Wohlwollen verdient.» Auch hier geht es also in gewissem Sinne darum, den inneren Zwist zu überwinden und mit sich selbst ins Reine zu kommen, doch das hat meines Erachtens weniger mit Selbst-Vergebung zu tun als mit Selbst-Versöhnung.

Verzeihen bedeutet also, jemandem zu erlauben, sein schlechtes Gewissen uns gegenüber zu überwinden. Doch das ist noch nicht alles. Vergebung beinhaltet zugleich die Zusage, dass auch ich nicht mehr nachtragend bin.

Wer verzeiht, verzichtet darauf, dem anderen sein Verhalten vorzuwerfen. Diejenigen, die Vergebung im Sinne der Standarddefinition als einen emotionalen Sinneswandel verstehen, erklären das damit, dass wir im Zuge des Verzeihens unseren Groll überwinden und den Vorwürfen auf diese Weise sozusagen die Nahrung entziehen. Doch meines Erachtens geht es hier eher um eine Art Konsistenzgebot: Verzeihen und Vorwürfe passen nicht zusammen. Es ist widersprüchlich, jemandem die Erlaubnis zu erteilen, sein schlechtes Gewissen zu überwinden, nur um ihm weiterhin, salopp gesagt, ein schlechtes Gewissen zu machen. Es ist, als würde ich jemandem erlauben, mein Auto zu benutzen, mich dann aber weigern, ihm die Schlüssel auszuhändigen.

Manchmal verhalten Menschen sich tatsächlich so. Sie sagen, sie haben uns verziehen, und doch erkennen wir in jedem ihrer Worte und jeder ihrer Gesten die Vorwürfe, die sie uns nach wie vor machen. Das irritiert uns zu Recht. Wenn wir den Mut haben, den anderen darauf anzusprechen, und wenn er den Mut hat, ehrlich zu antworten, wird er vielleicht sagen, er habe versucht, uns zu verzeihen, aber es sei ihm schlicht nicht gelungen. Menschen können entschlossen sein, jemandem eine zweite Chance zu geben und ihm zu erlauben, sein Gewissen zu entlasten – doch sie schaffen es einfach nicht, ihren Entschluss in die Tat bzw. eine entsprechende Haltung umzusetzen. Stillschweigend oder ausdrücklich machen sie dem anderen nach wie vor zum Vorwurf, was er getan hat. «Erfolgreiche» Vergebung beinhaltet indes die Abkehr von Vorwürfen – sowohl seitens des Täters als auch seitens des Opfers.

Es ist nun klargeworden, worin aus meiner Sicht die Belastung besteht, von der Vergebung Menschen befreien kann. Es geht nicht – wie beim Vergessen – um die Last der Erinnerung. Es geht auch nicht – wie beim Entschuldigen – um die Bürde der Schuld. Und ebenso wenig geht es – wie bei der Nachsicht – um die Furcht vor Zurückweisung oder Vergeltung.

Stattdessen entbindet Vergebung Menschen, die Unrecht getan haben, von der Pflicht, sich dem anderen gegenüber dafür Vorwürfe zu machen, dass sie seine Rechte schuldhaft verletzt haben. Diese Verpflichtung ist eine normative Konsequenz des Unrechts, die das Verhältnis einer Person zu sich selbst stört und die moralische Beziehung zum anderen prägt. Wenn man jemandem verzeiht, befreit man ihn von dieser Schuldigkeit und verändert damit diese moralische Beziehung, die in der Folge nicht länger den Charakter eines Schuldner-Gläubiger-Verhältnisses hat. Die Rechte und Pflichten von Opfer und Täter befinden sich stattdessen wieder im Gleichgewicht, und in diesem Sinne können sie einander wieder auf moralischer Augenhöhe begegnen.

Wenn gesagt wird, dass Vergebung dazu beitragen kann, die gestörte Beziehung zwischen zwei Menschen zu reparieren, ist das insofern eine gute Beschreibung. Allerdings geht es dabei aus meiner Sicht nicht zwangsläufig um die *persönliche* oder *soziale* Beziehung zwischen den Beteiligten, sondern zunächst nur um deren *moralische* Beziehung, wie sie – unabhängig von den persönlichen Bindungen – zwischen allen Menschen als Mitgliedern der moralischen Gemeinschaft besteht.

Vergebung bezieht sich, mit anderen Worten, auf die normative Ebene der zwischenmenschlichen Verhältnisse, die durch die moralischen Rechte und Pflichten konstituiert ist, die jeder

Mensch allen anderen gegenüber geltend machen kann bzw. erfüllen muss.

Wer einer anderen Person verzeiht, befreit sie also von einer Pflicht. In diesem Sinne ist Vergebung keine «Herzensangelegenheit», die unsere Gefühle wandelt, sondern eher eine «Gewissensfrage», die die Rechte und Pflichten verändert, die zwischen zwei Menschen bestehen. Das geschieht nicht von selbst oder nebenbei. Stattdessen nehmen wir ganz bewusst Einfluss darauf, was wir einander schulden und voneinander erwarten dürfen.

Diese Fähigkeit der bewussten Einflussnahme auf die moralischen Beziehungen, die zwischen Menschen bestehen, wird von verschiedenen Philosophinnen und Philosophen als *normative Autorität* bezeichnet. Gemeint ist damit eine Eigenschaft, die uns Menschen als moralische Subjekte auszeichnet. Sie besteht darin, dass wir, wie es der amerikanische Philosoph David Owens formuliert hat, die «normative Landschaft», in der wir uns begegnen – also das Feld unserer Rechte und Pflichten –, bewusst gestalten können.[47] Das klingt zunächst technisch und fremd, aber im Grunde wissen wir alle, wie das geht, und wir tun es regelmäßig.

Nehmen wir ein banales Beispiel: Mein Mitbewohner bittet mich, ihn bei seinem Umzug zu unterstützen, und ich verspreche, ihm zu helfen. Durch mein Versprechen verändere ich die Situation in normativer Hinsicht: Indem ich ihm mein Wort gebe, verpflichte ich mich dazu, ihm bei seinem Umzug zu helfen. Diese Pflicht hatte ich bisher nicht. Es war mir auch vorher erlaubt, ihm zu helfen – schließlich hat er mich ausdrücklich darum gebeten –, und mein Mitbewohner durfte erwarten, dass ich seine Bitte nicht ohne guten Grund abschlage. Aber im eigentlichen Sinne moralisch verpflichtet war ich nicht zur Hilfe verpflichtet. Seine Bitte war insofern eine echte Bitte und nicht bloß eine Erinnerung an das, was ich ihm so oder so schulde.

Das ändert sich nun jedoch mit meinem Versprechen: Etwas, was mir bisher bloß erlaubt war, wird nun zu meiner Pflicht. Ich habe selbst und mit voller Absicht dafür gesorgt, dass ich meinem Mitbewohner gegenüber in dieser Hinsicht nicht mehr frei, sondern moralisch gebunden bin. In ganz ähnlicher Weise nehme ich Einfluss auf die normative Beziehung zwischen mir und meiner Schwester, wenn ich beispielsweise einwillige, dass sie mein Tagebuch liest. Auch mit unserer Einwilligung können wir bewusst die normative Landschaft verändern: Es war ihr verboten, mein Tagebuch zu lesen, *weil* ich jetzt jedoch zugestimmt habe, ist es ihr nun erlaubt.

Versprechen und Zustimmung sind Formen der Ausübung unserer normativen Autorität als Personen: Indem sie jemandem ihr Wort geben oder in etwas einwilligen, ändern Menschen etwas daran, was sie einander schulden und voneinander erwarten dürfen. Meines Erachtens gilt das auch für das Verzeihen. Wenn wir jemandem verzeihen, setzen wir unsere normative Autorität ein.

Indem ich meiner Kollegin verzeihe, entbinde ich sie von der Pflicht, sich ihr Verhalten um meinetwillen zum Vorwurf zu machen. Sie muss mir gegenüber kein schlechtes Gewissen mehr haben, und wir können einander fortan wieder unbefangener begegnen.

Inwiefern Verzeihen etwas mit der Ausübung von Autorität zu tun hat, zeigt sich meines Erachtens auch daran, dass es uns mitunter stört, wenn Menschen, denen wir verziehen haben, dennoch nicht aufhören, sich uns gegenüber reuevoll zu zeigen. Längst habe ich meiner Freundin verziehen, dass sie mich im Stich gelassen hat, als ich dringend ihre Hilfe gebraucht hätte. Aber sie kann nicht aufhören, sich dafür zu geißeln. Immer wieder kommt sie mit der Geschichte an und erzählt mir, wie leid es ihr tut. Das ärgert mich. Es ist ganz so, als hätte meine Vergebungsbereitschaft keinerlei Bedeutung für sie, und das fühlt sich an, als würde sie meine Autorität in dieser Frage nicht anerkennen. Schließlich war *ich* es, die unter ihrem Verhalten zu leiden hatte, und ich habe ihr verziehen und damit klargestellt, dass sie sich *um meinetwillen* keine Vorwürfe mehr machen muss. Aber offenbar macht das aus ihrer Sicht keinen großen Unterschied. Menschen, die sich so verhalten, scheinen unsere normative Autorität in Frage zu stellen – ob bewusst oder unbewusst. Diese Autorität haben wir geltend gemacht, indem wir dem anderen verziehen haben. Doch er ergreift die zweite Chance nicht und verhindert, dass sich die Situation zwischen uns entspannen kann.

Ich habe nun meine Antwort auf die Frage vorgestellt, was es bedeutet, jemandem zu verzeihen. Sie unterscheidet sich von der verbreiteten Ansicht, dass Verzeihen im Wesentlichen in der Überwindung von Groll und Vorwürfen besteht. Aus meiner Sicht ist das nicht alles, worum es beim Verzeihen geht, und es ist auch nicht das Entscheidende. Dieser Unterschied ist spätestens dann von Bedeutung, wenn wir uns fragen, ob wir einer bestimmten Person verzeihen sollten, die uns Unrecht getan hat. Solange das allein bedeutet, feindselige Gefühle hinter uns zu lassen, scheint schon aus Gründen der eigenen Seelenruhe vieles dafür und nur wenig dagegenzusprechen, vergebungsbereit zu sein. Doch die Sache wird komplizierter, wenn man davon ausgeht, dass Vergebung zugleich das Einverständnis bedeutet, dass der andere fortan wieder mit ruhigem Gewissen schlafen gehen kann. Für die Moral des Verzeihens macht dieser Umstand, wie wir noch sehen werden, gegebenenfalls einen großen Unterschied.

Gleichwohl ist die Beobachtung zutreffend, dass Vergebung mit einer Veränderung unserer Gefühle gegenüber der Person verbunden ist, die uns Unrecht getan hat. Es stimmt etwas nicht, wenn wir jemandem weiterhin grollen, obwohl wir behaupten, wir hätten ihm verziehen. Vergebung und Groll passen nicht zusammen, und das liegt meines Erachtens daran, dass die Bereitschaft, jemandem zu verzeihen, meist Gründe hat, die zugleich einen emotionalen Sinneswandel in uns bewirken und unseren Groll besänftigen.

Das beste Beispiel dafür ist eine aufrichtige Bitte um Verzeihung: Sie ist oft ein ausschlaggebender Grund dafür, dass Menschen verzeihen. In dieser Bitte kommt unter anderem die Reue der Person über das Vorgefallene zum Ausdruck und das beeinflusst auch unsere Empfindungen ihr gegenüber. Dass der Mann, der in meine Wohnung eingebrochen ist, offenbar wirklich bereut, was er getan hat, und beteuert, wie gern er das alles ungeschehen machen würde, berührt mich und bewirkt, dass sich mein Zorn legt und ich schließlich bereit bin, ihm tatsächlich zu verzeihen. Doch der emotionale Sinneswandel ist aus meiner Sicht nicht das, was Vergebung im Kern ausmacht.

Ausgangspunkt meines Nachdenkens über die Frage, was es bedeutet zu verzeihen, war die Beobachtung, dass Vergebung eine Reaktion auf Unrecht darstellt, die für Täter wie Opfer entlastend wirken kann. Solange man im Sinne der Standarddefinition davon ausgeht, dass es beim Verzeihen im Wesentlichen um die Überwindung feindseliger Gefühle geht, lässt sich dieser Effekt gut erklären: Es ist nachvollziehbar, dass es beide Seiten erleichtert, wenn der Groll versiegt. Ich habe dagegen behauptet, dass der eigentliche Kern von Vergebung darin besteht, den Täter von der Pflicht zu entbinden, sich seine Tat weiter zum Vorwurf zu machen. Woher kommt dann das Gefühl der Entlastung?

Soweit es die Person betrifft, die Schuld auf sich geladen hat, liegt die Antwort auf der Hand: Die Erleichterung, die jemand empfindet, wenn ihm verziehen wird, besteht in der Entlastung seines Gewissens und der Entspannung, die daraus resultiert, dass seine moralische Beziehung zum Opfer bereinigt und sozusagen wieder «im Lot» ist. Weniger klar ist, wovon die Person, die das Unrecht erlitten hat, befreit wird, wenn sie verzeiht. Wie ist es zu erklären, dass Menschen *sich selbst* dadurch entlastet fühlen, dass sie *andere* von der entsprechenden Pflicht entbinden?

Die Antwort auf diese Frage hängt meines Erachtens mit dem Opfer-Privileg zusammen und damit, dass der Akt der Vergebung Autorität braucht und in der Ausübung dieser Autorität besteht. Tatsächlich hat Verzeihen etwas mit Macht zu tun oder doch jedenfalls mit dem Ende der Ohnmacht. Viele Menschen, die schweres Unrecht erlitten haben, berichten, dass erst der Entschluss zu verzeihen es ihnen ermöglicht hat, sich nicht mehr als Opfer zu betrachten. Er hat ihnen das Bewusstsein ihrer Macht zurückgegeben, und das war für sie das eigentlich Befreiende.

Tatsächlich können die Erfahrung von Unrecht und das Gefühl von Ohnmacht, das damit meist verbunden ist, unser Bild von uns selbst als autonomen Personen, die ihr Leben eigenmächtig gestalten, beschädigen: Die Untreue meines Mannes macht mich zu einer betrogenen Frau, die Lügen, die der Kollege über mich verbreitet hat und gegen die ich nichts tun konnte, lassen mich wie eine hilflose Idiotin dastehen und konfrontieren mich mit meiner Wehrlosigkeit. Zu erleben, dass jemand uns Unrecht tut, belastet insofern nicht nur unser Verhältnis zum anderen. Es beschädigt gegebenenfalls auch unsere Selbstachtung und verändert unseren Blick auf uns selbst.

Der Person, die uns verletzt hat, zu verzeihen, kann uns von diesem Selbstbild befreien, und zwar *weil* Verzeihen ein Akt ist, mit dem wir normative Autorität ausüben. Wer verzeiht, setzt der Botschaft der Missachtung, die mit dem Unrecht verbunden ist, eine Demonstration seiner normativen Autorität entgegen. Er verlässt die Opferrolle, indem er die moralische Beziehung zum anderen eigenmächtig transformiert – in dem Wissen, dass er allein dazu imstande ist. In der Bereitschaft, dem anderen eine zweite Chance zu geben und ihm zu erlauben, mit sich selbst ins Reine zu kommen, zeigt sich, so gesehen, eine Form der Selbstverfügung, die uns als Personen auszeichnet. Ganz in diesem Sinne hat der indische Widerstandskämpfer und Pazifist Mahatma Gandhi Vergebung als einen Akt der Stärke bezeichnet: «Die Schwachen können nicht verzeihen. Vergebungsbereitschaft ist eine Eigenschaft der Starken.»[48]

Man möchte meinen, diese Stärke könne auch in der Verweigerung von Vergebung spürbar werden. Die normative Fähigkeit zu verzeihen verlieren wir schließlich nicht, wenn wir uns im Einzelfall bewusst dagegen entscheiden, von ihr Gebrauch zu machen. Ohnehin mag mancher bezweifeln, ob Menschen, die Unrecht erlitten haben, den Opferstatus nur durch Verzeihen überwinden können. Der amerikanische Philosoph Jeffrie G. Murphy hat in seinem Aufsatz *Two Cheers for Vindictiveness* (Ein zweifaches Hoch auf die Rachsucht) anschaulich verdeutlicht, dass sich das Gefühl von Kontrolle und Macht auch zurückgewinnen lässt, indem wir uns erfolgreich an jemandem rächen.[49] Die Geschichte des Grafen von Monte Christo, von der oben bereits die Rede war, liefert dafür ein Beispiel: Edmond Dantès ist, zugegeben, ein Getriebener, aber er wirkt nicht schwach. Es macht insofern durchaus den Eindruck, als könnte man die Opferrolle auch dadurch verlassen, dass man selbst zum Täter wird.

Wir können an dieser Stelle offenlassen, ob das tatsächlich zutrifft. Hier geht es allein darum verständlich zu machen, inwiefern der Akt der Vergebung auch für das Opfer befreiend sein kann. Dafür liefert die Tatsache, dass Verzeihen die Ausübung einer normativen Fähigkeit seitens des Opfers darstellt, die entsprechende Autorität voraussetzt, meines Erachtens eine einleuchtende Erklärung.

Ich habe oben gesagt, dass Vergebung nicht von der Last der Erinnerung befreit, sondern die Erinnerung von manchem befreit, was an ihr belastend ist. Mit Blick auf den Täter handelt es sich dabei um die Vorwürfe, die er sich selbst machen muss. Soweit es das Opfer betrifft, geht es um die Erfahrung der eigenen Ohnmacht und des Ausgeliefertseins angesichts erlittener Missachtung. Von beiden Belastungen kann der Akt der Vergebung die Betroffenen befreien.

Damit bin ich am Ende meiner Überlegungen zur Frage angelangt, was es bedeutet, jemandem zu verzeihen: Vergebung erschöpft sich nicht darin, dass wir unsere emotionale Einstellung einer anderen Person gegenüber verändern und unser Herz wandeln. Es geht um mehr. Wenn wir verzeihen, erlauben wir Menschen, die uns Unrecht getan haben, mit sich selbst ins Reine zu kommen. Doch warum sollten wir das tun – und: Sollten wir das überhaupt tun? Diesen Fragen wende ich mich nun zu.

# TEIL II

## Warum wir (nicht alles) verzeihen sollten

Im zweiten Teil dieses Buches soll nun die Frage diskutiert werden, ob und wenn ja warum wir überhaupt verzeihen sollten. Was spricht dafür, anderen zu ermöglichen, ihr Gewissen uns gegenüber zu entlasten, und was spricht dagegen? Und: Kann es auch falsch sein, jemandem zu verzeihen?

Manche finden diese Frage irritierend. Für sie ist völlig klar, dass Vergebungsbereitschaft immer etwas Gutes ist. Das Problem mit dem Verzeihen ist ihrer Ansicht nach kein moralisches – also keine Frage von richtig oder falsch –, sondern ein psychologisches Problem. Denn zu verzeihen ist oft nicht einfach und kostet unter Umständen viel Überwindung. Wir sind wütend und verletzt, wenn uns Unrecht geschieht, und vielleicht ist unser Vertrauen in den anderen nachhaltig erschüttert. Nie hätte ich erwartet, dass die Frau, die ich für meine beste Freundin gehalten habe, hinter meinem Rücken solche Lügen über mich verbreitet. Auch wenn das Ganze schon ein paar Jahre zurückliegt und sie längst deutlich gemacht hat, wie leid es ihr tut: Ich bin mit ihr fertig. Der Impuls, zu Menschen auf Abstand zu gehen, die unsere Rechte missachtet haben, kann sehr stark sein und verhindern, dass wir auch nur in Erwägung ziehen, ihnen zu verzeihen. Indem wir einer Person vergeben, zeigen wir Entgegenkommen und bewegen uns, metaphorisch gesprochen, auf sie zu. Dass Menschen, denen Unrecht getan wurde, sich damit überfordert fühlen oder dazu nicht bereit sind, ist sehr verständlich.

Doch auch wenn es psychologisch betrachtet nicht immer leicht ist zu vergeben, sollten wir es, wie viele meinen, wenigstens versuchen. Und das hat einen so einfachen wie einleuchtenden Grund: Jeder Mensch, also auch wir selbst, tut früher oder später anderen Unrecht. Wir alle haben schon Dinge gesagt oder getan, für die wir zu Recht ein schlechtes Gewissen haben. Niemand ist ohne Fehl und Tadel. Das vergessen wir leicht, wenn wir die Leidtragenden sind. Wir tun dann so, als gäbe es zwei Sorten von Menschen – die Guten und die Bösen bzw. diejenigen, denen Unrecht geschieht, und diejenigen, die Unrecht tun. Doch das ist falsch. Es sind ganz normale Leute, die ihre Freundinnen hintergehen, Kollegen herabsetzen oder ihr Wort brechen. Menschen wie du und ich sehen zu, wie anderen Gewalt angetan wird, oder lassen diejenigen im Stich, die ein Recht auf unsere Unterstützung haben. Jeder von uns ist daher irgendwann darauf angewiesen, dass andere ihm verzeihen, und aus diesem Grund, so die Idee, sollten auch wir selbst uns dazu überwinden. Die Bereitschaft, erlittenes Unrecht zu verzeihen, genießt auch deshalb einen guten Ruf, weil wir alle davon profitieren.

Nicht jeder kann dieser Überlegung etwas abgewinnen. Oft sind Menschen sich ganz sicher, dass sie anderen niemals antun würden, was sie selbst erleiden mussten. Wir sagen: «Ich würde meine Kinder niemals schlagen. Und nie im Leben würde ich Fahrerflucht begehen, für den Staat meine Nachbarn bespitzeln oder eine heimliche Affäre beginnen.» Doch auch wenn das bisher so war und man sich tatsächlich nichts dergleichen hat zuschulden kommen lassen: Wer kann schon garantieren, dass das auch in Zukunft so bleibt? Die Widrigkeiten des Lebens, eine Krankheit, wirtschaftliche Not oder eine Scheidung können einen Menschen sehr verändern. Manchmal erkennen selbst seine besten Freunde ihn kaum wieder. Die mehrfach preisgekrönte amerikanische Serie «Breaking Bad» – was sinngemäß so viel bedeutet wie «vom rechten Weg abkommen» – macht das überspitzt deutlich. Die Hauptfigur, Walter White, ist ein ganz normaler Mann und anständiger Bürger. Doch dann wird bei ihm Lungenkrebs festgestellt. Walter White kann die Behandlung nicht bezahlen und muss zudem befürchten, dass er nicht mehr lange zu leben hat. Fortan treibt ihn nur noch die Sorge um seine Gesundheit und die Zukunft seiner Familie um – und innerhalb weniger Episoden wird aus dem liebevollen Ehemann und fürsorglichen Vater von zwei Kindern ein erfolgreicher Drogenproduzent und rücksichtsloser Krimineller.

Längst nicht immer sind es lebensbedrohliche Situationen, die Menschen dazu bringen, andere schuldhaft zu verletzen. Manchmal gibt es überhaupt keinen Anlass oder es genügt ein banaler Auslöser und wir tun Dinge, die niemand von uns erwartet hätte – am allerwenigsten wir selbst. Mitunter trägt dazu bei, dass die Umstände günstig sind und niemand uns auf die Schliche kommen kann. «Gelegenheit macht Diebe», sagt das Sprichwort. Vielleicht haben die mit dem ruhigen Gewissen und der reinen Weste also bisher einfach nur Glück gehabt. Vielleicht sind sie noch nie ernsthaft in Versuchung geraten, jemandem Unrecht zu tun. Der weltweit gefeierte Schriftsteller Ferdinand von Schirach, der jahrzehntelang als Strafverteidiger gearbeitet hat, ist nicht als einziger der Meinung: «Jeder kann zum Mörder werden.»[50]

Doch wir müssen nicht erst schwere Straftaten begehen, um darauf angewiesen zu sein, dass andere uns verzeihen. Vergebung ist, wie gesagt, eine Form des Umgangs mit *moralischem* Unrecht, und das ist ein weites Feld. Wer im Stress die Nerven verloren und sein Kind geschlagen hat, sollte sich dafür Vorwürfe machen und er hat jeden Grund, um Verzeihung zu bitten. Auch wenn sein Verhalten vielleicht nachvollziehbar ist, ist es deswegen nicht weniger falsch. Eine hasserfüllte, verächtliche Bemerkung, ein gebrochenes Versprechen oder eine Lüge kann Unrecht sein, und wer seinen Kollegen vor allen anderen absichtlich bloßgestellt hat, entschuldigt sich dafür zu Recht. Auch in solchen, vergleichsweise banalen Fällen menschlichen Fehlverhaltens ist es unter Umständen sehr belastend, wenn diejenigen, die wir verletzt haben, nicht bereit sind, uns eine zweite Chance zu geben. Kurzum: Die Wahrscheinlichkeit ist groß, dass jeder Mensch sich irgendwann wünscht, dass andere ihm verzeihen. Und weil das so ist, sollten wir alle dazu bereit sein, diejenigen zu entlasten, die uns Unrecht getan haben.

Wer so argumentiert, geht offensichtlich davon aus, dass das eigene Bedürfnis nach Vergebung Grund genug ist, auch anderen zu verzeihen, und dieser Gedanke dürfte im christlich-abendländischen Kulturkreis vielen bekannt vorkommen. Das Christentum stellt die Idee der Vergebung ins Zentrum seines Glaubensbekenntnisses, und es hat die Entwicklung unserer Alltagsmoral erheblich beeinflusst. Nach christlicher Überzeugung ist der Mensch von Geburt an mit der Erbsünde belastet, er ist sozusagen seiner Natur nach schuldbeladen. Die «frohe Botschaft» der Christen, ihr Evangelium, besteht nun darin, dass Gott die Menschen trotzdem liebt und bereit ist, ihnen zu vergeben. Doch diese Zusage geht mit der Aufforderung einher, dass auch die Menschen einander verzeihen sollen: «Ertragt einander und vergebt einander, wenn einer dem anderen etwas vorzuwerfen hat! Wie der Herr euch vergeben hat, so vergebt auch ihr!»[51] Und: «Wer unter euch ohne Sünde ist, der werfe den ersten Stein.»[52] Im zentralen Gebet des Christentums, dem Vaterunser, verbindet sich die Bitte um Vergebung eigener Schuld daher mit dem Versprechen, dass auch wir unseren Schuldigern vergeben. Die Überlegung, anderen zu verzeihen, weil wir selbst nicht perfekt sind, passt also gut ins christliche Weltbild, und es ist sicher kein Zufall, dass die Rede vom Verzeihen und Vergeben bei manchem auch religiöse Assoziationen weckt.

Doch man muss nicht an Gott oder an die Erbsünde glauben, um den Gedanken plausibel zu finden, der sich hinter dieser Überlegung verbirgt. Anderen Menschen nicht zu verweigern, was man sich selbst von ihnen wünscht, klingt nur fair, und es erinnert an die sogenannte Goldene Regel: «Was du nicht willst, dass man dir tu', das füg auch keinem andern zu.» Dieser Grundsatz ist kulturübergreifend anerkannt und er hat nichts mit Religion zu tun. Man könnte ihn als eine Art Quintessenz, sozusagen als den kleinsten gemeinsamen Nenner der Alltagsmoral verstehen: Wir sollen andere so behandeln, wie wir selbst von ihnen behandelt werden wollen. Wir sollen uns in ihre Lage versetzen und tun, was wir uns wünschen würden, wenn wir an ihrer Stelle wären. Daraus lässt sich eine «Goldene Verzeihensregel» ableiten, und der passende Reim drängt sich geradezu auf: «Wenn du willst, dass man dir verzeiht, dann sei auch selbst dazu bereit.»

Die Logik der Goldenen Regel empfiehlt den Schluss von uns selbst auf andere. Und sie geht dabei von der unstrittigen Annahme aus, dass wir alle Schwächen haben und hin und wieder Unrecht tun. Zwar hat längst nicht jeder deswegen Gewissensbisse. Doch wenn es um die Moral des Verzeihens geht, sollten wir uns nicht an den abschreckenden Fällen orientieren, sondern an ganz normalen Menschen. Und diese ganz normalen Menschen tun manchmal Dinge, die sie nicht tun sollten, und dann wünschen sie sich, eine zweite Chance zu bekommen und nicht auf das reduziert zu werden, was sie getan haben. Wir alle sind insofern auf die Vergebungsbereitschaft anderer angewiesen.

Doch ist die Einsicht in unsere eigene menschliche Schwäche wirklich schon eine hinreichende Begründung dafür, anderen unter allen Umständen zu verzeihen?

Erzbischof Desmond Tutu, dessen Position ich in der Einleitung zu diesem Buch schon erwähnt habe, ist davon überzeugt. Seiner Meinung nach ist es immer richtig zu verzeihen, ganz egal, um wen es sich handelt und was er uns angetan hat: «Es gibt nichts, was nicht vergeben werden könnte, und es gibt niemanden, der keine Vergebung verdient hätte. Sei es der Folterer, der mich brutal misshandelte, die Frau, die mich betrog, der Chef, der mich bei der Beförderung überging, oder der Autofahrer, der mir die Vorfahrt nahm.»[53] Weder die Schwere des Unrechts noch die Reue des Täters spielen demnach eine Rolle. Es ist auch nicht wichtig, ob sich die Beteiligten kennen und ob sie einander in Zukunft wieder begegnen werden. Von diesen Umständen hängt vielleicht ab, wie schwer es uns fällt, jemandem zu verzeihen, aber sie sind dieser Position zufolge ohne Bedeutung mit Blick auf die Frage, ob es richtig wäre, es wenigstens zu versuchen. Denn das, so die These, ist immer richtig.

Wenn ein Erzbischof diese Ansicht äußert, liegt die Vermutung nahe, dass das etwas mit seiner christlichen Grundhaltung zu tun hat. Doch dieselbe Auffassung vermitteln auch die vielen populärpsychologischen Ratgeber in Sachen Verzeihen. In Büchern über *Die erlösende Kraft des Verzeihens*[54] oder *Die heilende Kraft der Vergebung*[55] wird Vergebungsbereitschaft als Teil der Lebenskunst gepriesen, und das liegt vor allem an ihrer positiven Wirkung auf diejenigen, die verzeihen. Betroffene schildern wie sich ihr Leben zum Guten gewendet hat, nachdem sie verzeihen konnten, was ihnen angetan wurde. Manchmal handelt es sich dabei um furchtbares Unrecht wie im Fall von Sandra und Reinhard Schlitter. Sie sind die Eltern von Mirco, der 2010 auf dem Heimweg von einer Skaterbahn entführt und ermordet wurde. Erst 145 Tage später hat man seine Leiche gefunden, und bis heute wissen Mircos Eltern und Geschwister nicht, was genau ihr Sohn und Bruder vor seinem Tod erleiden musste. Die Schilderungen des Täters, der zu einer lebenslangen Haftstrafe verurteilt wurde, sind voller Widersprüche. Mircos Eltern haben ihm trotz allem verziehen und berichten, dass erst dieser Entschluss es ihnen möglich gemacht habe, sich wieder ohne Verzweiflung an ihren Sohn zu erinnern. Ihr Buch *Mirco*, das sie zwei Jahre nach seinem Tod veröffentlicht haben, trägt den Untertitel *Verlieren. Verzweifeln. Verzeihen.*[56]

Das Ehepaar Schlitter kannte den Mann nicht, der ihren zehnjährigen Sohn getötet hat. Doch meist geht es in den Berichten über die heilsame Kraft der Vergebung um Menschen, die durch ihnen nahestehende Personen Unrecht erlitten haben. Dazu gehört die Frau, deren Mann viele heimliche Affären hatte, die erst aufflogen, als sie sich bei ihm mit dem HI-Virus angesteckt hatte. Sie hat sich von ihm getrennt, ihn angezeigt und ihm schließlich verziehen. Oder Vera Lengsfeld, die vor ihrer Scheidung Vera Wollenberger hieß. Die bekannte DDR-Bürgerrechtlerin hat ihrem Mann verziehen, der sie und den gemeinsamen Freundeskreis über Jahre hinweg als informeller Mitarbeiter der Stasi bespitzelt hat.[57] Es gibt viele Berichte von Menschen, die erlittenes Unrecht vergeben und die damit gute Erfahrungen gemacht haben. Manche der Geschichten sind dramatisch, andere eher alltäglich. Die Botschaft jedoch ist in allen Fällen dieselbe: Wenn wir denen verzeihen, die uns Unrecht getan haben, tun wir uns selbst damit einen Gefallen.

Auch diese Überlegung wird häufig als Argument zugunsten des Verzeihens vorgebracht, und sie hat nichts mit der Logik der Goldenen Regel zu tun. Es spielt hier keine Rolle, dass wir alle gelegentlich anderen Menschen Unrecht tun. Es geht auch nicht darum, ob jeder eine zweite Chance verdient hat oder wir uns an Gottes Güte ein Beispiel nehmen sollen. Entscheidend sind aus dieser Perspektive allein die positiven Folgen, die guten Konsequenzen des Verzeihens für diejenigen, denen das Unrecht widerfahren ist. Wir haben demnach *um unserer selbst willen* Grund zu vergeben, denn das verhilft uns dazu, mit der Vergangenheit abzuschließen und einen Neuanfang zu machen. Philosophinnen und Philosophen nennen eine solche Betrachtungsweise, die die Beurteilung einer Verhaltensweise ausschließlich von deren Konsequenzen abhängig macht, konsequentialistisch.

Aus konsequentialistischer Sicht sind es also die guten Folgen des Verzeihens für die Opfer von Unrecht, die den entscheidenden Grund stiften, warum wir verzeihen sollten. Wenn wir verzeihen, machen wir uns sozusagen selbst ein Geschenk. Wir lösen uns von der belastenden Vergangenheit und geben uns die Chance, die Wunden heilen zu lassen. Das geht nicht von heute auf morgen. Vielleicht brauchen wir viel Geduld. Doch den Versuch ist es in jedem Fall wert. Denn selbst, wenn wir dabei scheitern sollten oder sich der heilsame Effekt auch nach Jahren nicht einstellt: Vergebungsbereitschaft hat in jedem Fall positivere emotionale und soziale Folgen als sich am anderen zu rächen oder zu verbittern und für den Rest seiner Tage voller Groll und Schmerz in der Vergangenheit zu leben. So gesehen können wir also gar nichts falsch machen, wenn wir uns bemühen zu verzeihen.

Dieser Blickwinkel auf das Verzeihen ist allerdings sehr begrenzt. Er richtet sich ausschließlich auf die *positiven* Folgen von Vergebung und berücksichtigt dabei nur die *Opfer* des Unrechts. Im Kontext der Psychotherapie oder bei Fragen der Lebenskunst ist eine solche Betrachtungsweise sicher angemessen. Hier dürfen wir uns allein auf uns selbst konzentrieren und auf die Vorteile, die es für uns persönlich hätte, zu verzeihen. Doch wenn wir wissen wollen, was *moralisch* vom Verzeihen zu halten ist, brauchen wir eine umfassendere Perspektive. Zwar spielt das eigene Wohlergehen auch aus moralischer Sicht durchaus eine Rolle, aber es ist keineswegs das Einzige, was zählt. Denn Ethik und Moral haben nicht nur mit dem Gelingen unseres eigenen Lebens zu tun, sondern mit der Gestaltung des menschlichen Zusammenlebens an sich. Wie wir sehen werden, spielen dabei immer auch Fragen der Gerechtigkeit, der Selbstachtung und des gegenseitigen Respekts eine Rolle.

Moral betrifft, mit anderen Worten, nicht nur mein Wohlbefinden, meine Seelenruhe oder mein Glück. Es geht um weit mehr, und vor allem: Es geht nicht nur um mich selbst. Die Vorstellung von Vergebung als Therapie oder Wohlfühlfaktor übersieht, dass wir mit dem Verzeihen eben nicht nur uns selbst ein Geschenk machen. Vergebung ist vor allem oder doch jedenfalls immer auch ein Geschenk an die Person, die uns Unrecht getan hat. Wer verzeiht, überwindet nicht nur seinen inneren Groll und versöhnt sich nach und nach mit der eigenen Vergangenheit. Er oder sie ermöglicht zugleich einer anderen Person, ihr Gewissen zu entlasten, ihre Scham zu überwinden und mit sich selbst wieder ins Reine zu kommen. Ob auch diese Konsequenzen des Verzeihens immer positiv zu bewerten sind, ist jedoch nicht ohne Weiteres klar. Ist es unter allen Umständen gut, wenn der Unternehmer, der seine Mitarbeiter um ihren Lohn betrogen hat, wieder ruhig schlafen kann, oder wenn Menschen, die Kinder missbraucht haben, sich das nicht mehr zum Vorwurf machen müssen? In einigen Fällen scheint das mindestens fraglich, und mit Blick auf manches Unrecht könnte man durchaus der Meinung sein, dass ein lebenslanges schlechtes Gewissen das Mindeste ist, was die Täter den Opfern schulden.

Diese Überlegungen legen den Gedanken nahe, dass es keineswegs unter allen Umständen richtig ist, Menschen, die Schuld auf sich geladen haben, zu erlauben, mit sich selbst ins Reine zu kommen. Darauf deutet auch die gängige Praxis in Sachen Verzeihen hin. Für unsere Bereitschaft, anderen Menschen zu verzeihen, macht es zum Beispiel einen großen Unterschied, was genau jemand getan hat und warum, wobei wir ein und dasselbe Vergehen je nach Motiv oft als unterschiedlich schwerwiegend empfinden. Es spielt auch eine Rolle, um wen es geht, und es ist oft entscheidend, ob die betreffende Person ihr Verhalten bereut oder nur bedauert, dass es ans Licht gekommen ist. Viele sind zudem der Meinung, dass man nur denjenigen verzeihen sollte, die ausdrücklich um Verzeihung gebeten haben, und zwar nicht nur pro forma. Die Bitte um Verzeihung darf kein bloßes Lippenbekenntnis sein. Eine wichtige Frage ist auch, ob man den Übeltäter persönlich kennt, nicht nur, weil sich dann leichter einschätzen lässt, ob das, was er getan hat, typisch für ihn ist oder eigentlich gar nicht zu ihm passt. Kurzum: Verzeihen ist eine Form des Umgangs mit Unrecht. Aber Unrecht ist nicht gleich Unrecht. Es gibt große Unterschiede, und es gibt besondere – manchmal mildernde, manchmal erschwerende – Umstände, die wir bedenken und abwägen müssen, bevor wir vorschnell verzeihen.

Dennoch ist es wichtig, nicht zu vergessen, dass wir alle in unserem Leben in Situationen kommen können, in denen wir auf Verzeihen hoffen. Denn eines lässt sich immerhin daraus schließen: Weil wir alle auf die Vergebungsbereitschaft anderer angewiesen sind, kann kein Mensch sich vernünftigerweise wünschen, in einer Welt zu leben, in der *niemals* jemand einem anderen verzeiht. Mindestens hin und wieder sollte daher jeder Mensch bereit sein, Entgegenkommen zu zeigen, wenn ihm Unrecht widerfährt.

Das hat auch die Philosophin Hannah Arendt so gesehen, die eingangs bereits zu Wort kam. Sie meint: «Könnten wir einander nicht vergeben, das heißt uns gegenseitig von den Folgen unserer Taten wieder entbinden, so beschränkte sich unsere Fähigkeit zu handeln gewissermaßen auf eine einzige Tat, deren Folgen uns bis an unser Lebensende im wahrsten Sinne des Wortes verfolgen würden, im Guten wie im Bösen.»[58] Eine Welt, in der niemals verziehen wird, ist kein Ort, an dem Menschen sich handelnd entfalten und gut leben können. Jeder moralische Fehler, den wir machen, würde uns und unsere Beziehung zu anderen ein Leben lang belasten. Und das kann niemand wollen.

Daraus allein folgt allerdings noch nicht, nach Möglichkeit jedem alles zu verzeihen: Denn wenn Menschen, die sich über die Rechte anderer hinwegsetzen, regelmäßig die Erfahrung machen, dass sie so oder so von der Schuldigkeit entbunden werden, sich dafür Vorwürfe zu machen, besteht die Gefahr, dass die Grenze zwischen Recht und Unrecht auf Dauer verschwimmt und irgendwann praktisch ohne Bedeutung ist. Am Beispiel von materiellen Schulden lässt sich das gut veranschaulichen: Wenn jeder, der sich Geld leiht, weiß, dass ihm seine Schulden früher oder später ohnehin erlassen werden, wird es irgendwann schwierig, Kredite von Geldgeschenken zu unterscheiden. Weil die Menschen nun einmal sind, wie sie sind, hätte ein genereller moralischer Schuldenerlass auf Dauer wahrscheinlich ähnliche Folgen: Wenn erfahrungsgemäß jedem letztlich alles vergeben wird, könnte es sein, dass Menschen in ihrem Verhalten auf die Rechte anderer immer weniger Rücksicht nehmen und auf Dauer jedes Unrechtsbewusstsein verlieren. Grace Hopper, eine amerikanische Pionierin der Informatik, ist für den Ausspruch bekannt: «It is easier to ask for forgiveness than to ask for permission.» (Es ist leichter, um Verzeihung zu bitten als um Erlaubnis.) Warum sollte ich meinen Partner also überhaupt noch um Erlaubnis bitten, bevor ich die Nachrichten auf seinem Handy lese, wenn ich davon ausgehen kann, dass er mir das Eindringen in seine Privatsphäre ohnehin verzeihen wird? Der römische Dichter und Philosoph Seneca war bereits vor mehr als 2000 Jahren der Ansicht: «Allen zu verzeihen ist ebenso wohl Grausamkeit, wie keinem zu verzeihen.»

Es gibt damit bereits zwei Antworten auf die Frage, wann wir erlittenes Unrecht vergeben sollten, die beide wenig überzeugend sind. Sie lauten: «Niemals!» und «Immer!». Die Wahrheit oder besser, die moralisch angemessene Haltung in Sachen Verzeihen liegt irgendwo dazwischen. Aber wo? Und wie finde ich im konkreten Einzelfall heraus, ob ich dem untreuen Partner, meinem rücksichtslosen Kollegen oder einem Fremden, der mich überfallen hat, verzeihen sollte oder nicht?

Diese Formulierung klingt ein bisschen seltsam. Wir können «herausfinden», wann der Bus in die Stadt fährt oder ob ein Fuß gebrochen ist oder nur verstaucht. Wenn es hingegen um die Frage geht, ob wir jemandem verzeihen sollten oder nicht, gibt es, salopp gesagt, weder verbindliche Fahrpläne noch Röntgengeräte. Wir benötigen eine andere Methode und andere Instrumente, um in Fragen der Moral zu tragfähigen Antworten zu kommen. Manche Menschen verlassen sich dabei ganz auf ihre Intuition, oder sie orientieren sich an anderen, deren Verhalten ihnen moralisch vorbildlich erscheint. Beides ist jedoch nur bedingt hilfreich.

Wir haben bereits gesehen, dass unsere Gefühle, wenn es ums Verzeihen geht, nicht unbedingt ein verlässlicher Kompass sind. Verzeihen ist ein Privileg der Opfer von Unrecht und die sind verletzt worden und meist enttäuscht, verwirrt oder wütend. Solche Gefühle können unsere Urteilskraft beeinträchtigen. Wenn wir uns fragen, ob wir jemandem verzeihen sollten, wollen wir daher nicht wissen, was unser Gefühl uns rät, sondern ob wir unseren diesbezüglichen Gefühlen trauen können. Ein ganz ähnliches Problem besteht mit Blick auf die Methode der Orientierung an Vorbildern. Ganz abgesehen davon, dass wir vielleicht niemanden kennen, in dessen moralische Urteilskraft wir das entsprechende Vertrauen haben, oder nicht in Erfahrung bringen können, was diese Person in unserer Lage tun würde: Wir können die moralische Verantwortung für unser Verhalten nicht auf andere abschieben. Selbst wenn der Dalai Lama, die eigene Großmutter oder eine andere Person, die für uns ein moralisches Vorbild ist, in dieser Situation verzeihen oder nicht verzeihen würden, lässt sich unser

Verhalten nicht rechtfertigen, indem wir auf andere verweisen. Zu tun, was der Dalai Lama täte, ist nämlich nur dann richtig, wenn das, was der Dalai Lama täte, richtig ist, und das hängt vor allem davon ab, auf welche Gründe sich sein Handeln stützt.

Um im Einzelfall zu einer tragfähigen und moralisch gerechtfertigten Entscheidung in Sachen Verzeihen zu kommen, müssen wir uns daher die Gründe ansehen, die dafür- und die dagegensprechen, einer Person zu verzeihen, die uns Unrecht getan hat. Das soll nun geschehen.

# Gerechtigkeit

> «Ja, man muß seinen Feinden verzeihen, aber nicht früher, als bis sie gehenkt worden.»[59]
>
> *Heinrich Heine, Gedanken und Einfälle*

Wie wir soeben gesehen haben, spricht tatsächlich einiges dafür, prinzipiell vergebungsbereit zu sein. Dennoch entscheiden sich Menschen nicht selten bewusst dagegen zu verzeihen und das aus gutem Grund. Meine Freundin ist bis heute nicht dazu bereit, ihren Eltern zu verzeihen, die sie in ihrer Kindheit oft geschlagen haben. Und eine Bekannte von mir ist entschlossen, niemals dem Mann zu vergeben, der sie im Urlaub überfallen hat. Er ist dafür verurteilt worden und hat ihr aus dem Gefängnis geschrieben und um Verzeihung gebeten. Sie hat den Brief zerrissen. Die beiden Frauen haben kein grundsätzliches Problem mit dem Verzeihen. Und man kann auch nicht sagen, dass sie diese Option nie in Erwägung gezogen hätten. Der Brief aus der Haftanstalt hat meine Bekannte lange beschäftigt, und auch meine Freundin hat viel darüber nachgedacht, ob es nicht besser wäre, die Vergangenheit ruhen zu lassen, um die letzten Jahre mit ihren alten Eltern in Frieden verbringen zu können. Doch sie haben sich dagegen entschieden, den Menschen zu verzeihen, die ihnen so schweres Unrecht zugefügt haben. Sie können es mit sich selbst nicht vereinbaren, Entgegenkommen zu zeigen, und sie sagen, dass das vor allem etwas mit ihrem Gerechtigkeitsempfinden zu tun hat.

Damit sind wir bei einem ersten Einwand gegen das Verzeihen. Ich nenne ihn der Einfachheit halber den Gerechtigkeitseinwand, denn im Zentrum steht hier die Überzeugung, dass Vergebung auf Kosten der Gerechtigkeit geht. Es ist demnach nur gerecht, wenn jemand, der ohne Not die Rechte anderer verletzt, unter den Folgen seines Handelns zu leiden hat. Ihm das zu ersparen, indem wir ihm verzeihen, widerspricht unserem Gefühl für Gerechtigkeit, und diesen Widerspruch empfinden Menschen oft besonders intensiv, wenn es um sehr schwerwiegendes Unrecht geht oder um besonders verwerfliche Taten. In solchen Fällen sträubt sich unser Gerechtigkeitsempfinden mitunter auch nach Jahren noch dagegen, der betreffenden Person zu verzeihen. Mag sein, dass wir uns selbst das Leben leichter machen könnten, wenn wir dem anderen vergeben. Aber der Preis, den wir dafür bezahlen müssten, wäre einfach zu hoch. Wir wollen keinen faulen Seelenfrieden. Wir wollen Gerechtigkeit und die scheint mit Vergebung nicht ohne Weiteres vereinbar.

Doch was hat es eigentlich mit Gerechtigkeit zu tun, ob ich meinem Bruder verzeihe, dass er mich mit der Pflege unserer hochbetagten Mutter völlig im Stich gelassen hat, obwohl er es war, der auf keinen Fall wollte, dass sie in ein Pflegeheim kommt, und mir fest versprochen hatte, sich um sie zu kümmern? Und worin könnte das Gerechtigkeitsproblem bestehen, wenn Menschen, die in ihrer Kindheit misshandelt wurden, als Erwachsene ihren Peinigern verzeihen? Sehen wir uns das etwas genauer an.

Viele Philosophinnen und Philosophen haben darauf hingewiesen, dass im Wort Vergebung das Wort «geben» vorkommt. Das ist nicht nur im Deutschen so: Das englische Wort für vergeben, «to forgive», beinhaltet «give», also «geben». Das französische «pardonner» enthält «donner» und im italienischen «perdonare» klingt «donare» mit, was so viel heißt wie «schenken».

Tatsächlich ist Vergebung nicht nur dem Begriff nach, sondern wortwörtlich eine Art Gabe. Wer vergibt, *gibt* dem anderen etwas, nämlich die Möglichkeit, ihm und sich selbst wieder ohne Schuldgefühle zu begegnen. Nennen wir das die aktive Seite von Vergebung. Daneben hat Vergebung jedoch auch eine, so könnte man sagen, passive Seite. Sie besteht im Verzicht, der mit dem Verzeihen zwangsläufig einhergeht und der im Wort verzeihen anklingt. Dabei geht es um das, was wir bewusst unterlassen – das, worauf wir verzichten – wenn wir jemandem verzeihen: der anderen Person Vorwürfe zu machen oder unseren Groll weiter zu nähren.

Wer verzeiht, verzichtet zudem darauf, die Person, die ihn verletzt hat, für ihr Verhalten büßen zu lassen: Wenn ich meinem Bruder verzeihe, dass er sein Versprechen gebrochen und mich mit der Verantwortung für unsere Mutter alleingelassen hat, höre ich damit auf, ihm demonstrativ die kalte Schulter zu zeigen und ihn mit Geringschätzung zu strafen. Ich entscheide mich dagegen, die Familie und unsere gemeinsamen Freunde gegen ihn aufzubringen, indem ich ihnen erzähle, wie rücksichtslos er sich verhalten hat. Und ich widerstehe der Versuchung, ihm bei nächster Gelegenheit meine Hilfe zu verweigern, wenn er sie dringend braucht. Wer verzeiht, sieht davon ab, es dem anderen mit gleicher Münze heimzuzahlen.

Meines Erachtens liegt hier die Wurzel des Konflikts zwischen Vergebung und Gerechtigkeit. Denn während Verzeihen bedeutet, dass wir jemandem entgegenkommen und auf die angemessene Vergeltung des Unrechts verzichten, verlangt unser Gerechtigkeitsempfinden oft das genaue Gegenteil: Mein Sinn für Gerechtigkeit wehrt sich dagegen, meinen Bruder so billig davonkommen zu lassen. Hätte er damals nicht fest versprochen, einen Großteil der Pflege unserer Mutter zu übernehmen, hätte ich mich niemals darauf eingelassen, dass sie weiter in ihrer Wohnung bleibt. Mir war völlig klar, dass ich das allein nie und nimmer schaffe, und das habe ich auch sehr deutlich gemacht. Daraufhin hat er mir sein Wort gegeben, und ich habe mich auf ihn verlassen. Doch letztlich war ihm seine Karriere wichtiger. Er hat sein Versprechen gebrochen und mich eiskalt im Stich gelassen. Am Ende war es fast ein halbes Jahr. Erst am Sterbebett unserer Mutter war er dann plötzlich rund um die Uhr zur Stelle. Ich bin nicht dazu bereit, ihm die Konsequenzen seines Verhaltens zu ersparen. Im Gegenteil: Er soll spüren, was es kostet, derart rücksichtslos mit anderen Menschen umzugehen.

Dieses Beispiel ist frei erfunden, doch die Überlegungen, die hier zum Tragen kommen, spiegeln eine reale und weit verbreitete Intuition in Sachen Gerechtigkeit wider. Nicht nur Philosophinnen und Philosophen sind der Meinung, dass Menschen, die anderen Unrecht tun, dafür in geeigneter Form sanktioniert werden sollten.

Wenn es um Unrecht im juristischen Sinne geht, halten wir das für selbstverständlich. Wer gegen die Gesetze des Staates verstößt, muss dafür belangt werden. Doch der Wunsch, dass eine Person für das, was sie getan hat, «bezahlen» muss, meldet sich auch im Fall von moralischem Unrecht. Vergehen wie Ehebruch, Lügen, der Missbrauch von Vertrauen, gezielte Indiskretion oder der Verrat einer Freundschaft verstoßen – jedenfalls hierzulande – gegen kein Gesetz. Sätze wie «Das wird ihm noch leidtun!» oder «Das zahle ich ihr heim!» können uns aber auch angesichts solcher Verletzungen in den Sinn kommen, und manchmal sprechen Menschen sie sogar aus. Zugegeben, das klingt mitunter eher primitiv, doch der Wunsch, dass Menschen, die anderen Unrecht getan haben, dafür büßen müssen, ist nicht schon als solcher ein Ausdruck niederer Instinkte. Im Gegenteil.

Der Philosoph Oliver Hallich hat nicht als einziger darauf hingewiesen, wie wichtig es ist, moralisches Fehlverhalten in angemessener Weise zu sanktionieren, «sei es durch eine schneidende

Bemerkung, sei es durch Abbruch des gewohnten sozialen Umgangs oder durch betont distanziertes Verhalten».[60] Solche «informellen Sanktionen» dienen nicht nur der Abschreckung vor zukünftigem Fehlverhalten, sondern auch der Vergeltung und damit der Befriedigung unseres Gerechtigkeitsempfindens. Sie erfüllen damit seiner Ansicht nach eine wichtige soziale Funktion. Während es im Fall von justiziablen Normverstößen im Idealfall der Staat übernimmt, den Täter für sein Verhalten zu bestrafen, liegt es im Fall von moralischem Unrecht hingegen allein an uns, für Vergeltung und damit für Gerechtigkeit zu sorgen.

Aus diesem Grund entscheiden sich Menschen manchmal dagegen jemandem zu verzeihen, denn zumindest auf den ersten Blick sieht es ganz so aus, als sei die Entlastung, die das Verzeihen verspricht, nur um den Preis der Gerechtigkeit zu haben. Die Philosophin Svenja Flasspöhler formuliert das so: «Wer verzeiht, handelt weder gerecht noch ökonomisch noch logisch. Verzeihen bedeutet dem Wort nach: Verzicht auf Vergeltung. Der Verzeihende fordert nicht, was ihm eigentlich zusteht. Damit vollzieht sich das Verzeihen jenseits des Gesetzes, das unser Leben fundamental bestimmt. Dieses Gesetz lautet: Wer Schuld hat, muss zahlen. Je höher die Schuld ist, desto höher auch der Betrag.»[61]

Doch welche Art von Gesetz ist das eigentlich und welche Idee von Gerechtigkeit verbirgt sich hinter der Annahme, dass Unrecht vergolten werden muss? Um diese Fragen zu beantworten, müssen wir zunächst betrachten, worin sich das Bedürfnis nach gerechter Vergeltung vom Wunsch nach Rache unterscheidet.

Ich habe eben gesagt, dass das Gerechtigkeitsgefühl vieler Menschen besonders empfindlich reagiert, wenn es um außerordentlich verwerfliche Taten oder sehr schwerwiegendes Unrecht geht. Der Schweizer Daniel Pittet hat solches Unrecht erlitten. Von seinem neunten bis zu seinem dreizehnten Lebensjahr wurde er von einem Kapuzinerpriester sexuell missbraucht. Als erwachsener

Mann hat er diesem Priester verziehen und er hat ein Buch mit dem Titel *Pater ich vergebe Euch!* geschrieben, in dem er in teils drastischen Worten seine Geschichte erzählt. Dem Buch ist ein persönliches Vorwort des amtierenden Papstes vorangestellt, das mit den Worten endet: «Ich bete für Daniel und all jene, die wie er in ihrer Unschuld verletzt wurden. Gott möge sie wieder aufrichten und ihnen Heilung vergönnen. Möge er uns allen verzeihen und barmherzig sein.»[62]

Wenn der Papst um göttliche Vergebung für «uns alle» bittet, schließt das auch den Täter mit ein und das ist aus päpstlicher Sicht wohl nur konsequent. Schließlich ist es ein Kernbestandteil des christlichen Glaubens, dass Gott bereit ist, *jedes* Unrecht zu verzeihen. Der Dichter Heinrich Heine wird das im Sinne gehabt haben, als er auf dem Sterbebett seine katholische Ehefrau, die Gott für die Sünden ihres Mannes um Vergebung bittet, mit den Worten tröstet: «Sei unbesorgt, Liebe. Er wird mir vergeben. Das ist sein Beruf.»[63] Doch hier geht es nicht um göttliche Vergebung, sondern um die menschliche Bereitschaft, denen zu verzeihen, die Unrecht getan haben. Diese Form von Vergebung ist, wie wir gesehen haben, ein Privileg derjenigen, die das Unrecht erlitten haben.

Daniel Pittet hat von diesem Recht Gebrauch gemacht, als er dem Mann, der ihn über Jahre hinweg gequält hat, vergeben hat. Dennoch schreibt er, er rechne nicht damit, dass seine Entscheidung bei vielen Menschen auf Verständnis stößt, und mit dieser Einschätzung liegt er sicher richtig. Als unlängst ein emeritierter Pfarrer in Münster in seiner Predigt dafür warb, den Priestern zu verzeihen, die Minderjährige sexuell missbraucht haben, verließ ein Großteil der Gemeinde unter lautem Protest die Kirche. Wenn sexuelle Gewalt an Kindern öffentlich wird, regt sich wohl in den wenigsten der päpstliche Wunsch, den Schuldigen möge verziehen werden. Ganz im Gegenteil: Menschen, die dazu fähig sind,

Kindern solche Qualen zuzufügen, sollen für ihre Grausamkeit bezahlen müssen.

In der ein oder anderen Form ist dieser Wunsch nach Vergeltung den meisten Menschen vertraut. Wir verspüren ihn auch stellvertretend, also wenn nicht wir selbst, sondern andere Unrecht erleiden, und er regt sich sogar dann, wenn wir – etwa in Büchern oder Filmen – mit rein fiktiver Gewalt konfrontiert sind: Wenn in Alexandre Dumas' gleichnamigen Roman der Graf von Monte Christo diejenigen in den Ruin treibt, die sein Leben zerstört haben, empfindet so mancher Leser Genugtuung. Das Bedürfnis nach Vergeltung ist befriedigt und die Welt ist wieder «im Lot».

Dabei kann der Wunsch nach Vergeltung ganz unterschiedlich intensiv sein, und manchmal ist er leicht zu besänftigen. Wenn der andere sein Unrecht einsieht, wenn er sich für das schämt, was er getan hat, und es bitterlich bereut, kann es sein, dass der Wunsch nach Vergeltung von allein versiegt. Vielleicht überwiegt das Mitgefühl oder es reicht uns, die Person, die uns verletzt hat, unter der Last ihres schlechten Gewissens leiden zu sehen. In anderen Fällen wiederum kann das Bedürfnis, es jemandem heimzuzahlen, so stark werden, dass es einen Menschen beinahe überwältigt. Der Wunsch nach Vergeltung entwickelt sich dann zu einem brennenden Bedürfnis nach Rache. Heinrich von Kleists Novelle von Michael Kohlhaas, der in seinem vergeblichen Kampf gegen das Unrecht, das ihm widerfahren ist, schließlich zur Selbstjustiz greift, ist das vielleicht berühmteste literarische Beispiel dafür. Aber es gibt solche Fälle auch in der Realität. Marianne Bachmeier, die 1981 im Lübecker Landgericht den Mann erschoss, der ihre siebenjährige Tochter Anna erdrosselt hatte, war von dem Gedanken an Rache beseelt. «Ich wollte ihm ins Gesicht schießen. Leider habe ich ihn in den Rücken getroffen. Hoffentlich ist er tot», sagt sie kurz nach der Tat.[64]

Ich habe oben gesagt, dass das Vergeltungsbedürfnis etwas mit unserem Gerechtigkeitsempfinden zu tun hat. Es ist demnach nur gerecht, wenn diejenigen, die anderen Unrecht tun, dafür in angemessener Weise büßen müssen. Das ist anders, wenn es um Rache geht.

Als Racheakte im eigentlichen Sinne bezeichnet man in philosophischen Kontexten insbesondere diejenigen Formen der Vergeltung, die in ihrem Ausmaß oder in ihrem Ausdruck unangemessen oder sogar extrem sind. Wer sich an anderen rächt, setzt sich damit meist selbst ins Unrecht. Gleichwohl ist auch die Rache mit Gerechtigkeit eng verwandt und das nicht nur dem Wortstamm nach. Gelegentlich wird sie als archaische Urform der Gerechtigkeit verstanden. Der englische Philosoph Sir Francis Bacon, der im 16. Jahrhundert lebte, hat die Rache «eine Art wild wachsender Gerechtigkeit» genannt, jedoch eine, «die das Gesetz, je mehr die menschliche Natur dazu hinneigt, umso dringender ausrotten sollte».[65] Denn tatsächlich haben Rache und Gerechtigkeit in der Praxis wenig miteinander zu tun. Wenn gesagt wird, Gerechtigkeit verlange die Vergeltung von Unrecht, ist damit jedenfalls ausdrücklich nicht gemeint, dass Gerechtigkeit Rache verlangt. Im Gegenteil: Wer sich für das rächt, was ihm angetan wurde, lässt seine Wut ungezügelt an anderen aus und sorgt so gerade nicht für Gerechtigkeit, sondern in der Regel nur für weiteres Unrecht.

Das liegt nicht zuletzt daran, dass Rache, wie man sagt, blind macht. Wer von Rachedurst erfüllt ist, sieht gegebenenfalls nicht, dass der andere, trotz allem, auch gute Seiten hat. Er ignoriert, dass sein Gegenüber so oder so ein Mensch ist, also ein Wesen, das Würde hat und unabhängig davon, was es tut, ein Recht darauf, nicht bewusst erniedrigt und mit Absicht gequält zu werden. Das Bedürfnis nach Rache reduziert den anderen tendenziell allein auf seine – schlechten! – Taten. Und es verengt nicht nur den

Blick auf die Person des Täters. Der Wunsch nach Rache verzerrt zugleich die Wahrnehmung und Beurteilung der Tat. So wie die Liebe, die uns einen Menschen vorzugsweise im besten Licht sehen lässt, wirkt auch der Hass wie ein Filter. Im Zorn neigen wir dazu, Ausmaß und Bedeutung des erlittenen Unrechts zu überschätzen. So laufen wir Gefahr, in unserer Reaktion darauf jegliches Gefühl für Verhältnismäßigkeit zu verlieren.

Man könnte die Redensart «Rache ist ein Gericht, das man am besten kalt serviert» in diesem Sinne umdeuten: Wenn es um die Vergeltung von Unrecht geht, empfiehlt es sich, einen kühlen Kopf zu bewahren. Denn nur die *angemessene* Vergeltung von Unrecht ist gerecht. Diese Überlegung liegt auch dem Grundsatz «Auge um Auge, Zahn um Zahn» zugrunde. Für unsere Ohren klingt das nach blutrünstiger Rache, denn Körperstrafen gelten, jedenfalls hierzulande, längst als barbarisch. Doch das sogenannte Talionsprinzip, das wahrscheinlich mehr als 4000 Jahre alt ist, stellte seinerzeit einen erheblichen Fortschritt in Sachen Gerechtigkeit dar. Der Satz formulierte nämlich erstmalig ein Prinzip der Verhältnismäßigkeit bei der Vergeltung von Unrecht und diente ausdrücklich dazu, das Ausmaß der Strafe zu begrenzen: Für ein Auge *nicht mehr* als ein Auge, für einen Zahn *nicht mehr* als einen Zahn. Es geht also darum, in unserem gerechten Zorn gerade nicht zu übertreiben. Statt blinde Rache zu üben, soll für angemessene Vergeltung und damit für Gerechtigkeit gesorgt werden.

Doch was genau heißt «angemessene Vergeltung», und welche Vorstellung von Gerechtigkeit verbirgt sich hinter der Behauptung, dass der mit Vergebung verbundene Verzicht auf Vergeltung auf Kosten der Gerechtigkeit geht? Sehen wir uns das etwas genauer an.

Der Begriff der Vergeltung kommt aus dem Mittelhochdeutschen und bedeutet ursprünglich so viel wie «Zurückzahlung». Tatsächlich meint Vergeltung zunächst nichts weiter als die bewusste Erwiderung des Verhaltens, das eine Person selbst zeigt. Vergeltung ist damit eine Form der Reaktion auf das Verhalten eines anderen, die auf dem Prinzip der Gegenseitigkeit beruht. Wer jemandem etwas vergilt, imitiert quasi dessen Vorgehen und handelt nach dem Grundsatz: «Wie du mir, so ich dir.» Dabei gilt das Prinzip der Wechselseitigkeit im Guten wie im Bösen, und tatsächlich verwenden wir den Begriff der Vergeltung keineswegs nur im Zusammenhang mit Unrecht. Im Gegenteil: Auch Wohltaten können vergolten werden.

Die Floskel «Vergelt's Gott!», die in einigen Regionen auch heute noch gebräuchlich ist, macht das beispielhaft deutlich. Wer «Vergelt's Gott!» sagt, der bedankt sich: Er bringt den Wunsch zum Ausdruck, der andere möge dasselbe Wohlwollen erfahren, das er mir erwiesen hat. Unsere Dankbarkeit bringen wir denn auch üblicherweise dadurch zum Ausdruck, dass wir Geschenke, die man uns macht, oder gute Wünsche, Hilfeleistungen und andere Wohltaten erwidern.

Auch die Dankbarkeit kann also eine Form von Vergeltung sein und das ist in unserem Zusammenhang interessant. An ihrem Beispiel lässt sich nämlich gut veranschaulichen, was Vergeltung mit Gerechtigkeit zu tun hat und warum der Verzicht auf Vergeltung manchmal als ungerecht gilt. Das wird deutlich, wenn wir das Gegenteil von Dankbarkeit, die Undankbarkeit, betrachten.

Undankbarkeit ist ein unangenehmer Wesenszug von Menschen und gilt bei Kindern gemeinhin als Zeichen von schlechter Erziehung. Aber es ist nicht nur störend oder ärgerlich, wenn Menschen sich undankbar verhalten. Ein ausgeprägter Mangel an Dankbarkeit kann auch moralisch kritikwürdig sein und einen Grund darstellen, sich über jemanden zu empören. Es kommt regelmäßig vor, dass Menschen anderen ihre Undankbarkeit zum Vorwurf machen und sie dafür kritisieren. Doch was genau werfen sie ihnen in dem Fall eigentlich vor? Was ist so kritikwürdig daran, wenn jemand darauf verzichtet, Wohltaten angemessen zu vergelten? Diese Fragen führen uns zum Zusammenhang zwischen Vergeltung und Gerechtigkeit. Denn das, was wir undankbaren Menschen vorwerfen, ist meines Erachtens nicht allein ihr Egoismus, sondern: ihr fehlender Sinn für Gerechtigkeit.

Es hat etwas Unfaires, Menschen, die uns Gutes getan haben, nicht gleichermaßen gut zu behandeln. Das lässt sich leicht an einem Beispiel deutlich machen. Nehmen wir an, Ihr Nachbar ist immer für Sie da. Wenn Sie kurzfristig bei der Arbeit einspringen müssen, passt er auf Ihre Kinder auf, und jedes Mal, wenn Sie in den Urlaub fahren, versorgt er Ihre Pflanzen. Nun muss er ins Krankenhaus und braucht jemanden, der sich um seine Katze kümmert. Sie mögen Katzen nicht besonders und Sie haben ohnehin schon genug um die Ohren. Aber Sie fühlen sich zu Recht verpflichtet, ihm den Gefallen zu tun. Denn seine Bitte abzuschlagen, wäre einfach unfair. Nach allem, was er für Sie getan hat, hat er es schlicht *verdient*, dass Sie ihm die Sorge um die Katze abnehmen.

Meines Erachtens ist es diese Idee von Gerechtigkeit, die sich hinter der Behauptung verbirgt, Vergeltung sei ein Erfordernis der Gerechtigkeit: Jeder sollte das bekommen, was er verdient – und zwar sowohl im positiven als auch im negativen Sinne. Wir wünschen denen, die Gutes tun, Gutes, weil sie es verdienen. Und aus demselben Grund wünschen wir denen, die Schlechtes tun, Schlechtes. In beiden Fällen geht es darum, dafür zu sorgen, dass sich das, was jemand getan hat, und das, was ihm widerfährt, metaphorisch gesprochen, im Gleichgewicht befinden. Auf diese Vorstellung von ausgleichender Gerechtigkeit beziehen wir uns, wenn wir das Pech anderer mit dem Satz kommentieren: «Das geschieht ihm recht!», oder wenn wir angesichts der schweren Erkrankung eines Kindes beklagen, das Leben sei einfach «nicht fair».

Wenn guten Menschen Böses widerfährt, erscheint uns das ungerecht, und im Gegenzug finden wir es «nur gerecht», wenn diejenigen, die anderen Schaden zufügen, auch selbst Schaden erleiden. In beiden Empfindungen spiegelt sich ein Ideal ausgleichender Gerechtigkeit. Und in dieser Idealvorstellung wurzelt meines Erachtens sowohl die Überzeugung, dass wir unseren Wohltätern dankbar sein sollten, als auch die Überzeugung, dass wir die Übeltäter nicht zu billig davonkommen lassen dürfen. Es ist demnach ein Gebot der Fairness, Menschen für ihre Freundlichkeit mit Freundlichkeit zu belohnen, und es scheint nur gerecht, wenn wir die Übel, die jemand uns zugefügt hat, begleichen, indem wir ihn dafür büßen lassen. Erlittenes Unrecht verlangt nach Ausgleich und Vergeltung soll für diesen Ausgleich sorgen. Wenn wir verzeihen, verzichten wir jedoch auf Vergeltung und die Gerechtigkeit bleibt auf der Strecke. Das ist es, was der Gerechtigkeitseinwand kritisiert.

Bleibt die Frage, was dieser Einwand letztlich beiträgt, wenn es um die Entscheidung geht, ob wir jemandem verzeihen sollten oder nicht. Sollten wir aus Gründen der Gerechtigkeit im Zweifelsfall lieber nicht verzeihen, wenn uns Unrecht widerfährt? Oder ist es besser, großzügig statt gerecht zu sein? Diesen Fragen wende ich mich nun abschließend zu.

Zu Beginn dieses Kapitels habe ich Heinrich Heine zitiert und seine Empfehlung, den Feinden erst zu verzeihen, wenn sie ihre gerechte Strafe bekommen haben. Heine ist bekanntlich ein Meister der Ironie und das wird deutlich, wenn man die eingangs zitierte Passage im Zusammenhang liest: «Ich habe die friedlichste Gesinnung. Meine Wünsche sind: eine bescheidene Hütte, ein Strohdach, aber ein gutes Bett, gutes Essen, Milch und Butter, sehr frisch, vor dem Fenster Blumen, vor der Tür einige schöne Bäume.» Und er fährt fort: «Wenn der liebe Gott mich ganz glücklich machen will, läßt er mich die Freude erleben, daß an diesen Bäumen etwa sechs bis sieben meiner Feinde aufgehängt werden. Mit gerührtem Herzen werde ich ihnen vor ihrem Tode alle Unbill verzeihen, die sie mir im Leben zugefügt – Ja, man muß seinen Feinden verzeihen, aber nicht früher, als bis sie gehenkt worden.»[66]

Es gehört zum Wesen der Ironie, dass jemand etwas behauptet, was nicht seiner wahren Überzeugung entspricht. Heines Rat ist also wohl nicht beim Wort zu nehmen. Doch der Vorschlag, auf Vergebung zu verzichten, bis die Vergeltung vollstreckt ist, enthält einen interessanten Hinweis darauf, wie sich der vermeintliche Konflikt zwischen Gerechtigkeit und Vergebung gegebenenfalls lösen ließe: Wir könnten mit dem Verzeihen einfach so lange warten, bis die Person, die uns Unrecht getan hat, für ihr Verhalten ausreichend gebüßt hat. Für ausgleichende Gerechtigkeit wäre dann gesorgt und es gäbe kein Gerechtigkeitsproblem mehr. Vor die Wahl gestellt zwischen Gerechtigkeit und Vergebung, geht es, mit anderen Worten, nicht um die Frage, *ob* wir verzeihen sollten, sondern *wann*.

Tatsächlich hat man häufig den Eindruck, dass in Sachen Verzeihen einiges vom richtigen Zeitpunkt abhängt. Manchmal sind wir versucht, Menschen zu bremsen, die anderen zu schnell und zu bereitwillig vergeben. «Du solltest es ihr nicht so leicht machen», sagen wir dann. Oder: «Lass ihn doch erst mal spüren, wie sehr er dich verletzt hat.» Aber wir geben durchaus auch den gegenteiligen Rat. Wenn eine Frau ihren Ex-Partner nach fünfzehn Jahren noch mit Verachtung straft, weil er sie und die Kinder damals verlassen hat, kann es durchaus sein, dass die Menschen in ihrer Umgebung sie dazu auffordern, es doch endlich gut sein zu lassen. Ist der andere nicht längst genug gestraft?

Das macht auf ein praktisches Problem aufmerksam, das mit dem Gerechtigkeitseinwand verbunden ist: Wenn wir meinen, wir sollten jemandem nicht verzeihen, weil er für sein Handeln noch nicht genug gebüßt hat, haben wir offenbar eine Vorstellung davon im Kopf, worin das gerechte Maß an Vergeltung jeweils besteht. Ob der Maßstab, den wir dabei anlegen, wirklich fair ist,

ist aber fraglich. Am Beispiel der Rache haben wir oben schon gesehen, dass wir in unserer Vorstellung von angemessener Vergeltung gelegentlich übertreiben. Und das gilt insbesondere, wenn es um uns selbst geht oder um Menschen, die uns nahestehen. Doch es gibt auch das umgekehrte Problem. Es besteht in der Versuchung, zu früh klein beizugeben, wenn uns Unrecht geschieht. Manche Menschen verstehen sich gut darauf, unser Mitgefühl zu wecken. Sobald ihr Fehlverhalten aufgeflogen ist, beteuern sie zerknirscht, wie leid es ihnen tut, uns so verletzt zu haben. Sie bitten inständig um Verzeihung und oft ist es gar nicht so leicht, diese Bitte zurückzuweisen.

Der englische Philosoph und Theologe Joseph Butler, von dem oben schon die Rede war, hat dieses Problem im Blick, wenn er auf den Nutzen von Groll, Zorn und Empörung hinweist. Seiner Ansicht nach verhelfen uns diese Empfindungen nämlich dazu, unser aus Butlers Sicht naturgegebenes Mitleid mit dem reuigen Täter im Zaum zu halten. Dadurch versetzen sie uns erst in die Lage, Vergeltung zu üben und diejenigen angemessen zu bestrafen, die sich über die Rechte anderer hinwegsetzen. Butler zufolge ist das unverzichtbar, denn: «Für den Fortbestand der Welt ist es notwendig, dass die Schädigung anderer Menschen, dass Unrecht und Grausamkeit bestraft werden. Das für den Menschen so natürliche Mitgefühl mit anderen würde es aber außerordentlich schwierig und schmerzhaft machen, für Gerechtigkeit zu sorgen [wenn es nicht Gefühle wie Groll und Vergeltungsdrang gäbe; SB]. So viel muss man diesen Gefühlen aus moralischer Sicht zugutehalten.»[67]

Aus der Perspektive der ausgleichenden Gerechtigkeit betrachtet, stellt demnach nicht nur ein Übermaß an Vergeltung ein Problem dar. Auch der voreilige Verzicht darauf verhindert, dass der Gerechtigkeit genüge getan wird. Darauf macht der Gerechtigkeitseinwand aufmerksam. Das bedeutet jedoch zugleich, dass dieser Einwand nicht grundsätzlich gegen das Verzeihen spricht. Er warnt uns lediglich davor, dem anderen zu früh zu vergeben, das heißt, bevor er ausreichend oder bevor er überhaupt für sein Fehlverhalten gebüßt hat. In manchen Fällen dürfte das darauf hinauslaufen, Menschen lebenslänglich Vergebung zu verweigern. Es gibt Taten, die so monströs sind, dass eine angemessene Form der Vergeltung nicht einmal denkbar wäre, und einige der in diesem Buch genannten Beispiele gehören sicher dazu. Wie könnte eine angemessene Vergeltung auch aussehen für das, was Eva Kor in Auschwitz erduldet hat, oder der kleine Mirco, der entführt, missbraucht und ermordet wurde? Im Lichte ausgleichender Gerechtigkeit betrachtet, käme Vergebung in solchen Fällen immer zu früh. Doch was folgt daraus? Heißt das, dass Menschen wie Eva Kor oder Daniel Pittet, der über Jahre hinweg von dem Priester misshandelt wurde, dem er vertraut hat, etwas falsch machen, wenn sie denjenigen, die sie missachtet und gequält haben, dennoch verzeihen? Anders gefragt: Wie schwer wiegt der Gerechtigkeitseinwand?

Wir haben soeben am Beispiel der Dankbarkeit gesehen, was Vergeltung mit Gerechtigkeit zu tun hat. Wenn andere Menschen uns Gutes tun, haben sie es verdient, dass wir ihre Freundlichkeit erwidern. Alles andere wäre unfair. Diese Überlegung lässt sich auf die Vergeltung von Unrecht übertragen. Wenn jemand uns schuldhaft verletzt, ist es demnach nur gerecht, dass er dafür büßen muss. Allerdings gibt es einen entscheidenden Unterschied zwischen der Ungerechtigkeit, die jemandem widerfährt, wenn seine guten Taten nicht erwidert werden, und der Ungerechtigkeit, die gegebenenfalls droht, wenn wir jemandem (zu früh) verzeihen.

Im Fall der Undankbarkeit gibt es nämlich eine Person, die darunter zu leiden hat, dass ihr wohlwollendes Verhalten nicht erwidert wird. Wenn ich dem hilfsbereiten Nachbarn im Beispiel oben seine Freundlichkeit nicht vergelte und mich trotz allem, was er für mich getan hat, weigere, seine Katze zu versorgen während er im Krankenhaus ist, ist das für ihn von Nachteil. Wenn wir hingegen darauf verzichten, erlittenes Unrecht zu vergelten, ist das ganz anders. Mein Bruder hat keinen Grund sich zu beklagen, wenn ich ihm verzeihe, dass er sein Wort gebrochen und mich und unsere Mutter im Stich gelassen hat. Ich füge ihm keinen Schaden zu, wenn ich darauf verzichte, ihn für seinen Egoismus büßen zu lassen. Im Gegenteil: Ich tue ihm einen Gefallen. Möglicherweise entspricht mein Verhalten nicht den Standards der Gerechtigkeit. Aber warum sollte ihn oder mich das kümmern?

Tatsächlich ist es auffällig, dass die Vergeltung von Unrecht häufig nicht von den Betroffenen selbst, sondern von Dritten angemahnt wird. Ein bekanntes Beispiel dafür findet sich in der Bibel. Es ist die Geschichte vom verlorenen Sohn, der den väterlichen Hof verlässt, sein Erbe verprasst und Jahre später mittellos und reumütig nach Hause zurückkehrt. Der erleichterte Vater empfängt ihn mit offenen Armen und veranstaltet zu seiner Begrüßung ein Freudenfest. Doch einer freut sich nicht mit. Der zweite Sohn, der die ganze Zeit über auf dem Hof gearbeitet hat, beklagt sich über die Ungerechtigkeit. Aus seiner Sicht ist es alles andere als fair, dass der Vater dem pflichtvergessenen Bruder ohne Weiteres verzeiht und ihm keinerlei Buße dafür abverlangt, dass er die Familie im Stich gelassen hat. Das weist auf eine weitere Dimension des Gerechtigkeitseinwands hin. Demnach schulden wir es nicht vornehmlich uns selbst oder dem Übeltäter, Vergeltung zu üben. Wir schulden es vielmehr denen, die sich im Unterschied zu ihm an die Regeln gehalten haben. Ihnen gegenüber wäre es nicht fair, wenn wir den Freund, der uns über Jahre hinweg hintergangen hat, einfach so davonkommen lassen. Schließlich waren sie immer ehrlich zu uns und haben unser Vertrauen nie missbraucht.

Auf den ersten Blick mag das plausibel scheinen. Bestimmt kann sich so mancher mit dem Bruder des verlorenen Sohns und seiner Empörung identifizieren. Dennoch denke ich, dass wir diese Überlegung hier außer Acht lassen können, denn ihr liegt eine merkwürdige Idee von ausgleichender Gerechtigkeit zugrunde. Es klingt so, als würden sich Menschen, die Unrecht tun, gegenüber denen, die immer ihre moralische Pflicht erfüllen, einen unfairen Vorteil verschaffen und als diente Vergeltung dem Zweck, diesen Vorteil wieder auszugleichen. Mit Blick auf die Geschichte vom verlorenen Sohn mag das noch einleuchten. Der pflichtvergessene Bruder hat es sich leicht gemacht und das Leben des Daheimgebliebenen dadurch wahrscheinlich erschwert. Doch das gilt sicher nicht generell.

Der Priester, der Kindern Gewalt antut, verschafft sich mir gegenüber dadurch keinen Vorteil. Und ebenso wenig ist einzusehen, inwiefern Menschen, die immer ihr Wort halten, dadurch benachteiligt werden, dass andere es damit nicht so genau nehmen. Wenn ich bereit bin, meinem Bruder zu verzeihen, dass er sein Versprechen gebrochen hat, kann das meiner allzeit zuverlässigen Kollegin egal sein. Sie ist davon nicht betroffen. Die Behauptung, wir seien es denen, die uns mit Respekt behandeln, aus Gründen der Gerechtigkeit schuldig, diejenigen zu bestrafen, die es uns gegenüber an Respekt vermissen lassen, scheint mir daher wenig überzeugend.

Vielleicht ist es am Ende so, dass Gerechtigkeit gar nichts ist, was wir jemand Speziellem schuldig sind. Möglicherweise handelt es sich bei ihr einfach um einen Wert an sich, den wir schützen und befördern müssen. Das hieße dann: Selbst wenn niemandem ein konkreter Schaden dadurch entsteht, dass die Übeltäter ungeschoren davonkommen, und auch wenn keiner persönlich schlechter dasteht, weil ein anderer nicht bekommt, was er verdient, ist es einfach eine gute Sache, wenn es in der Welt gerecht zugeht. Ausgleichende Gerechtigkeit ist ein hoher Wert, und schon allein darum – und nicht, weil wir es uns selbst oder anderen schulden – sollten wir diejenigen, die Unrecht tun, dafür büßen lassen.

Der Philosoph Immanuel Kant hat eine solche Position vertreten: «Wenn die Gerechtigkeit untergeht, so hat es keinen Werth mehr, daß Menschen auf Erden leben»[68], schreibt er Ende des 18. Jahrhunderts in der «Metaphysik der Sitten». Mit Blick auf die Strafgerechtigkeit des Staates war Kant ein Anhänger des Talionsprinzips, also der Idee, Gleiches mit Gleichem zu vergelten – aus diesem Grund hat er beispielsweise die Todesstrafe für Mord befürwortet. Der Gedanke, dass wir die Gerechtigkeit um ihrer selbst willen verteidigen müssen, lässt sich aber auch auf die persönliche Vergeltung von moralischem Unrecht übertragen. Selbst wenn niemand sonst etwas davon mitbekommt, wäre es demnach geboten, für den Ausgleich von Unrecht zu sorgen. Allerdings müssten wir in dem Fall auch bereit sein, die Konsequenzen zu tragen, wenn wir selbst Unrecht getan haben. Angemessen für unser Verhalten zu büßen, sollte uns dann wichtiger sein, als dass man uns verzeiht.

Fassen wir zusammen: Gerechtigkeitserwägungen sprechen manchmal dagegen, erlittenes Unrecht zu verzeihen. Nicht jeder hat ohne Weiteres eine zweite Chance «verdient». Im Gegenteil: Es kann durchaus angemessen sein, jemanden deutlich spüren zu lassen, dass wir ihm sein Verhalten verübeln oder ihm gegebenenfalls sogar dauerhaft das Wohlwollen zu entziehen. Auf Gerechtigkeit können wir uns dabei jedoch nur solange berufen, wie wir in unserem Vergeltungsbemühen nicht übertreiben. Zudem gilt es zu bedenken, dass die Erfordernisse der Gerechtigkeit es bestenfalls *erlauben*, andere für ihr Fehlverhalten in angemessener Form büßen zu lassen. Eine *Pflicht*, erlittenes Unrecht zu vergelten, gibt es nicht.

Längst nicht jeder kann mit dieser Idee der ausgleichenden Gerechtigkeit etwas anfangen und vielen ist das Bedürfnis nach Vergeltung eher fremd. Die Vorstellung, irgendetwas werde dadurch besser, dass ich die Kollegin, die mich gemobbt hat, zum Ausgleich für ihre Gemeinheit mit Geringschätzung strafe, leuchtet nicht allen Menschen ein. Doch damit sind die Einwände gegen das Verzeihen noch nicht vom Tisch. Denn wie wir nun sehen werden, ist der Wunsch nach Gerechtigkeit keineswegs der einzige Grund, anderen Vergebung zu verweigern.

# Unrecht verhindern

«Nicht, weil des Menschen Wünsche stärker sind, wirken sie Übles, sondern weil des Menschen Gewissen schwach ist.»[69]

*John Stuart Mill, Über die Freiheit*

Längst nicht immer geht es uns um Gerechtigkeit, wenn wir uns weigern, jemandem zu verzeihen. Dass meine Nachbarin nicht bereit ist, ihren untreuen Ehemann von seinem schlechten Gewissen zu entlasten, dient, wie sie sagt, nicht dem Zweck, ihn zu bestrafen. Es hat andere Gründe. Sie ist zutiefst verletzt, und ihr Vertrauen in ihn ist grundlegend erschüttert. Für sie hat er mit der Affäre eine Art rote Linie überschritten, und ihre Weigerung, ihm zu vergeben, hat für sie vor allem etwas mit Selbstschutz zu tun. Sie weiß nicht mehr, woran sie mit ihm ist, und sie will verhindern, dass sich die Geschichte wiederholt. Damit sind wir bei einem zweiten Einwand gegen das Verzeihen. Ich nenne ihn der Einfachheit halber den Präventionseinwand, denn im Zentrum steht hier das Bemühen, weiterem Unrecht vorzubeugen und erneute Verletzungen zu verhindern.

Auf eine einfache Formel gebracht, besagt dieser Einwand, dass wir die falsche Botschaft aussenden, wenn wir Menschen, die uns Unrecht tun, bereitwillig verzeihen. Anstatt ihnen unmissverständlich klarzumachen, dass sie allen Grund haben, sich uns gegenüber schuldig zu fühlen, sind wir ihnen noch dabei behilflich, ihre Selbstvorwürfe hinter sich zu lassen. Doch damit, so der Gedanke, tun wir weder ihnen noch uns selbst einen Gefallen. Im

Gegenteil: Auf diese Weise tragen wir am Ende nur dazu bei, dass sie so weitermachen wie bisher. Bereits im dritten Jahrhundert nach Christus hat ausgerechnet einer der sogenannten Kirchenväter einen ganz ähnlichen Gedanken formuliert: «Wer immer verzeiht», so heißt es sinngemäß bei Lactantius, «der stärkt die Frechheit zu größeren Freveln.» Vergebung ist, mit anderen Worten, schlimmstenfalls kontraproduktiv.

Der Präventionseinwand in Sachen Verzeihen spielt vor allem dann eine Rolle, wenn es um Menschen geht, zu denen wir eine persönliche Beziehung haben und denen wir auch in Zukunft begegnen werden. Viele wissen aus eigener Erfahrung, dass längst nicht jeder die zweite Chance, die man ihm gibt, ergreift, um seinen Fehler wiedergutzumachen und sich zu bessern. Statt die Verhältnisse zu bereinigen und allen Beteiligten einen unbelasteten Neustart zu ermöglichen, scheint unsere Vergebungsbereitschaft bei manchem eher den Eindruck zu erwecken, mit uns könne man es ja machen. Tatsächlich verbergen sich hinter dem Präventionseinwand meines Erachtens zwei unterschiedliche Befürchtungen: Da ist zum einen die Sorge, der andere könnte unser Entgegenkommen missverstehen und fälschlicherweise meinen, wir hätten gegen sein Verhalten nichts einzuwenden. Zum anderen besteht die Gefahr, dass wir, indem wir jemandem das schlechte Gewissen ersparen, ein Hindernis beseitigen, das ihn davon abhält, seinen Fehler zu wiederholen. Sehen wir uns diese zwei Varianten des Präventionseinwands nacheinander an.

Die erste der beiden Befürchtungen lässt sich an der fiktiven Geschichte mit meinem Bruder gut veranschaulichen. Er hatte fest versprochen, sich an der Pflege unserer Mutter zu beteiligen, und sie und mich dann einfach im Stich gelassen. Wenn ich ihm das verzeihe, wird er möglicherweise glauben, ich hätte Verständnis dafür, dass er seine Karriere über sein Versprechen gestellt hat. Vielleicht geht er sogar davon aus, dass ich sein Verhalten in seiner Lage sogar für gerechtfertigt halte. Schließlich hat er eine Familie zu ernähren und darf seinen Job nicht riskieren, indem er wegen der Betreuung unserer Mutter kürzertritt. Nehmen wir an, seine Frau, die wieder Frieden in der Familie möchte, wirbt um mein Verständnis. Es sei doch traurig genug, dass unsere Mutter gestorben ist, und mein Bruder komme damit nur schlecht zurecht. Und nun belaste ihn auch noch der Streit mit mir. Sollten wir als Familie nicht bereit sein, den Ärger zu vergessen und zusammenzurücken?

Längst nicht immer bitten Menschen, die anderen Unrecht getan haben, dafür ausdrücklich um Verzeihung. Oft bringen sie mehr oder weniger wortlos zum Ausdruck, dass sie ihr Verhalten bedauern und sich dafür schämen, etwa indem sie betont zuvorkommend sind oder auch indem sie jede Begegnung mit uns vermeiden. In solchen Fällen sind es manchmal Dritte, die uns dazu auffordern, dem anderen «wieder gut zu sein», und wenn wir dazu nicht bereit sind, wirkt das unter Umständen hartherzig oder verbohrt. Doch dieser Eindruck kann täuschen. Nehmen wir das Beispiel meiner Nachbarin. Sie ist eine sehr mitfühlende, verständnisvolle Person und alles andere als hartherzig. Eigentlich würde sie ihrem Mann die Affäre gern verzeihen, doch was geschehen ist, lässt sie daran zweifeln, ob sie ihn wirklich so gut kennt. In ihrer Beziehung war Treue von Anfang an sehr wichtig und sie hatten sich fest versprochen, immer ehrlich zueinander zu sein. Nie hätte sie erwartet, dass er dieses Versprechen bricht.

Ich habe oben gesagt, dass es für die Entscheidung, ob wir jemandem verzeihen sollten oder nicht, wichtig sein kann, wie vertraut uns die Person ist, weil sich dann leichter einschätzen lässt, ob das, was sie getan hat, zu ihr passt oder ganz und gar untypisch für sie ist. Aber das hilft nicht immer. Manches Unrecht lässt uns den anderen in einem neuen Licht sehen und uns an unserer Menschenkenntnis zweifeln. Jemandem eine zweite Chance zu geben, setzt ein Mindestmaß an Vertrauen in ihn voraus. Doch oft ist dieses Vertrauen durch sein Verhalten zerstört worden. Selbst wenn wir sehr deutlich machen, wie verletzt und empört wir sind, sind wir plötzlich nicht mehr sicher, ob diese Botschaft bei unserem Gegenüber wirklich ankommt. «Taten sprechen lauter als Worte», sagt eine Redewendung. Wie können wir wissen, dass der andere unser Entgegenkommen nicht missversteht und denkt, was er getan hat, sei wohl doch nicht so schlimm gewesen?

Die Schwierigkeit, um die es hier geht, ist nicht allein, dass Menschen die Vergebungsbereitschaft ihrer Umgebung bewusst ausnutzen könnten. Vielmehr besteht die Gefahr, dass diejenigen, die uns Unrecht tun, irrtümlich glauben, wir hätten gegen ihr Verhalten letztlich nichts einzuwenden. Wenn ich einer Freundin ihre Indiskretion nicht zum Vorwurf mache, wird sie möglicherweise den Eindruck gewinnen, dass mir Diskretion nicht so wichtig ist oder dass für sie diesbezüglich Ausnahmeregeln gelten. Vielleicht deutet sie mein Entgegenkommen auch als eine Art stillschweigendes Einverständnis.

Anders als die Regeln des Rechts sind die der Moral nicht kodifiziert. Es gibt kein für alle verbindliches Moralgesetzbuch, in dem wir im Zweifelsfall nachschlagen könnten, was richtig und was falsch ist. Zudem sind moralische Normen sehr allgemein und geraten leicht miteinander in Konflikt. Oft müssen wir sie gegeneinander abwägen. Es ist daher nicht immer einfach, in einer konkreten Situation zu entscheiden, wo die Grenzen des Erlaubten liegen: Darf man ein gegebenes Versprechen brechen, wenn man andernfalls seinen Job riskiert? Ist es in Ordnung, eine vertrauliche Information weiterzugeben, wenn wir uns nicht ausdrücklich zum Stillschweigen verpflichtet haben?

Der Prozess der moralischen Entscheidungsfindung braucht Urteilskraft und Erfahrung, und er setzt voraus, dass wir einander nötigenfalls unmissverständlich klar machen, wie wir die Dinge sehen. Solange wir selbst nicht bereit sind, unsere Rechte zu behaupten, müssen wir uns daher gegebenenfalls nicht wundern, wenn diejenigen, die diese Rechte verletzen, fälschlicherweise meinen, mit ihrem Verhalten sei alles in Ordnung. Wer verzeiht, wenn ihm Unrecht geschieht, und auf Vorwürfe und Protest verzichtet, tut sich selbst und dem anderen insofern keinen Gefallen.

Es sieht so aus, als ließe sich dieses Problem leicht umgehen, indem wir unsere Vergebungsbereitschaft von bestimmten Bedingungen abhängig machen. Viele sind beispielsweise der Meinung, wir sollten, um unsere Rechte zu schützen und die Regeln der Moral zu verteidigen, nur denen verzeihen, die formvollendet darum gebeten und sich damit zu ihrer Schuld bekannt haben.

Wir werden später noch genauer betrachten, welche Rolle die Bitte um Verzeihung im Prozess des Vergebens spielt. Doch bereits jetzt lässt sich sagen, dass sie das Problem, auf das der Präventionseinwand hinweist, nicht zwangsläufig beseitigt. Das hat vor allem einen Grund: Wenn Menschen um Verzeihung bitten, versuchen sie oft im selben Atemzug, ihr Verhalten zu erklären, um so im anderen Verständnis zu wecken und an sein Mitgefühl zu appellieren. Solche Erklärungen haben jedoch mitunter viel Ähnlichkeit mit Entschuldigungen oder Rechtfertigungen.

Der Mann meiner Nachbarin hat sie sehr wortreich um Verzeihung gebeten. Er hat geschildert, wie einsam er sich gefühlt hat, als sie damals für einige Monate im Ausland gearbeitet hat und sie wegen der Zeitverschiebung nur selten telefonieren konnten. Und dann gab es noch den Ärger in der Firma und ihm sei zu Hause einfach die Decke auf den Kopf gefallen. Sie habe doch auch selbst gesagt, er solle mehr unter Leute gehen. Und dann war da diese Frau, und er hatte ein bisschen zu viel getrunken und ganz und gar nicht vor, sie nach der ersten Nacht wiederzusehen. Aber dann wurde aus dem Seitensprung eine Affäre. Die hat er mittlerweile beendet, und er schämt sich für sein Verhalten. Am liebsten würde er das alles ungeschehen machen. Er liebt seine Frau und wünscht sich sehr, sie möge ihm verzeihen, doch meine Nachbarin hat das bisher nicht getan. Für sie klangen seine Erklärungen eher so, als wollte er sie dazu auffordern, anzuerkennen, dass sein Treuebruch unter den gegebenen Umständen nur verständlich war. Sie fürchtet, ihn darin zu bestätigen, wenn sie sich doch noch dazu entschließt, ihm zu vergeben.

Für viele Philosophinnen und Philosophen weist das auf ein grundsätzliches Problem in Sachen Verzeihen hin, und dieses Problem hat etwas mit der Bedeutung von Vorwürfen für unsere moralische Praxis zu tun. Dass wir Menschen, die uns Unrecht tun, ihr Handeln spürbar übel nehmen und sie dafür offen kritisieren, hat nämlich, wie wir gesehen haben, neben dem Vergeltungsaspekt auch eine informative Funktion: Wenn wir jemanden für sein Verhalten moralisch kritisieren, lassen wir ihn wissen, was wir von ihm erwartet hätten, und machen nachhaltig klar, wo für uns die Grenzen der Toleranz liegen.

Darauf, so der Gedanke, verzichten wir, wenn wir erlittenes Unrecht bereitwillig verzeihen, und nicht nur der Philosoph Oliver Hallich sieht darin einen gewichtigen Grund, in Sachen Vergebung lieber zurückhaltend zu sein. Um den Rahmen zu schaffen, in dem Menschen sinnvoll darüber streiten können, was sie einander schulden und voneinander erwarten dürfen, ist es ihm zufolge notwendig, dass wir unsere Vorstellung von Recht und Unrecht offenlegen und uns dabei wechselseitig als Wesen ansprechen, die für ihr jeweiliges Handeln Verantwortung tragen. Beides tun wir, wenn wir andere für ihr Verhalten zur Rechenschaft ziehen und ihnen Vorwürfe machen. Für Oliver Hallich bedeutet das, «dass die Gefühle des Übelnehmens und Grolls eine Voraussetzung dafür sind, Rechtfertigungsfragen überhaupt erst stellen und diskutieren zu können. Auch darin liegt ihr sozialer Wert.»[70]

Nicht selten stellt sich in solchen Diskussionen heraus, dass jemand unsere moralischen Überzeugungen nicht teilt und die Situation ganz anders beurteilt. Was die eine empört, hält der andere für sein gutes Recht. Bis heute trägt eine ehemalige Schulkameradin von mir dem damaligen Klassenprimus nach, dass er sie nicht hat abschreiben lassen, als sie in der entscheidenden Abiturklausur einen totalen Blackout hatte. Auf jedem Klassentreffen hält sie ihm vor, ihr Notendurchschnitt habe deshalb am Ende nicht ausgereicht, um Medizin zu studieren. Für sie ist völlig klar, dass man seine Kollegen im Abi nicht hängen lässt. Er hingegen ist sich, damals wie heute, keiner Schuld bewusst.

Solche Differenzen müssen unser Zusammenleben nicht zwangsläufig behindern. Mit moralischen Meinungsverschiedenheiten lässt sich besser leben, als mancher meint. Dennoch ist es wichtig, um die Unterschiede in unseren moralischen Erwartungshaltungen zu wissen. Das erleichtert auf Dauer nicht nur den Umgang miteinander, es gibt uns auch die Gelegenheit, unsere eigenen Ansichten in Fragen der Moral immer wieder neu zu überdenken. Dass wir selbst anderen und dass andere uns bestimmte Verhaltensweisen spürbar übel nehmen und zum Vorwurf machen, trägt dazu bei.

In seiner ersten Variante weist der Präventionseinwand, wie wir nun gesehen haben, auf die Gefahr hin, Vergebungsbereitschaft könnte unser Gegenüber zu falschen Schlüssen verleiten. Umso wichtiger ist es, im Zweifelsfall klarzustellen, wo aus unserer Sicht die Grenze zwischen Recht und Unrecht verläuft. Das schließt jedoch nicht aus, dem anderen gleichwohl zu verzeihen, denn *erstens* sind moralische Vorwürfe nicht die einzige Methode, um jemandem deutlich zu machen, dass wir mit seinem Verhalten nicht einverstanden sind, und *zweitens* ist Vergebung durchaus damit vereinbar, jemandem – zunächst – Vorwürfe zu machen. Schauen wir uns die beiden Punkte näher an.

Jemandem Vorwürfe zu machen, ist eine Möglichkeit, ihn darauf hinzuweisen, dass sein Verhalten – aus unserer Sicht – falsch war. Doch es ist nicht die einzige Methode. Wir können andere über unsere Vorstellung von Recht und Unrecht auch informieren, ohne sie anzugreifen, und möglicherweise ist das sogar der bessere Weg. Die meisten Menschen reagieren auf Vorwürfe nämlich reflexhaft mit Abwehr und Selbstverteidigung. Sie verschließen sich – machen sprichwörtlich «die Schotten dicht» – oder gehen zum Gegenangriff über. Insofern ist es in Sachen Unrechtsprävention vielleicht gar keine schlechte Idee, auf Vorwürfe zu verzichten und in anderer Form deutlich zu machen, was wir über ein bestimmtes Verhalten denken – etwa, indem wir dem anderen schildern, wie sehr er uns verletzt hat, oder ihn auffordern, sich vorzustellen, wie es für ihn wäre, so behandelt zu werden.

Aber selbst wenn wir der Meinung sind, unserer Sichtweise nur durch Vorwürfe ausreichend Nachdruck verleihen zu können, bedeutet das nicht schon, dass wir deswegen nicht verzeihen dürften. Denn wie wir bereits gesehen haben, ist Vergebung etwas anderes als Nachsicht. Es geht beim Verzeihen gerade nicht darum, Unrecht stillschweigend zu übergehen, sondern es als solches wahrzunehmen, zu benennen und es dann bewusst zu überwinden. Das ist durchaus damit vereinbar, jemandem Vorwürfe zu machen, jedenfalls solange wir in unserer Vorwurfshaltung nicht verharren. Es spricht insofern nichts dagegen, dass ich meinem Bruder deutlich zu verstehen gebe, was ich von seiner Rücksichtslosigkeit halte – auch wenn ich ihm verzeihe.

Wir können mit Blick auf den Präventionseinwand also ein erstes Zwischenfazit ziehen: Die Sorge, andere könnten unser Entgegenkommen als eine Form der Billigung ihres Fehlverhaltens missverstehen, ist berechtigt. An der Art, wie wir jemandem begegnen, lässt sich nicht ohne Weiteres erkennen, ob wir ihm verziehen haben oder mit seinem Handeln einverstanden sind. Das allein spricht jedoch nicht unbedingt schon dagegen, erlittenes

Unrecht zu verzeihen. Es ist eher ein Grund, bei aller Vergebungsbereitschaft deutlich zu machen, wo aus unserer Sicht die Grenze zwischen Recht und Unrecht verläuft.

Betrachten wir nun die zweite Variante des Präventionseinwands. Dabei geht es um die Sorge, dass wir, wenn wir den anderen von seinem schlechten Gewissen entlasten, ein Hindernis beseitigen, das ihn davon abhält, so weiterzumachen wie bisher. Wenn wir jemandem vergeben, zeigen wir Entgegenkommen und machen dem anderen eine Art Geschenk, indem wir ihm erlauben, uns gegenüber mit den Selbstvorwürfen aufzuhören. Dem Einwand zufolge sollten wir das im Zweifelsfall jedoch nicht zu bereitwillig tun. Denn: Nicht nur die Vorwürfe des Opfers, auch die Selbstvorwürfe des Täters erfüllen eine wichtige Funktion in Sachen Unrechtsvorbeugung. Das schlechte Gewissen ist, mit anderen Worten, etwas Gutes. Was ist damit gemeint?

Die meisten Menschen wissen aus eigener Erfahrung, wie belastend ein schlechtes Gewissen sein kann. Selbst wenn es «nur» um eine belanglose Lüge geht oder um eine unbedachte Indiskretion, können Gewissensbisse uns sehr plagen. Sie hindern uns nicht nur daran, dem anderen unbefangen zu begegnen. Ein schlechtes Gewissen wirkt sich auch auf unser Verhältnis zu uns selbst aus. Wir verübeln uns, was wir getan haben, und würden am liebsten nicht mehr daran denken. Vielleicht versuchen wir, uns abzulenken. Doch kaum kommen wir zur Ruhe, meldet sich das schlechte Gewissen und entzweit uns von uns selbst. «Ein gutes Gewissen ist ein sanftes Ruhekissen», sagt ein Sprichwort und vermittelt damit vor allem die Botschaft, dass es nicht leicht ist, sich zu entspannen, wenn man ein schlechtes Gewissen hat.

Der Begriff der «Gewissenbisse» macht das anschaulich: Immer mal wieder «zwickt» uns die Erinnerung an das Geschehene und zwingt uns zur Auseinandersetzung mit unserer eigenen Unzulänglichkeit. Immanuel Kant hat dafür im 18. Jahrhundert in

Anlehnung an den Reformator Martin Luther ein hilfreiches Bild verwendet. Er beschreibt das Gewissen als Bewusstsein eines «inneren Gerichtshofs» im Menschen, «vor welchem sich seine Gedanken einander verklagen und entschuldigen».[71] Dabei sind wir gleichzeitig Ankläger, Angeklagter und Richter. Wer ein schlechtes Gewissen hat, liegt also mit sich selbst im Streit und Vergebung kann dazu beitragen, diesen inneren Disput zu entschärfen. Wenn die Person, der wir Unrecht getan haben, bereit ist, uns zu verzeihen, ist das zwar kein Freispruch. Aber wir haben, bildhaft gesprochen, immerhin ihre Erlaubnis, einen wesentlichen Teil der Anklage fallen zu lassen. Das kann sehr entlastend sein.

Das gilt umso mehr, wenn jemand sehr schwere Schuld auf sich geladen hat. Manchmal raubt das Gefühl von Schuld einer Person jede Selbstachtung und drückt sie buchstäblich nieder. Denken wir an Menschen, die das Leben eines anderen «auf dem Gewissen haben». Von Strafverteidigerinnen und Bewährungshelfern weiß man, dass viele von ihnen sich der Begegnung mit den Opfern oder deren Angehörigen nicht gewachsen fühlen, und jeder kennt die Formulierung, dass eine Person sich selbst nicht mehr im Spiegel ansehen kann. Ist jemandem das Unrecht seiner Tat erst einmal zu Bewusstsein gekommen, kann es in solchen Fällen tatsächlich sein, dass er seines Lebens nicht mehr froh wird.

Das ist allerdings nicht zwangsläufig der Fall. Es gibt Menschen, denen scheinbar jedes Unrechtsbewusstsein fehlt, und solche, die noch die grausamsten Verbrechen vor sich selbst und anderen rechtfertigen oder sich gar öffentlich damit brüsten. Es ist kein Automatismus, dass jemand sich seine Schuld eingesteht. Schon Kant hat deutlich gemacht, dass wir das Verfahren vor dem inneren Gerichtshof *selbst* eröffnen müssen. Zwar hat für ihn jeder Mensch ein Gewissen, «und diese über die Gesetze in ihm wachende Gewalt ist nicht etwas, was er sich selbst macht, sondern es ist seinem Wesen einverleibt». Doch der Einzelne «kann sich durch Lüste und Zerstreuungen betäuben oder in Schlaf bringen und es in seiner äußersten Verworfenheit allenfalls dahin bringen, sich daran gar nicht mehr zu kehren». Früher oder später wird jedoch auch ihn «die furchtbare Stimme» des Gewissens aus dem Schlaf der Vernunft wecken und ihn zwingen, mit sich selbst ins Gericht zu gehen.

Kant hat der menschlichen Vernunftfähigkeit bekanntlich eine ganze Menge zugetraut und er ist dafür vielfach kritisiert worden. Doch es ist sicher richtig, Menschen, die schwere Verbrechen begangen haben, nicht zu früh als gänzlich gewissenlos abzustempeln.

Oben habe ich die ehemalige RAF-Terroristin Silke Maier-Witt zitiert. Sie war Ende der siebziger Jahre an der Entführung von Hanns-Martin Schleyer beteiligt und sie war es auch, die der französischen Zeitung *Libération* damals telefonisch mitteilte: «Wir haben nach 43 Tagen Hanns-Martin Schleyers klägliche und korrupte Existenz beendet.» Vierzig Jahre später bittet sie den Sohn des Opfers, Jörg Schleyer, in einem Brief darum, ihr die «unsäglichen und entsetzlichen Worte über Ihren Vater»[72] zu verzeihen. Er ist bereit, sich mit ihr zu treffen, und sie spricht von ihrer Schwierigkeit, mit dem, was sie getan hat, zu leben: «Ich dachte, es hört auf. Aber es hört nicht auf.» Sie nennt es «eine gewisse Feigheit», dass sie in all den Jahren, die seither vergangen sind und von denen sie einige im Gefängnis verbracht hat, nie den direkten Kontakt mit der Familie von Hanns-Martin Schleyer gesucht hat. Und sie sagt, dass sie sich diese Feigheit auch jetzt noch übel nehme. Jörg Schleyer hält ihre Reue für glaubwürdig. Ob er ihr verziehen hat, wissen wir nicht.

In diesen Beobachtungen liegt, indirekt, bereits die Antwort auf die Frage, was das Gute an einem schlechten Gewissen ist. Es sind insbesondere zwei Dinge: Die Vorwürfe, die wir uns selbst machen, sorgen *erstens* dafür, dass wir nicht vergessen, was wir getan haben, und sie haben *zweitens* eine abschreckende Wirkung.

Betrachten wir zunächst den ersten Aspekt. Demnach dienen Selbstvorwürfe nicht zuletzt dazu, uns unsere Missetaten im Gedächtnis zu halten. Sie verhindern, dass wir uns mit Blick auf die eigene moralische Standhaftigkeit etwas vormachen, und fördern eine realistische Selbsteinschätzung. Noch heute schämt sich eine Jugendfreundin von mir dafür, dass sie als junge Frau ihre Eltern oft beschimpft und sich auf Familienfesten vor allen offen über sie lustig gemacht hat. Sie sagt, sie sei damals «hauptberuflich wütend» gewesen. Ihrer Meinung nach hatten ihre Eltern Verachtung verdient – die Mutter, die ihr ganzes Leben an «Kinder, Küche, Kirche» vergeudete, und der Vater, der treu und brav jeden Tag ins Büro ging, nicht einen Tag krankfeierte und nie ein Buch las. Für sie waren die beiden «engstirnige, verklemmte Spießer» und sie hat keine Gelegenheit ausgelassen, das deutlich zu machen. Ihre Eltern haben darunter sehr gelitten.

Als sie dann selbst Mutter wurde und wenige Jahre später allein für ihre Kinder verantwortlich war, änderte sich ihr Blick und ihr Urteil über die Lebensweise der eigenen Eltern fiel nach und nach sehr viel differenzierter und deutlich milder aus. Ihre Eltern haben sie sehr tatkräftig unterstützt, und ohne deren Bereitschaft, sich ganz in den Dienst der Familie zu stellen, wäre sie mit der Situation völlig überfordert gewesen. Geblieben ist das schlechte Gewissen für ihr früheres Verhalten und die Erkenntnis, dass ihre Tendenz, über andere zu urteilen und jederzeit auszusprechen, was sie denkt, kein Zeichen von Courage und Ehrlichkeit, sondern oft schlicht rücksichtslos ist. Das ist ihr seither eine Mahnung.

Tatsächlich kann die Erinnerung an das Unrecht, das wir anderen zugefügt haben, dazu beitragen, entsprechende Versuchungen leichter zu erkennen und ihnen in Zukunft nicht nachzugeben. Aus seinen moralischen Fehlern lernt nur, wer sie sich eingesteht und nicht vergisst, dass er sie gemacht hat. Ein schlechtes Gewissen ist dabei unter Umständen hilfreich.

Wenn es um sehr schwerwiegendes Unrecht oder besonders entsetzliche Verbrechen geht, ist das umso wichtiger. So entschieden die Amerikaner nur wenige Tage nach der Befreiung des KZs Buchenwald, dass die deutsche Bevölkerung mit dem Grauen «umgehend konfrontiert» werden müsse. Sie ordneten an, «dass mindestens 1000 Einwohner der Stadt Weimar, davon die Hälfte Frauen, das Lager Buchenwald und die zugehörigen Lazarette heute noch besichtigen. Sie müssen kräftig genug sein, die Anstrengungen des Marsches und der Besichtigung (Dauer etwa 6 Stunden, rund 25 km Marschweg) auszuhalten.»[73] Viele von denen, die damals dabei waren, berichteten später, die Bilder hätten sie Zeit ihres Lebens verfolgt. Man könnte die Maßnahme der Amerikaner als einen Vergeltungsakt verstehen, doch vieles spricht dafür, dass es auch und vor allem darum ging, die Anwohner des KZs mit ihrer Verantwortung für diese unmenschlichen Verbrechen zu konfrontieren, um das Gefühl der Schuld für immer in ihnen zu verankern. Der Schock und die Gewissensqualen, die er auslösen sollte, würden, so die Hoffnung, dafür sorgen, dass sich das Geschehene ins Gedächtnis einbrennt und vor allem: dass es sich niemals wiederholt.

Eben darin besteht die *zweite* wesentliche Funktion von Selbstvorwürfen und Schuldgefühlen: Sie halten uns nicht nur in Erinnerung, was wir getan haben, sondern haben darüber hinaus – günstigenfalls – eine disziplinierende Wirkung. Wenn wir anderen «ein schlechtes Gewissen machen», appellieren wir an ihr Unrechtsbewusstsein. Wir fordern sie dazu auf, sich unseren Vorwürfen anzuschließen, in der Hoffnung, dass die Selbstvorwürfe ihr Empfinden für Recht und Unrecht schärfen und sie sich fortan anders verhalten. Ich habe zu Beginn dieses Kapitels den englischen Philosophen John Stuart Mill mit den Worten zitiert:

«Nicht weil des Menschen Wünsche stärker sind, wirken sie Übles, sondern weil des Menschen Gewissen schwach ist.» Demnach müssen wir, um zukünftiges Unrecht zu vermeiden, vor allem unser Gewissen stärken. Die Vorwürfe, die wir uns selbst machen, tragen dazu ebenso bei wie der Protest derjenigen, deren Rechte wir verletzt haben. Solange wir uns ihre Vorwürfe nicht selbst zu eigen machen, werden diese auf Dauer jedenfalls wenig bewirken. So wie schon Kant im Jahrhundert vor ihm setzte daher auch Mill auf Bildung und Erziehung, auf Verstandestraining und Gewissenskultivierung, um das Unrechtsbewusstsein der Menschen von Kindheit an zu fördern und ihre Widerstandskraft gegen unmoralische Neigungen zu erhöhen.

In seinem 2001 erschienenen Buch *Humanity: A Moral History of the Twentieth Century* analysiert der britische Philosoph Jonathan Glover die unzähligen Grausamkeiten, die Menschen einander rund um den Globus im vergangenen Jahrhundert zugefügt haben, und er führt sie unter anderem auf das Versagen unserer moralischen Ressourcen zurück. Zu diesen Ressourcen gehört auch und vor allem das menschliche Unrechtsbewusstsein. Das Gewissen der Menschheit, so könnte man sagen, schläft ein, wenn es nicht wachgehalten wird. Es ist daher nur gut, wenn jemand, der anderen Gewalt antut, sie herabsetzt oder für seine Zwecke ausnutzt, deswegen ein schlechtes Gewissen hat. Wenn wir wollen, dass er damit aufhört, sollten wir ihn daher nicht zu bereitwillig von der Pflicht entbinden, sich sein Verhalten zum Vorwurf zu machen.

Das schlechte Gewissen ist dieser Auffassung zufolge also mehr als bloß eine Art Denkzettel. Und es ist alles andere als nutzloser Ballast auf der Seele von Menschen, der die Beziehungen zwischen ihnen belastet und Begegnungen auf Augenhöhe verhindert. Selbstvorwürfe «zivilisieren» uns und sie haben etwas durchaus Konstruktives. Tatsächlich hat allein schon die Erwartung des schlechten Gewissens oft motivationale Kraft und einen disziplinierenden Effekt. Das zeigt sich bereits an ganz banalen Beispielen: Zu wissen, dass ich ein schlechtes Gewissen haben muss, wenn ich unter einem Vorwand mein Versprechen breche und den Kollegen mit seinen Umzugskartons im Stich lasse, hilft mir dabei, den sprichwörtlichen inneren Schweinehund zu überwinden und das zu tun, wozu ich mich verpflichtet habe.

Damit haben wir die zweite Variante des Präventionseinwands entschlüsselt. Demnach hält ein schlechtes Gewissen das menschliche Unrechtsbewusstsein wach und beugt auf diese Weise moralischem Fehlverhalten vor. Um uns selbst und andere vor weiterem Unrecht zu schützen, sollten wir demnach im Zweifelsfall besser nicht verzeihen.

Bleibt die Frage, wie überzeugend diese Überlegung ist. Befürchten wir zu Recht, dass das Rückfallrisiko steigt, wenn wir Menschen, die uns Unrecht getan haben, erlauben ihr Gewissen zu entlasten? Und ist es mit Blick auf den Schutz unserer Rechte und die Verteidigung der moralischen Ordnung tatsächlich riskant, anderen die Selbstvorwürfe zu ersparen?

Diese Fragen lassen sich mit den Methoden der Philosophie nicht beantworten. Durch bloßes Nachdenken wird meine Nachbarin nicht herausfinden, ob ihre Vergebungsbereitschaft am Ende dazu beiträgt, dass ihr Mann sie bei nächster Gelegenheit wieder betrügt. Eines scheint jedoch klar: Wie hoch die Wahrscheinlichkeit im Einzelfall ist, hängt auch davon ab, mit wem wir es zu tun haben.

Manche Menschen tragen schwer an ihrer Schuld. Ihnen gelingt es selbst dann nicht, mit den Selbstvorwürfen aufzuhören, wenn ihnen längst verziehen wurde. Andere hingegen loten die Grenzen des Erlaubten immer neu aus. Sie gehen bereitwillig zur Tagesordnung über, wenn ihre Bitte um Verzeihung erst einmal akzeptiert wurde, und sie vergessen schnell und gern, was sie sich haben zuschulden kommen lassen, sobald man es ihnen nicht mehr verübelt. Und schließlich gibt es auch noch diejenigen, die grundsätzlich kein schlechtes Gewissen haben. Selbstvorwürfe sind ihnen scheinbar völlig fremd. Im Lichte des Präventionseinwands betrachtet, hängt die Antwort auf die Frage, ob wir verzeihen sollten, mit anderen Worten, nicht nur davon ab, *was* jemand getan hat, sondern vor allem davon, um *wen* es jeweils geht.

Dabei müssen wir allerdings bedenken, dass Prognosen über das zukünftige Verhalten von Menschen immer heikel sind, und zwar auch dann, wenn wir meinen, eine Person gut zu kennen. Ob jemand seine zweite Chance nutzen wird oder sie vertut, lässt sich vorab nie mit Sicherheit sagen. Es wird sich erst zeigen, wenn wir sie ihm geben. Daraus könnte man mit etwas gutem Willen nun sogar ein Argument *zugunsten* des Verzeihens ableiten. «In dubio pro reo – im Zweifel für den Angeklagten», lautet eine Entscheidungsregel in der Rechtsprechung, und mancher meint, wir sollten in Sachen Vergebung nach einem ähnlichen Grundsatz verfahren. Bevor das Gegenteil nicht bewiesen ist, dürfen wir demnach nicht einfach davon ausgehen, dass Menschen aus ihren Fehlern nicht klug werden können. Schließlich behaupten wir ja auch von uns selbst, diesbezüglich lernfähig zu sein. Eine *zweite* Chance hätte, so gesehen, tatsächlich jeder Mensch verdient – auch mein Bruder und der Mann meiner Nachbarin.

Die Überzeugungskraft des Präventionseinwands hängt also davon ab, wie wahrscheinlich es ist, dass die befürchteten Folgen tatsächlich eintreten: Erhöht sich tatsächlich das Risiko, dass der andere uns erneut verletzen wird, wenn wir ihm verzeihen und ihm erlauben, sein Gewissen zu entlasten? Empirische Studien, die der amerikanische Psychologe James K. McNulty über den Zusammenhang zwischen Vergebungsbereitschaft und psychischer sowie physischer Gewalt mit jungen Ehepaaren durchgeführt hat, deuten darauf hin, dass Vergebungsbereitschaft in bestimmten

Settings tatsächlich kontraproduktive Effekte haben kann: «Vergebungsbereitschaft [kann] dazu führen, dass sich die Täter frei fühlen, erneut Gewalt auszuüben, weil unerwünschte Folgen ihres Verhaltens (z. B. Wut, Kritik, Ablehnung, Einsamkeit) ausbleiben, die andernfalls einen Rückfall verhindern würden.»[74] Wie aussagekräftig solche Studien sind, ist gleichwohl fraglich. Mit welcher «Versuchsanordnung» lässt sich bei so komplexen und individuellen Fragen prüfen, wie sich die Dinge entwickelt hätten, wenn wir dem anderen jeweils (nicht) verziehen hätten? Doch auch abgesehen von derart grundsätzlichen methodischen Bedenken, dürfte es jenseits des intimen Kontextes langjähriger Beziehungen schwierig sein, das Risiko im Einzelfall realistisch einzuschätzen.

Davon ganz unabhängig gibt es Philosophinnen und Philosophen, die grundsätzlich bezweifeln, ob all das für die Frage nach dem Verzeihen überhaupt relevant ist. Sie vertreten die Auffassung, dass wir die Bedeutung des schlechten Gewissens so oder so nicht überschätzen sollten, wenn es um die Verhinderung von Unrecht geht. Einer dieser philosophischen Gewissensskeptiker war Arthur Schopenhauer. In seinem 1841 erstmals erschienenen Hauptwerk *Die Welt als Wille und Vorstellung* stellt er lakonisch fest: «Mancher würde sich wundern, wenn er sähe, woraus sein Gewissen, das ihm ganz stattlich vorkommt, eigentlich zusammengesetzt sei: aus ⅕ Menschenfurcht, ⅕ Deisidämonie, ⅕ Vorurteil, ⅕ Eitelkeit und ⅕ Gewohnheit.»[75] Was Menschen davon abhält, anderen Unrecht zu tun, ist Schopenhauer zufolge also nicht die Stimme der Vernunft. Es ist eher die Angst, dass sie für ihr Verhalten werden büßen müssen – wenn nicht zu Lebzeiten, dann am Tag des Jüngsten Gerichts. Auch der Wunsch, anderen zu gefallen, ist aus seiner Sicht ein starkes Motiv, sich an die Regeln zu halten: Die weiße Weste ist kleidsam. Zudem sollten wir die Macht der Gewohnheit nicht unterschätzen. Vieles tun wir einfach deswegen, weil wir es früh so gelernt und seitdem immer so gemacht haben, und dabei dürfen wir getrost davon ausgehen, dass es sich bei unseren gewohnheitsmäßigen Urteilen oft genug um Irrtümer bzw. Vorurteile handelt.

Das klingt ganz so, als sei das Gewissen – und damit auch die Gewissensentlastung, die das Verzeihen ermöglicht – ohnehin kein wesentlicher Faktor, wenn es um die menschliche Verhaltenssteuerung geht. Doch auch wenn man sich diesbezüglich Schopenhauers skeptischer Auffassung nicht anschließt, gibt es mindestens zwei Gründe, sich in Sachen Vermeidung von Unrecht nicht allzu sehr auf das Gewissen der Menschen zu verlassen.

*Erstens* ist es irrtumsanfällig, und zwar in beide Richtungen: Menschen liegen mit sich im Streit, obwohl das, was sie tun, völlig in Ordnung ist, und oft genug fügen sie anderen Unrecht zu, ohne dass sich ihr Gewissen überhaupt meldet. Unsere moralischen Überzeugungen sind mithin nicht unbedingt der Weisheit letzter Schluss und das lässt sich leicht erklären: Was Recht und was Unrecht ist, lernen wir in der Regel in unserer Kindheit, und zwar von «Lehrmeistern», die eben auch nur Menschen sind. So schleichen sich in das Gesetzbuch, an dem sich der innere Gerichtshof orientiert, schon früh Fehler ein. Ohne dass es uns bewusst wird, übernehmen wir die moralischen Fehlurteile unserer Eltern oder Erzieher – die, beispielsweise, meinten, man müsse für Masturbation ein schlechtes Gewissen haben, dürfe jedoch seine Kinder getrost zu Erziehungszwecken schlagen. Ob es also wirklich die Stimme der Vernunft ist, die ertönt, wenn sich unser Gewissen meldet, ist fraglich. Vielleicht, so der amerikanische Philosoph Richard Hare, ist das, was wir da vernehmen, ja auch nur «die Stimme unseres Kindermädchens».[76]

Doch selbst wenn wir das Glück hatten, eine einwandfreie moralische Erziehung zu genießen, und mit unserem Unrechtsbewusstsein alles in Ordnung ist, sollten wir *zweitens* den effektiven Einfluss des Gewissens auf das Handeln der Menschen nicht überschätzen. Zu wissen, was Recht und was Unrecht ist, heißt nämlich nicht, sich auch entsprechend zu verhalten. Denken wir etwa an das, was man neuerdings als Flugscham bezeichnet. Obwohl angesichts der drohenden Klimakatastrophe immer mehr Menschen erkannt haben, dass unser Mobilitätsverhalten nicht nur unklug, sondern auch moralisch kritikwürdig ist, hat das bisher offenbar nicht zu weniger Flugreisen geführt. Nach wie vor machen sich viele derjenigen, die es sich leisten können, auf den Weg in die Ferne, um «einfach mal auszuspannen» oder an anderen Orten Schuhe zu kaufen. Was sich geändert hat, ist lediglich, dass manche von ihnen jetzt mit schlechtem Gewissen im Flieger sitzen.

Ein schlechtes Gewissen zu haben, sorgt also nicht zwangsläufig dafür, dass wir zu besseren Menschen werden. Und wenn wir anderen erlauben, sich von ihren Selbstvorwürfen zu befreien, muss das noch lange nicht heißen, dass sie so weitermachen wie bisher. Es könnte sogar sein, dass es in Sachen Unrechtsvermeidung manchmal klüger ist, den Schuldigen eine zweite Chance zu lassen. «Ist der Ruf erst ruiniert, lebt sich's völlig ungeniert», sagt ein Sprichwort und macht darauf aufmerksam, wie riskant es sein kann, Menschen ein für alle Mal «abzuschreiben». Wer dazu beitragen will, dass jemand aus seinen Fehlern lernt, sollte ihm die Möglichkeit geben, seine Selbstachtung zurückzugewinnen und von vorn zu beginnen. Wenn Menschen diese Chance nicht bekommen, haben sie irgendwann vielleicht nichts mehr zu verlieren, sodass noch der letzte Rest Motivation schwindet, sich in Zukunft an die Regeln zu halten. Nicht nur zu viel Vergebungsbereitschaft, auch die Verweigerung von Vergebung kann auf Dauer dem Ziel entgegenwirken, weiteres Unrecht zu vermeiden.

Wenn wir über die Folgen des Verzeihens nachdenken, dürfen wir zudem nicht vergessen, dass Vergebung ein Akt der Entlastung und ein Geschenk ist. Mancher weiß das Vertrauen, das wir – trotz allem – in ihn gesetzt haben, zu schätzen und ist, gerade weil ihm verziehen wurde, zusätzlich bestrebt, es nicht zu enttäuschen. Ob die Hoffnung auf diesen «pädagogischen Effekt» ein guter Grund ist zu vergeben, mag man gleichwohl bezweifeln. Der amerikanische Philosoph Jeffrie Murphy hat darauf aufmerksam gemacht, dass es etwas Arrogantes hat, wenn wir anderen verzeihen, um sie zum Wohlverhalten zu motivieren: «Angenommen, Sie hätten jemandem Unrecht getan. Wie würden Sie es finden, wenn diese Person davon ausgehen würde, dass Sie nicht von sich aus imstande wären, sich zu bessern, sondern dazu ihre Hilfe in Form von Vergebung benötigten?»[77] Murphy hat meines Erachtens recht damit, dass diese Haltung etwas Herablassendes hat – als sei es unsere Aufgabe, diejenigen «umzuerziehen», die sich nicht so verhalten, wie es uns richtig erscheint. Dennoch ist es sicher zutreffend, dass die Erfahrung von Vergebung Menschen dabei helfen kann, sich zu verändern. Vergebungsbereitschaft trägt insofern möglicherweise mehr zur Vermeidung weiteren Unrechts bei als das schlechte Gewissen der Übeltäter.

Fassen wir zusammen: Manchmal ist es zu unserem eigenen Schutz ratsam, anderen die Selbstvorwürfe nicht zu ersparen. Wenn wir stillschweigend, zu oft oder zu bereitwillig verzeihen, hat das unter Umständen zur Folge, dass die Person, die uns Unrecht getan hat, so weitermacht wie bisher und den Respekt vor uns und unseren Rechten nach und nach verliert. Vorwürfe und Selbstvorwürfe können dazu beitragen, weiteres Unrecht zu vermeiden. Allerdings sollten wir ihre Wirkung nicht überschätzen und im Zweifelsfall bedenken, dass auch die Erfahrung von Vergebung jemanden dazu motivieren kann, sein Verhalten zu überdenken und zu verändern.

Wir haben nun zwei mögliche Einwände gegen das Verzeihen genauer betrachtet. Beide richten die Aufmerksamkeit vor allem auf das, was Vergebung mit Blick auf die Person bedeutet, der verziehen wird. Sie muss für das, was sie getan hat, nicht büßen und fühlt sich schlimmstenfalls in ihrem Fehlverhalten bestärkt. Aus der Perspektive der Gerechtigkeit sowie der Unrechtsprävention sind das Gründe, die gegen das Verzeihen sprechen. Doch wenn wir uns entscheiden, jemandem nicht zu verzeihen, hat das oft nicht nur mit dem anderen zu tun. Manchmal geht es dabei vor allem um uns selbst. Was damit gemeint ist, wird deutlich, wenn wir nun einen dritten und letzten Einwand gegen das Verzeihen betrachten.

# Selbstachtung

«Achte dich selbst,
und du wirst geachtet.
Sei eigenmächtig –
und niemand wird
Macht über dich haben.»[78]

*Luisa Francia, Starke Medizin*

Wie wir im letzten Kapitel gesehen haben, kann neben dem Wunsch nach Gerechtigkeit auch das Bedürfnis, sich selbst zu schützen und weiteres Unrecht zu verhindern, einen Grund dafür darstellen, jemandem nicht zu verzeihen. Doch oft sind Menschen auch dann nicht vergebungsbereit, wenn die Sorge, erneut verletzt zu werden, unbegründet ist. Die Studentin, die als Kind von ihrem Vater misshandelt wurde, weiß, dass sie keine Angst haben muss, dass er ihr oder anderen je wieder Gewalt antun wird. Er ist ein kranker Mann, der nur noch wenige Wochen zu leben hat. Seine Bitte um Verzeihung hat sie dennoch zurückgewiesen, obwohl auch ihre Mutter sie sehr gedrängt hat, ihm diesen letzten Wunsch zu erfüllen. Das hat weder mit Selbstschutz noch mit Gerechtigkeit zu tun – wenn es eine angemessene Buße gibt für das, was ihr Vater ihr angetan hat, ist es dafür jetzt ohnehin zu spät. Der Entschluss der jungen Frau, ihm niemals zu verzeihen, hat einen anderen Grund. Denn auch wenn er bald stirbt, wird sie weiterleben, und sie sagt, dass sie den Respekt vor sich selbst verlieren würde, wenn sie ihm erlaubt, sein Gewissen zu entlasten. «Wenn ich meiner Mutter *den* Gefallen tue», so hat sie es formuliert, «kann ich mich selbst nicht mehr im Spiegel anschauen.»

Damit sind wir bei einem dritten Einwand gegen das Verzeihen. Ich nenne ihn den Selbstachtungseinwand, denn er läuft auf die Behauptung hinaus, dass die Bereitschaft, erlittenes Unrecht zu verzeihen, mit der Achtung, die wir uns selbst schulden, nicht immer vereinbar ist. Unter bestimmten Umständen verlangt es demnach der Respekt vor uns selbst, hart zu bleiben und denen, die uns verletzt haben, nicht zu verzeihen.

Der Selbstachtungseinwand richtet die Aufmerksamkeit auf die Tatsache, dass es bei der Frage, ob wir jemandem verzeihen sollten, nicht nur um die andere Person und unsere moralische Beziehung zu ihr geht. Vergebung betrifft immer auch unser Verhältnis zu uns selbst. Der Lehrer, unter dessen brutaler Strenge mein alter Nachbar in seiner Schulzeit sehr zu leiden hatte, ist längst tot. Er bekommt nichts davon mit, dass sein ehemaliger Schüler ihm die Prügel von damals auch heute noch nachträgt. Dennoch kommt es für meinen Nachbarn nicht infrage, ihm zu verzeihen. Das hat, wie er sagt, vor allem mit ihm selbst zu tun, und «mit dem kleinen Jungen, der ich einmal war». Ähnlich ist es im Fall der Frau, die von ihren früheren Kollegen so gemobbt wurde, dass sie schwer krank geworden ist. Sie lebt seit Jahren mehrere hundert Kilometer entfernt von ihrer damaligen Arbeitsstelle und muss nicht fürchten, einem von ihnen jemals wieder zu begegnen. Doch sobald etwas an die alte Geschichte erinnert, ist der Groll wieder da und er ist nach wie vor sehr lebendig. Nie hat sie in all der Zeit ernsthaft in Erwägung gezogen, denen zu verzeihen, die ihr Leben einst zur Hölle gemacht haben, und ihre Begründung dafür ähnelt den Worten der Studentin: «Das wäre wie ein Verrat an mir selbst.»

Die Befürchtung, wir könnten unsere Selbstachtung riskieren, wenn wir jemandem verzeihen, spielt nicht nur bei besonders schwerwiegendem Unrecht eine Rolle. Manchmal reicht es aus, dass eine Person uns nicht zum ersten Mal belogen hat oder dass sie keinerlei Reue zeigt. Doch was bedeutet es eigentlich, sich selbst zu achten, und worin besteht gegebenenfalls der Konflikt zwischen Selbstachtung und Vergebungsbereitschaft? Wenden wir uns diesen beiden Fragen nacheinander zu.

Unter Selbstachtung versteht man im Allgemeinen eine Grundhaltung, die Menschen sich selbst gegenüber einnehmen. Beim Wort genommen meint der Begriff die Achtung, die wir uns selbst entgegenbringen, und zwar unabhängig davon, ob wir gerade Höchstleistungen vollbracht haben oder eher im Formtief sind. Selbstachtung wurzelt nicht in dem, was wir tun oder können. Sie richtet sich vielmehr auf das, was wir sind: Wesen mit Würde und Rechten, die eine Vorstellung von sich selbst und ihrem Leben haben. In seinem Buch *Instrumentalisierung und Würde* hat der Schweizer Philosoph Peter Schaber die Haltung der Selbstachtung als Achtung vor dem «Recht der Person, über wesentliche Bereiche des eigenen Lebens verfügen zu können»,[79] gekennzeichnet. Wer sich selbst achtet, lebt demnach in dem Bewusstsein, dass es sein Recht ist, in Grundfragen seines Lebens selbstbestimmt zu entscheiden. Dieses Recht kommt allen Menschen gleichermaßen zu, und auch wenn andere es verletzen oder widrige Umstände, wie beispielsweise eine Krankheit, uns daran hindern, von ihm Gebrauch zu machen, verlieren wir es nicht. Eine Person mit Selbstachtung weiß, dass sie den gleichen Anspruch auf Respekt, Rücksicht und Fürsorge hat wie jeder andere.

Selbstachtung gilt dabei gemeinhin als eine Grundbedingung des guten Lebens. Menschen, die den Respekt vor sich selbst verloren haben oder die früh daran gehindert wurden, überhaupt Selbstachtung zu entwickeln, haben es viel schwerer als andere, ihren eigenen Weg zu gehen und sich dem Willen und Urteil ihrer Mitmenschen nicht zu unterwerfen. Das, was an Sklaverei, an physischer oder psychischer Gewalt, an Diskriminierung oder schwerer Armut neben all den anderen Übeln, die damit einhergehen, so verwerflich ist, ist nicht zuletzt die Tatsache, dass sie die Selbstachtung der Betroffenen untergraben und ihre Chance auf ein menschenwürdiges Leben zerstören können. Das nimmt auch den Staat in die Pflicht. Der zu Beginn dieses Jahrhunderts verstorbene amerikanische Philosoph John Rawls hat in seiner berühmten *Theorie der Gerechtigkeit* deutlich gemacht, dass Selbstachtung zu denjenigen Dingen gehört, «die Bürger als freie und gleiche, ein ganzes Leben führende Personen benötigen».[80] Neben Rechten, Chancen und Einkommen sind auch die Bedingungen der Selbstachtung soziale Grundgüter. Daher muss jeder gerechte Staat dafür sorgen, dass seine Bürgerinnen und Bürger ein Leben in Selbstachtung führen können.

Dabei ist Selbstachtung etwas anderes als Selbstwertschätzung – also das, was wir alltagssprachlich Selbstbewusstsein nennen. Eine selbstbewusste Person zeichnet sich dadurch aus, dass sie etwas von sich hält, an ihre Fähigkeiten glaubt und auch dann zu sich steht, wenn sie scheitert. Selbstbewusstsein kann man trainieren, und Menschen können mehr oder weniger davon haben. Gelegentlich sagen wir von jemandem sogar, er oder sie sei *zu* selbstbewusst. Gemeint ist dann meist, dass die betreffende Person sich zu viel zutraut oder zu wenig selbstkritisch ist. Das kann ein Fehler sein und manchmal stört es uns an anderen, wenn sie sehr von sich eingenommen sind. Doch solange niemand dadurch zu Schaden kommt, ist sowohl der Mangel an Selbstbewusstsein als auch ein Zuviel eher ein Grund, jemanden zu bedauern oder sich über ihn zu ärgern, als dafür, ihm Vorwürfe zu machen. Uns selbst realistisch einzuschätzen und weder zu viel noch zu wenig von uns zu halten, mag ein Gebot der Klugheit sein. Ein *moralischer* Imperativ ist es wohl nicht.

Beides ist im Fall der Selbstachtung anders. *Erstens* ergibt es keinen Sinn, zu sagen, dass jemand *zu viel* Selbstachtung hat, denn, so formuliert es der israelische Philosoph Avishai Margalit, «im Gegensatz zur Selbstwertschätzung ist Selbstachtung jene

Anerkennung, die eine Person sich allein im Bewusstsein, dass sie ein Mensch ist, entgegenbringt».[81] So gesehen kann man es damit gar nicht übertreiben. Wer sich für «menschlicher» hält als andere, hat nicht zu viel Selbstachtung, sondern zu wenig Respekt vor seinen Mitmenschen. Doch auch wenn es ein Übermaß an Selbstachtung in diesem Sinne nicht gibt, können wir gleichwohl *zu wenig* davon haben und das zeigt sich häufig daran, dass jemand sich zu viel gefallen lässt. Wenn Menschen dulden, dass ihr Partner jeden Schritt, den sie tun, kontrolliert, oder wenn Eltern dabei zusehen, wie ihre erwachsenen Kinder über ihr Eigentum verfügen, als hätten sie schon jetzt einen Anspruch auf das zukünftige Erbe, möchte man manchmal fragen: «Warum lässt du das mit dir machen? Hast du denn gar keine Selbstachtung?» Und hier liegt ein zweiter Unterschied zwischen Selbstbewusstsein und Selbstachtung. Denn in dieser Frage zeigt sich in der Regel eine Form von moralischer Kritik. Das Bewusstsein unserer Rechte nimmt nämlich, wie der amerikanische Philosoph Thomas Hill klarstellt, nicht nur die anderen, sondern auch uns selbst in die Pflicht: «Man muss die eigenen moralischen Rechte respektieren; und darin besteht eine Form von Selbstachtung, die mit Unterwürfigkeit nicht vereinbar ist.»[82]

Dabei offenbart sich ein kritikwürdiger Mangel an Selbstachtung nicht nur daran, was jemand sich gefallen lässt, ohne sich zu wehren. Er wird oft auch an dem deutlich, was Menschen bereit sind zu tun, um zu bekommen, was ihr Herz begehrt. Ein anschauliches Beispiel dafür liefern beliebte Fernsehshows. Mancher kennt offenbar keine Grenzen, wenn es darum geht, Top Model, Superstar, Dschungelkönig oder einfach bekannt zu werden. Oft geht es dabei um sehr junge Leute, was das Ganze nicht besser macht. Im Gegenteil: Anstatt ihnen vorzuleben, wie man zu einer Person wird, die sich selbst achtet, sehen wir ihnen dabei zu, wie sie sich öffentlich «zum Affen machen». Auch am Arbeitsplatz gibt es solche Fälle: Da ist der Doktorand, der dem Professor nach dem Mund redet, weil er auf eine Assistenzstelle hofft, oder die Kollegin, die unbedingt befördert werden will und immer wieder bereitwillig Aufgaben übernimmt, für die sie weder wertgeschätzt noch bezahlt wird.

Der Einsatz, den Menschen zeigen, um von anderen anerkannt zu werden, kann beeindruckend sein. Doch wenn sich jemand – ohne Not – selbst herabsetzt, weil er seinen Partner nicht verlieren, seinen Job behalten, möglichst schnell möglichst viel Geld machen oder eine Professur bekommen will, schlägt die Bewunderung für seinen Ehrgeiz und seine Entschlossenheit gelegentlich in Mitleid oder sogar Verachtung um. «Das Bücken und Schmiegen vor einem Menschen scheint in jedem Fall eines Menschen unwürdig zu sein»[83], schreibt Immanuel Kant in der *Metaphysik der Sitten*. Wenn wir uns anderen, bildhaft gesprochen, zu Füßen werfen, lassen wir es an Achtung gegenüber uns selbst fehlen. Das macht es oft auch unseren Mitmenschen schwer, den Respekt vor uns nicht zu verlieren. Wer sich allzu klein macht, lässt seiner Umgebung – so könnte man bildhaft sagen – kaum eine andere Wahl, als auf ihn herabzublicken.

Wenden wir uns nun der zweiten Frage zu, die der Selbstachtungseinwand aufwirft: Worin besteht der Konflikt zwischen Vergebung und Selbstachtung und was verbirgt sich hinter der Behauptung, dass die Bereitschaft zu vergeben mit der Achtung vor uns selbst nicht unter allen Umständen vereinbar ist?

Einer, der diese Auffassung vertritt, ist der südafrikanische Philosoph David Novitz. Er ist der Ansicht, dass es falsch ist, grundsätzlich vergebungsbereit zu sein, weil «Menschen, die zu bereitwillig vergeben, einen Mangel an Selbstachtung offenbaren; sie unterschätzen ihren eigenen Wert und nehmen ihre Ansprüche nicht ernst genug».[84] Sein amerikanischer Kollege Jeffrie Murphy behauptet sogar, dass «eine zu bereitwillige Tendenz zu verzeihen zu Recht als ein *Laster* betrachtet werden kann, weil sie darauf hindeutet, dass jemandem der Respekt vor sich selbst fehlt».[85] Wer erlittenes Unrecht umstandslos verzeiht – etwa um die eigene Ehe zu retten, den Betriebsfrieden wiederherzustellen oder seine Seelenruhe zurückzugewinnen –, macht demnach einen ähnlichen Fehler wie die Person, die unter allen Umständen Dschungelkönig werden will: Er lässt es an Respekt gegenüber sich selbst vermissen. Doch warum sollte das so sein?

Eine erste, naheliegende Antwort auf diese Frage nimmt darauf Bezug, dass Vergebung eine Art Geschenk und insofern ein Akt der Freundlichkeit ist. Wer verzeiht, hört damit auf, dem anderen zu grollen, und begegnet ihm stattdessen mit Wohlwollen. Verzeihen heißt also per definitionem, anderen etwas Gutes zu tun, und zwar ausgerechnet denen, die es ihrerseits mit uns nicht gut gemeint haben, und die Spannung zwischen Vergebungsbereitschaft und Selbstachtung könnte damit zusammenhängen. Es ist mindestens irritierend, wenn zwischen dem, was eine Person gibt, und dem, was ihr durch andere widerfährt, ein deutliches Missverhältnis besteht. Mitzuerleben, wie jemand sich beispielsweise betont zugewandt gegenüber Menschen verhält, die ihn ignorieren, ruft mitunter ein Gefühl der sogenannten Fremdscham in uns hervor: Dass die Kollegin dem Hausmeister zu jedem Geburtstag eine Torte backt, obwohl der sich nicht einmal ihren Namen merkt, ist irgendwie peinlich. Allerdings geht es in Fällen wie diesen, wenn überhaupt, wohl eher um einen Mangel an Selbstbewusstsein und nicht schon um fehlende Selbstachtung. Es wirkt so, als würde die Kollegin zu wenig von sich halten und sich gleichsam «unter Wert verkaufen». Mit Selbstachtung ist jedoch, wie wir gesehen haben, noch etwas anderes gemeint, und tatsächlich erlaubt es der Respekt vor uns selbst durchaus, Menschen unverdiente Geschenke zu machen – auch wenn es dabei um Personen geht, die uns Unrecht getan haben.

Am Fall der Studentin aus dem Eingangsbeispiel lässt sich das gut veranschaulichen: Nehmen wir an, der Vater hätte sie bei ihrer Begegnung am Krankenbett nicht um Verzeihung gebeten, sondern um etwas anderes – etwa ein Glas Wasser, Unterstützung bei der Organisation seiner Beerdigung oder einfach darum, ihm zuzuhören. Vielleicht hätte sie ihm auch das verweigert und möglicherweise aus gutem Grund. Doch zu sagen, dass sie ihm nichts zu trinken gegeben hat, weil sie sich andernfalls nicht mehr hätte im Spiegel ansehen können, klingt seltsam. Der Verweis auf die eigene Selbstachtung ist eine überzeugende Begründung für die Weigerung, dem Mann, der sie misshandelt hat, zu *vergeben*. Doch wenn es nur darum geht, ihm ein Getränk zu reichen, wirkt diese Begründung überzogen.

Ich habe oben behauptet, dass wir es mit dem Respekt vor uns selbst nicht übertreiben können. Niemand hat davon zu viel. Doch es gibt in diesem Zusammenhang eine andere Form der Übertreibung. Sie zeigt sich daran, wodurch jemand seine Selbstachtung bedroht sieht und was der Respekt vor ihm, aus seiner Sicht, verlangt. Manche Menschen fühlen sich bereits in ihrer Würde verletzt, wenn man sie mehrfach unterbricht oder aus Unachtsamkeit nicht grüßt. Das deutet auf eine Überempfindlichkeit in Sachen Selbstachtung hin und etwas Ähnliches gilt meines Erachtens, wenn jemand meint, sein Respekt vor sich selbst verbiete es ihm grundsätzlich, einer Person, die ihm Unrecht getan hat, einen Gefallen zu tun. Der Konflikt zwischen Vergebung und Selbstachtung, den der Selbstachtungseinwand thematisiert, ergibt sich, mit anderen Worten, nicht schon daraus, dass Verzeihen ein Akt der Freundlichkeit ist. Er hängt vielmehr mit dem Vorgang der Vergebung selbst zusammen. Es geht um das, was wir tun, wenn wir jemandem verzeihen, und um das, was wir in dem Fall unterlassen. Sehen wir uns etwas genauer an, was damit gemeint ist.

Eine Person, die sich selbst respektiert, (aner)kennt ihren moralischen Status. Sie weiß, dass sie ebenso viel zählt wie jede und jeder andere und denselben Anspruch darauf hat, nicht gemobbt oder geschlagen, nicht belogen oder hintergangen zu werden. Wenn Menschen anderen Unrecht tun, stellen sie jedoch genau das infrage: Sie behandeln ihr Gegenüber, als hätte es bestimmte Rechte nicht – Rechte, die sie für sich selbst gleichwohl beanspruchen. So haben Menschen, die ihre Partner betrügen, in der Regel durchaus etwas dagegen einzuwenden, wenn die sich auf dieselbe Weise revanchieren, und der Pfleger, der die alte Dame schlägt, weil sie es nicht rechtzeitig zur Toilette geschafft hat, wäre ganz sicher empört, wenn jemand mit ihm so umginge oder mit seiner Mutter. Wer die Rechte einer anderen Person schuldhaft verletzt, lässt es, mit anderen Worten, ihr gegenüber an jenem Respekt vermissen, den er für sich selbst einfordert und den alle Menschen allein aufgrund ihres Menschseins gleichermaßen verdienen.

Und hier liegt, dem Selbstachtungseinwand zufolge, ein erster Grund für die Spannung zwischen dem Respekt vor uns selbst und der Bereitschaft zu vergeben, denn: Schuldhaftes Unrecht – so der Gedanke – ist immer auch eine Form der Herabsetzung, und zwar insofern, als die handelnde Person den Anspruch des anderen auf gleiche Achtung bewusst oder unbewusst negiert. Die australische Philosophin Jennifer Wolfendale formuliert das so: «Es ist nicht nur der Akt des Fehlverhaltens, der schmerzt; es ist die Haltung des Übeltäters, die uns trifft. In den meisten Fällen von Unrecht ist dieselbe Mitteilung enthalten; der andere gibt uns zu verstehen, dass wir weniger wert sind als er: dass wir nur ein Objekt sind.»[86]

Wenn wir an die Studentin denken, die als Kind von ihrem Vater misshandelt wurde, an die Frau, deren Kollegen sie gemobbt haben, oder an den prügelnden Lehrer meines Nachbarn, klingt diese Beschreibung treffend. Es gibt Formen von Unrecht, bei denen eine Person geradezu demonstrativ herabgesetzt wird. Es ist, als spräche der andere ihr jeden Wert ab. Frauen, die von ihren Partnern geschlagen wurden, berichten davon, dass die Angst und die Schmerzen nicht so schlimm waren wie das Gefühl der Demütigung, das sich noch verstärkt, wenn es Zeugen gibt und beispielsweise die eigenen Kinder die Misshandlung der Mutter miterleben.

Menschen, die schweres Unrecht erlitten haben, behalten das oft für sich und vertrauen sich niemandem an. Das gilt insbesondere in Fällen von körperlicher oder sexueller Gewalt, aber es beschränkt sich nicht darauf. Das Schweigen der Opfer hat viel mit Angst zu tun, und auch das Gefühl von Scham spielt oft eine wichtige Rolle. Es ist, als machten die Leidtragenden sich den entwertenden Blick des Täters zu eigen und wollten durch ihr Schweigen verhindern, dass auch andere sie mit diesen Augen sehen. Für Außenstehende ist das oft kaum nachvollziehbar, aber es hat zweifellos etwas damit zu tun, dass die Verletzung unserer Rechte mit der Botschaft einhergeht, dass wir nicht zählen – oder jedenfalls nicht genug. Menschen, die Unrecht erleiden, haben dem manchmal nichts entgegenzusetzen.

Ob diese Beschreibung generell angemessen ist, wenn jemandes Rechte schuldhaft verletzt werden, ist meines Erachtens allerdings fraglich. Die Behauptung, jedes Unrecht stelle eine Form der Herabsetzung dar, die den Betroffenen mitteilt, sie würden nicht zählen, wirkt mit Blick auf viele der Beispiele, die in diesem Buch bisher zur Sprache kamen, unpassend. Wenn eine Person einen schweren Unfall verursacht und Fahrerflucht begeht, wenn jemand seine hochbetagten Eltern um ihr Vermögen bringt oder einen Freund an die Stasi verrät, bedeutet das nicht, dass er den Betroffenen jeden Wert abspricht und sie wie bloße Objekte betrachtet. Es ist nicht einmal gesagt, dass er ihnen ausdrücklich schaden will. Wenn Menschen so etwas tun, haben sie vielmehr in der Regel einzig und allein ihre eigenen Interessen im Blick.

Der Autofahrer war vielleicht betrunken und hatte Angst um seinen Führerschein; der Sohn ist gegebenenfalls hoch verschuldet und will das verheimlichen, und der untreue Freund konnte möglicherweise der Versuchung nicht widerstehen, sich durch die Bespitzelung einen besseren Job zu verschaffen.

Aus der Perspektive des Selbstachtungseinwands betrachtet ist das jedoch nicht unbedingt entscheidend. Denn wenn jemand nur oder jedenfalls vorrangig an sich selbst denkt, bedeutet das ja gerade, den anderen nicht als das wahrzunehmen, was er ist: eine Person, die dieselben Rechte hat wie er und den gleichen Anspruch darauf, dass diese Rechte nicht verletzt werden. Zwar kann es für die Frage, ob wir jemandem verzeihen sollten oder nicht, ausschlaggebend sein, mit welcher Absicht die betreffende Person gehandelt hat – und tatsächlich gelten Verbrechen, die ausdrücklich dem Zweck dienen, andere Menschen zu erniedrigen, vielen Philosophinnen und Philosophen als Paradebeispiele für das, was man unverzeihliches Unrecht nennt. Doch das heißt nicht, dass Handlungen, bei denen diese Absicht fehlt, nicht gleichwohl ein Ausdruck von Missachtung sind. Der Immobilienbesitzer, der über Jahre hinweg erhöhte Nebenkosten in Rechnung gestellt hat, will seinen Mietern persönlich nichts Böses. Doch das ändert nichts daran, dass sein Verhalten sie effektiv herabsetzt, und das – so der Gedanke – gilt im Grunde immer, wenn jemand einer anderen Person schuldhaft Unrecht tut.

Menschen, die sich selbst achten, reagieren darauf üblicherweise mit Groll und Empörung und oft auch mit dem Wunsch nach Vergeltung. Sie sind enttäuscht und wütend und stellen den Übeltäter zur Rede. Wir haben oben bereits gesehen, dass viele Philosophinnen und Philosophen diese Verhaltensweisen als eine Art Antwort auf die «Botschaft des Unrechts» verstehen: Indem ich meiner Kollegin spürbar übel nehme, dass sie hinter meinem Rücken Lügen über mich verbreitet hat, protestiere ich gegen ihre

Respektlosigkeit und die Verletzung meiner Rechte. Bisher sah es so aus, als ginge es dabei vor allem darum, *dem anderen* deutlich zu machen, dass er zu weit gegangen ist: Indem ich der Kollegin mein Wohlwollen entziehe und ihr ein schlechtes Gewissen mache, markiere ich meine Grenzen und sorge dafür, dass sie sie in Zukunft respektiert. Im Lichte des Selbstachtungseinwands verschiebt sich dieser Fokus. Es geht, so der Gedanke, auch – und manchmal vor allem – um uns selbst, wenn wir innerlich wie äußerlich auf Distanz zu denen gehen, die uns Unrecht getan haben.

Denn im Bewusstsein unserer Rechte zu leben, heißt nicht nur, diese Rechte zu kennen. Es bedeutet darüber hinaus, uns selbst als deren Träger zu achten, und dazu gehört, dass wir unsere Ansprüche, bildhaft gesprochen, hochhalten, wenn andere sie ignorieren. Nicht wie ein Stoppschild, das unser Gegenüber an seine Grenzen erinnert. Eher wie eine Art Banner, das unsere Position markiert, unseren Status deklariert und uns selbst im Bewusstsein hält, wer wir sind und dass wir zählen. Die Reaktionen, die Menschen üblicherweise zeigen, wenn jemand ihre Rechte missachtet, sind insofern, wie es Jessica Wolfendale formuliert, als «Versuche zu verstehen, den geringeren Wert, den der Übeltäter uns implizit (und manchmal auch explizit) zuschreibt, vehement zurückzuweisen».[87] Es ist demnach Ausdruck meiner Achtung vor mir selbst, der Kollegin ihr Verhalten zu verübeln und sie als jemanden zu betrachten, der in meiner Schuld steht. Auf diese Weise gebe ich nicht nur ihr, sondern auch mir selbst zu verstehen, dass sie kein Recht hatte, hinter meinem Rücken Lügen über mich zu verbreiten.

Die Überlegung hinter dem Selbstachtungseinwand besagt also *erstens*, dass schuldhaftes Unrecht eine Form der Herabsetzung ist: Wer unsere Rechte verletzt, stellt – bewusst oder unbewusst – unseren moralischen Status infrage. Der Einwand geht zudem *zweitens* davon aus, dass die Achtung vor uns selbst es verlangt, darauf in einer Weise zu reagieren, die diese Botschaft klar zurückweist. Denn wer sich selbst achtet, lebt in dem Bewusstsein, dass er Rechte hat und ebenso viel zählt wie jeder andere.

Um ausgehend von diesen Prämissen zu dem Schluss zu kommen, dass wir nicht zu bereitwillig verzeihen sollten, ist jedoch noch eine zusätzliche Annahme erforderlich und dabei handelt es sich um die folgende These: Wenn wir Menschen, die uns Unrecht getan haben, ohne Weiteres verzeihen, verhalten wir uns so, *als pflichteten wir ihrem Urteil bei, dass wir weniger wert sind als sie*. Wer einem Freund, der ihn hintergangen hat, bereitwillig erlaubt, sich das nicht mehr zum Vorwurf zu machen, setzt, so der Gedanke, dem Verrat und damit der Verletzung seiner Rechte nichts entgegen und stimmt dadurch indirekt der Botschaft des Unrechts zu.

Und hier liegt nun die eigentliche Wurzel des Konflikts zwischen Selbstachtung und Vergebungsbereitschaft, denn der Respekt vor uns selbst verbietet es, uns der eigenen Herabsetzung anzuschließen. Die beiden britischen Philosophen Eve Garrard und David McNaughton bringen diesen Gedankengang folgendermaßen auf den Punkt: «Jedes Unrecht zeugt von der Weigerung, den Status des anderen als einer Person anzuerkennen, die mit Respekt behandelt werden sollte. Und wer bereit ist, denen zu vergeben, die ihm diesen grundlegenden Respekt verweigert haben, handelt in heimlichem Einverständnis mit ihrer geringen Einschätzung seines Status.» Eine Person, die bedingungslos verzeiht, ist demnach nicht «großzügig oder besonders tolerant. Sie verhält sich vielmehr unterwürfig gegenüber jemandem, der sie effektiv verachtet, und darin zeigt sich ein so unschönes wie ungerechtfertigtes Versagen der Selbstachtung.»[88]

Der Selbstachtungseinwand läuft also auf die Behauptung hinaus, wir würden uns zu Komplizen unserer eigenen Geringschätzung machen, wenn wir bereitwillig verzeihen. Das passt gut zur Aussage der Studentin, dass sie sich selbst nicht mehr im Spiegel ansehen kann, wenn sie ihrem sterbenden Vater verzeiht, der sie als Kind misshandelt hat. Denn wer in einen Spiegel blickt, begegnet sich auf Augenhöhe, und das ist nicht mehr möglich, nachdem wir uns selbst herabgesetzt haben. Mit ein bisschen Phantasie könnte man aber auch noch etwas anderes in die Metapher vom Spiegelbild hineinlesen: Wer dem Menschen, der ihn erniedrigt hat, verzeiht – nur weil der in letzter Minute doch noch um Vergebung bittet –, wird, wenn er in den Spiegel sieht, jemanden erblicken, der mit seinem Bild von sich selbst als einer Person, die sich achtet, keine Ähnlichkeit mehr hat.

Bleibt die Frage, was von diesem Einwand zu halten ist. Riskieren wir tatsächlich unsere Selbstachtung, wenn wir Menschen, die uns Unrecht getan haben, bereitwillig verzeihen? Und wenn ja: Wäre das so schlimm? Oder ist der innere und oft auch äußere Friede, den wir dadurch gewinnen können, den Preis vielleicht wert? Gehen wir diesen Fragen zum Abschluss kurz nach.

Auf den ersten Blick könnte man meinen, dass hier eine Art Missverständnis vorliegt. Es sieht so aus, als spräche der Selbstachtungseinwand eher gegen eine Haltung der Nachsicht als gegen die Bereitschaft, erlittenes Unrecht zu verzeihen. Dass beides nicht dasselbe ist, ist oben bereits deutlich geworden: Anders als eine Person, die verzeiht, sieht, wer Nachsicht übt, über die Verletzung seiner Rechte schlicht hinweg. Die Botschaft des Unrechts geht an ihm vorbei, weil er sie bewusst ignoriert. Wenn es um moralische Bagatelldelikte geht oder wenn andere Menschen Dinge tun, die man sich auch selbst schon hat zuschulden kommen lassen, kann das eine kluge Haltung sein. Manchmal empfiehlt es sich, ein Auge zuzudrücken. Es entspannt die Situation, wenn wir sie nicht über Gebühr moralisieren. Doch Nachsicht braucht Grenzen. Wer auf Dauer die Augen bewusst davor verschließt, dass seine Kollegen ihn mobben oder seine vermeintlichen Freunde ihn finanziell ausbeuten, der muss sich wohl irgendwann tatsächlich den Vorwurf machen, den der Selbstachtungseinwand formuliert: Indem er die Verletzung seiner Rechte ausblendet und sich so verhält, als hätte er nichts dagegen einzuwenden wie die anderen ihn behandeln, lässt er es an Respekt gegenüber sich selbst vermissen.

Wenn wir uns hingegen entschließen jemandem zu verzeihen, nehmen wir sehr wohl zur Kenntnis, dass uns Unrecht geschehen ist. Wer verzeiht, erklärt sich nicht insgeheim damit einverstanden, dass er belogen oder hintergangen wurde, und er erteilt dem anderen auch nicht nachträglich noch eine Art Ausnahmegenehmigung für die Missachtung seiner Rechte. Stattdessen entschließt er sich, der Person, die ihn verletzt hat, ihr Verhalten nicht länger zu verübeln und sie von der Pflicht zu entbinden, sich dafür Vorwürfe zu machen. Dazu sind Menschen nur imstande, weil sie über etwas verfügen, das ich als normative Autorität bezeichnet habe: Es ist die Fähigkeit, bewusst Einfluss darauf zu nehmen, was wir einander schulden und voneinander erwarten dürfen. Von dieser Möglichkeit machen wir Gebrauch, wenn wir verzeihen. Im Bewusstsein unserer Rechte und der daraus resultierenden Pflichten des anderen sorgen wir dafür, dass jemand, der in unserer Schuld steht, wieder mit sich ins Reine kommen darf.

Nach einem Mangel an Selbstachtung klingt das nicht, eher im Gegenteil: Vergebung setzt geradezu voraus, dass wir uns unserer Rechte bewusst sind und um unseren moralischen Status wissen. Die Bereitschaft zu verzeihen kann sogar die eigene Selbstachtung befördern: Menschen, die teils schwerstes Unrecht verziehen haben, berichten, dass diese Entscheidung es ihnen ermöglicht hat, beim Blick in den Spiegel nicht länger das missachtete und verletzte Unrechtsopfer zu sehen, sondern eine Person, die sich selbst respektiert und im Bewusstsein ihrer Rechte lebt. Der Entschluss zu verzeihen kann so dazu beitragen, dass Menschen ihre Selbstachtung zurückgewinnen.

Doch damit ist der Einwand nicht vom Tisch, denn der richtet sich, wie deutlich geworden ist, nicht schlechthin gegen das Verzeihen. Es ist, so die These, allein die *bedingungslose* Bereitschaft zu vergeben bzw. die Tatsache, dass jemand *allzu bereitwillig* verzeiht, die einen Mangel an Selbstachtung zum Ausdruck bringt. David Novitz, den ich eingangs als einen Vertreter dieser Position zitiert habe, macht nicht als einziger deutlich, dass Vergebungsbereitschaft zu Recht als Tugend gilt – allerdings mit einer entscheidenden Einschränkung: «Wenn Vergebung eine Tugend ist, dann scheint sie allein darin zu bestehen, unter angemessenen Bedingungen vergebungsbereit zu sein.»[89]

Doch was sind angemessene Bedingungen, um beispielsweise der eigenen Mutter zu verzeihen, dass sie die Familie über Nacht verlassen und sich erst Jahre später wieder bei ihren Kindern gemeldet hat? Und was ist mit dem Ehepaar, das in der DDR für seinen Fluchtversuch sechs Monate inhaftiert wurde und sich nach der Ausweisung gemeinsam entschließt, denen, die daran beteiligt waren, zu verzeihen: «Wir waren so erleichtert, wieder ein Leben zu haben, dass wir schnellstmöglich die Gefängniserfahrung hinter uns lassen wollten. Um mit unserem neuen Leben im Westen anfangen zu können, mussten wir aber das Unrecht, das uns widerfahren ist, abhaken. Verzeihen und daraus lernen, um unserer selbst willen.»[90] Sind in einem solchen Fall die Bedingungen der Selbstachtung erfüllt und woran ließe sich das gegebenenfalls festmachen?

Wie wir gesehen haben, hat der Konflikt zwischen Vergebung und Selbstachtung etwas mit der herabsetzenden Botschaft des Unrechts zu tun. Könnte es also sein, dass wir aus Respekt vor uns selbst mit dem Verzeihen warten sollten, bis diese Botschaft nicht mehr im Raum steht? Was damit gemeint ist, lässt sich am besten an einem Beispiel veranschaulichen.

In dem preisgekrönten Dokumentarfilm *Beyond Punishment* (Jenseits von Strafe) berichtet der deutsche Regisseur und Filmemacher Hubertus Siegert von einem Projekt in den USA, das Menschen, die eine lange Haftstrafe verbüßen, mit Opfern von Verbrechen zusammenbringt. Zu den Teilnehmerinnen gehören auch Leola und ihre Tochter Lisa, die erst neun war, als ihr damals sechzehnjähriger Bruder Darryl zehn Jahre zuvor im Streit um eine Nichtigkeit von einem anderen Jugendlichen erschossen wurde. Der mutmaßliche Täter wurde zu vierzig Jahren Gefängnis verurteilt. Er bestreitet die Tat und verweigert bis heute jeden Kontakt zur Familie des Opfers. Doch die Begegnung mit anderen Häftlingen und mit Menschen, die wie sie schweres Unrecht erlitten haben, beschäftigt die junge Frau. Sie fragt sich, ob sie dem Mann vergeben soll, der ihr den Bruder genommen und das Leben ihrer Familie zerstört hat. Und sie schildert ihren inneren Kampf: «So ist das, wenn man Opfer und Überlebender ist – ein ständiger Widerspruch. Mal ist man ein Opfer, mal ein Überlebender. Mal kann man ihn verstehen, dann wieder hasst man ihn. Mal will man vergeben, mal auf gar keinen Fall. Ständig ringt man mit dem Versuch zu verstehen.»[91]

Die Neunzehnjährige hält diese Zerrissenheit fast nicht aus. Immer wieder macht sie unter Tränen deutlich, warum sie niemanden hassen will: «Man betet, dass man vergeben kann, nachdem man verletzt wurde, da man sonst eine solche Last mit sich herumtragen muss. Also will man dieser Person ganz dringend vergeben. Man will es von ganzem Herzen. Aber gleichzeitig ist es als kämpfe man gegen sich selbst.» Dass Lisa nicht das einzige und auch nicht das primäre Opfer des Verbrechens ist, verschärft diesen Konflikt noch. Sie kann dem Täter, wenn überhaupt, nur das verzeihen, was er *ihr* angetan hat, doch dabei geht es um dieselbe Tat, die ihren Bruder das Leben gekostet hat. Der Selbstachtungseinwand problematisiert, dass wir der Botschaft des Unrechts unter Umständen beipflichten, wenn wir den Schuldigen verzeihen, und in den Worten der jungen Frau wird deutlich, dass sie sich genau davor fürchtet: «Denn wenn ich ihm vergebe, heißt das dann, ich liebe meinen Bruder nicht mehr? Einfach loslassen. Von wegen: ‹Ach, er ist tot, du hast der Person vergeben und lebst einfach weiter.› Aber heißt zu vergeben nicht, dass es okay war, meinen Bruder zu töten? Ist das nicht, was Vergebung bedeutet?»

Ich habe oben gesagt, Vergebung bedeute nicht, sich mit dem Fehlverhalten des anderen einverstanden zu erklären, doch angesichts der Situation, in der die junge Frau sich befindet, scheint dieser Hinweis belanglos. Man versteht sofort, warum sie meint, dem Unrecht beizupflichten, das ihrer Familie geschehen ist, sobald sie dem Menschen verzeiht, der dafür verantwortlich ist. Im Film entsteht der Eindruck, dass das vor allem mit dem fehlenden Schuldeingeständnis des Verurteilten zu tun hat. Es scheint, als warteten Mutter und Tochter vor allem darauf, dass er die Verantwortung für das Geschehene übernimmt und sich von seiner Tat distanziert. Denn solange er das nicht tut, steht die Botschaft des Unrechts unverändert im Raum: Niemand hat deutlich gemacht, wie sehr er bereut, was er getan hat. Niemand hat ihre Rechte und die Rechte ihres Sohnes und Bruders hochgehalten, indem er seine Schuld eingestanden hat. Niemand kann nicht schlafen, weil er sich solche Vorwürfe macht für das, was er getan hat. Unter diesen Bedingungen ist es mehr als nur nachvollziehbar, dass die junge Frau sich davor fürchtet, zu verzeihen und so mit der Liebe zu ihrem Bruder auch sich selbst zu verraten.

Am Beispiel von Lisa und ihrer Familie wird der Konflikt zwischen Vergebung und Selbstachtung überdeutlich. Doch das Problem, mit dem die junge Frau zu kämpfen hat, kann uns auch dann belasten, wenn es um weit weniger schwerwiegendes Unrecht geht. Auch ein Seitensprung, eine Lüge oder der Verrat eines Freundes hinterlassen gegebenenfalls schmerzhafte Wunden. Wenn wir von Menschen verletzt wurden, denen wir weiterhin begegnen, wünschen wir uns vielleicht, wir könnten den Groll endlich überwinden, dem anderen verzeihen und die Geschichte hinter uns lassen. Doch solange die betreffende Person sich zu ihrer Schuld nicht bekennt, solange sie so tut, als sei nichts geschehen, oder gar so weitermacht wie bisher, kommt es uns vor, als würden wir uns selbst in den Rücken fallen, wenn wir um des lieben Friedens willen Entgegenkommen zeigen und ihr vergeben.

Viele Philosophinnen und Philosophen haben aus diesem Grund die Auffassung vertreten, dass die Bereitschaft zu vergeben nur dann mit der Achtung vor uns selbst vereinbar ist, wenn der andere sich von dem, was er getan hat, klar distanziert. Er muss zu seiner Schuld stehen und sich zu unseren Rechten bekennen, indem er seine Tat bereut, den entstandenen Schaden beseitigt und sein Verhalten ändert. Verzeihen braucht Zeit, wie es oft heißt, und das hat demnach nicht nur etwas damit zu tun, dass das Gefühl des Grolls nicht von heute auf morgen versiegt, sondern auch damit, dass es aus Gründen der Selbstachtung ratsam ist abzuwarten, wie sich unser Gegenüber in Zukunft verhält.

Bereut meine Kollegin wirklich, alle anderen mit ihren Lügen gegen mich aufgebracht zu haben, oder ist sie nur deswegen so zerknirscht, weil ich sauer auf sie bin und nicht mehr so nett und hilfsbereit wie sonst? Hat sie tatsächlich eingesehen, wie niederträchtig sie sich verhalten hat, oder sind ihre Beteuerungen, wie leid ihr das alles tut, nur Lippenbekenntnisse, um die Lage zu entspannen? All das wird sich, wenn überhaupt, erst mit der Zeit herausstellen, und es scheint gute Gründe zu geben, bis dahin in Sachen Verzeihen zurückhaltend zu sein. Bevor wir jemandem erlauben, sein schlechtes Gewissen zu überwinden, sollten wir, mit anderen Worten, sicher sein, dass er überhaupt ein schlechtes Gewissen hat.

Manchmal warten wir allerdings vergeblich auf die entsprechenden Anzeichen, und oft können wir gar nicht in Erfahrung bringen, ob die Person, die uns Unrecht getan hat, sich dafür schuldig fühlt. Das gilt für den prügelnden Lehrer meines Nachbarn, der lange tot ist, ebenso wie für den Vater der Studentin, der erst auf dem Sterbebett mit sich selbst ins Gericht geht und sie um Verzeihung bittet. Man kann verstehen, dass Menschen unter solchen Umständen aus Respekt vor sich selbst nicht vergebungsbereit sind. Doch wie das Beispiel von Lisa und ihrer Familie zeigt, kann die ungebrochene Solidarität mit uns selbst auch sehr belastend sein. Wer meint, er dürfe erst verzeihen, wenn der andere geläutert ist, wird möglicherweise ein Leben lang an seinem Groll festhalten und die Vergangenheit nie wirklich hinter sich lassen können.

Wenn das der Preis der Selbstachtung ist, dann ist er, jedenfalls in manchen Fällen, sehr hoch. Und mehr noch: Wer die Reue des Täters als eine notwendige Bedingung für die Angemessenheit von Vergebung betrachtet, der legt die Entscheidung darüber, ob und wann es seine Selbstachtung erlaubt, zu einer Haltung des Wohlwollens zurückzukehren, in die Hände einer anderen Person, und zwar ausgerechnet derjenigen Person, die ihm Unrecht getan hat. Auch das gilt es zu bedenken, wenn wir meinen, es dem Respekt vor uns selbst schuldig zu sein, jemandem nicht zu verzeihen.

Fassen wir zusammen: Erlittenes Unrecht zu verzeihen kann ein Ausdruck von Stärke sein und ist mit der Achtung vor uns selbst durchaus vereinbar. Das gilt jedoch nur, solange wir Menschen, die unsere Rechte bedenkenlos oder wiederholt verletzen, nicht ohne Weiteres die Erlaubnis geben, sich dafür keine Vorwürfe zu machen.

In den letzten Kapiteln haben wir drei Einwände betrachtet, die aus jeweils unterschiedlicher Perspektive ein kritisches Licht auf die menschliche Vergebungsbereitschaft werfen. Dabei ist deutlich geworden, warum die Sorge um Gerechtigkeit, das Bemühen um die Verhinderung weiteren Unrechts und der Respekt vor uns selbst es aus moralischer Sicht mitunter ratsam erscheinen lassen, nicht allzu bereitwillig zu verzeihen. Dennoch sind Menschen immer wieder dazu bereit, anderen eine zweite Chance zu geben und denen zu vergeben, die sie schuldhaft verletzt haben. Wie wir nun sehen werden, gibt es dafür gute Gründe.

# Um Verzeihung bitten

> «It's sad, so sad, it's a sad, sad situation
> And it's getting more and more absurd.
> It's so sad, so sad, why can't we talk it over?
> Oh, it seems to me
> That sorry seems to be the hardest word.»[92]
>
> *Elton John, Sorry Seems To Be The Hardest Word*

Die meisten Philosophinnen und Philosophen vertreten die Ansicht, dass es nur unter bestimmten Bedingungen angemessen ist, vergebungsbereit zu sein, und diese Auffassung ist auch im Alltag weit verbreitet. Wer anderen Unrecht getan hat, muss sich seine zweite Chance in der Regel erst «verdienen» und einer Leistung kommt dabei besondere Bedeutung zu: der Bitte um Verzeihung.

Tatsächlich spielt die Bitte um Verzeihung in unserem Umgang mit Unrecht eine entscheidende Rolle. Oft warten Menschen lange darauf, dass eine ganz bestimmte Person diese Bitte an sie richtet, und manchmal ist es der letzte Wunsch eines Sterbenden, jemanden noch um Verzeihung zu bitten, bevor es dafür zu spät ist. Doch was macht diesen Vorgang eigentlich so bedeutsam und wie kommt es, dass die entsprechende Geste in vielen Fällen schon ausreicht, um Menschen dazu zu bewegen, selbst schwerstes Unrecht zu verzeihen? Was verändert sich, wenn jemand um Verzeihung bittet, und was heißt das mit Blick auf die Frage, ob es angemessen ist, seinen Wunsch zu erfüllen und ihm tatsächlich zu vergeben? Um diese Fragen beantworten zu können, müssen wir zunächst klären, was eine echte Bitte um Verzeihung beinhaltet.

Die Bitte um Verzeihung ist, salopp gesagt, eine geläufige Textsorte. In unzähligen Gedichten, Romanen, Popsongs, Opernarien und Filmen taucht die klassische Wendung auf: «Verzeih mir!» Doch auch im wirklichen Leben ist diese Geste verbreitet und sie begegnet uns insbesondere in persönlichen Beziehungen: Unter Freunden, innerhalb der Familie, zwischen Partnern und nicht zuletzt am Arbeitsplatz kommt es häufiger vor, dass jemand für etwas, das er gesagt, getan oder unterlassen hat, um Verzeihung bittet. Das «‹Entschuldigungs›-Ritual»[93], wie es der schottische Philosoph Christopher Bennett genannt hat, nimmt jedoch auch auf gesellschaftlicher Ebene einen bemerkenswerten Raum ein. Regelmäßig wenden sich Menschen, die beispielsweise politische Ämter innehaben oder die aus anderen Gründen besondere Verantwortung tragen, an die Öffentlichkeit, um für eigenes Fehlverhalten oder die Vergehen anderer um Verzeihung zu bitten. Dabei geht es um ganz unterschiedliche Verfehlungen.

So hat der amtierende Papst Franziskus vor gar nicht langer Zeit in einem «Schreiben an das Volk Gottes»[94] Vergebung für den Missbrauch in der katholischen Kirche erbeten. Ähnliche Worte wählte der deutsche Bundespräsident Frank-Walter Steinmeier, als er jüngst anlässlich eines Besuchs in Polen um Vergebung bat für den Überfall der Wehrmacht auf die Kleinstadt Wieluń, mit dem der Zweite Weltkrieg begann. Auch der ehemalige Vorstandsvorsitzende von VW, Matthias Müller, hat im Zusammenhang des sogenannten «Diesel-Skandals» in seinem Unternehmen um Entschuldigung gebeten «für das, was bei Volkswagen falsch gelaufen ist»[95], und Clemens Tönnies, Unternehmer und Aufsichtsrat des Fußballvereins Schalke 04, trat nach Bekanntwerden seiner verächtlichen Worte über Afrikaner vor die Presse und wünschte sich, man möge ihm die «unüberlegte und gedankenlose»[96] Äußerung verzeihen.

Wenn Menschen solche Sätze sagen, bedeutet das allerdings

nicht immer schon, dass sie im eigentlichen Sinne um Verzeihung bitten. Oft handelt es sich um reine Lippenbekenntnisse, die das Ritual nur nachahmen und es sozusagen zweckentfremden. Eine aufrichtige Bitte um Verzeihung ist, wie wir nun sehen werden, etwas anderes und sie ist weit mehr als nur ein Satz. Es handelt sich bei ihr eher um eine Art Handlung, die aus einer bestimmten Haltung heraus erfolgt, bzw. – technisch betrachtet – um einen komplexen Sprechakt, der, wie es der belgische Philosoph Luc Bovens formuliert, «eine kognitive, eine affektive und eine konative Komponente»[97] hat. Wer ernsthaft um Verzeihung bittet, verrät uns, mit anderen Worten, einiges darüber, was er 1. *denkt,* was er 2. *fühlt,* und was er 3. zu tun *beabsichtigt.* Was ist damit gemeint?

Am besten lässt sich mithilfe eines Beispiels zeigen, was eine echte Bitte um Verzeihung ausmacht. Stellen wir uns einen jungen Mann vor, der auf die schiefe Bahn geraten ist. Seine Familie ist ihm schon lange egal und eines Tages stiehlt er die EC-Karte seiner Mutter, räumt ihr Konto leer und verschwindet. Die Mutter ist schockiert und tief getroffen. Für sie ist ihr Sohn damit «endgültig gestorben». Doch viele Monate später kommt ein Brief von ihm, in dem er sie inständig um Verzeihung bittet. Man muss den Brief nicht gelesen haben, um sich vorstellen zu können, was darin steht.

Wenn es dem jungen Mann mit seiner Bitte wirklich ernst ist, wird er *erstens* deutlich gemacht haben, dass er sich selbst für sein Verhalten verurteilt und ihm – spätestens jetzt – klar ist, dass er seine Mutter niemals so hätte hintergehen dürfen. Das ist die *kognitive* Komponente der Bitte um Verzeihung. «Was ich getan habe, war absolut nicht in Ordnung und du hast jedes Recht, mich dafür zu verurteilen», ist – so oder ähnlich formuliert – ein Satz, der oft fällt, wenn Menschen um Verzeihung bitten. Das gilt jedenfalls, solange es dabei um moralisches Unrecht geht, also um

Handlungen, die nicht einfach nur peinlich oder bedauerlich sind, sondern die Rechte einer anderen Person verletzen. Wann immer jemand in diesem Zusammenhang um Verzeihung bittet, bringt er die Überzeugung zum Ausdruck, dass sein Handeln falsch war. Man kann es auch so sagen: Wer meint, alles richtig gemacht zu haben, bittet nicht ernsthaft um Verzeihung.

Die Bitte um Verzeihung beinhaltet also das Eingeständnis von Schuld, das heißt, das Bekenntnis zur eigenen Verantwortung für eine Handlung, die ein Unrecht darstellt. Dieser Aspekt ist entscheidend und das zeigt sich nicht zuletzt daran, dass wir Menschen die Geste nicht abnehmen, wenn sie sich im selben Atemzug für das, was sie getan haben, rechtfertigen, ihr Fehlverhalten entschuldigen oder es anderen anlasten. Der Mann meiner Nachbarin, von dem oben die Rede war, hat sie für seine Affäre lang und breit um Verzeihung gebeten, doch in ihren Ohren klangen seine Worte eher so, als wolle er sich rausreden und die Schuld an dem, was geschehen ist, bei ihr abladen. Von Benjamin Franklin, dem amerikanischen Staatsmann und Schriftsteller, stammt der Satz: «Never ruin an apology with an excuse.» (Entwerte deine Entschuldigung niemals durch eine Ausrede.) Das ist ein guter Rat, denn sobald wir das tun, verliert unsere Bitte an Glaubwürdigkeit.

Die Bitte um Verzeihung gibt darüber hinaus *zweitens* immer auch preis, was der Betreffende mit Blick auf sein Verhalten empfindet. Das ist die *affektive* Komponente. Der Sohn wird in seinem Brief also deutlich gemacht haben, dass er zutiefst bereut, was er seiner Mutter angetan hat. «Es tut mir furchtbar leid, dass ich dich so hintergangen habe! Ich schäme mich dafür. Ich wünschte, ich könnte die Zeit zurückdrehen und das alles ungeschehen machen» sind in diesem Zusammenhang typische Formulierungen. Wer aufrichtig um Verzeihung bittet, bekennt sich nicht nur zu seiner Schuld, sondern auch zu seinen Schuldgefühlen. Er bedauert nicht nur, dass es *dem anderen* schlecht geht, sondern gibt zu verstehen, dass das Geschehene auch *ihn selbst* belastet.

Dabei geht es, wohlgemerkt, nicht um Selbstmitleid. Wenn wir wirklich bereuen, was wir jemandem angetan haben, leiden wir vielmehr *um seinetwillen* unter unserem Verhalten. Wie sehr einen Menschen das schlechte Gewissen bedrückt, hängt dabei immer auch von den konkreten Umständen ab, doch ein bestimmtes Maß an aufrichtiger Reue kommt in jeder echten Bitte um Verzeihung zum Ausdruck.

So erklärt sich, warum die Geste bedeutungslos wird, sobald dahinter eine strategische Absicht erkennbar ist. Der Vergewaltiger, der dem Gerichtsverfahren mit unbewegter Miene folgt und sich erst auf Anraten seines Anwalts am Ende doch noch zu einer «Entschuldigung» durchringt, kann kaum damit rechnen, ernst genommen zu werden. Es ist allzu transparent, dass er nicht wirklich mit dem Opfer mitfühlt, sondern lediglich ein milderes Urteil erwirken will.

Auch so manche medienwirksam inszenierte Bitte um Verzeihung erweckt den Eindruck, dass es den vermeintlich Reumütigen in erster Linie um den eigenen Vorteil geht – etwa darum, dem öffentlichen Protest gegen ihr Verhalten den Wind aus den Segeln zu nehmen. In der satirischen Aphorismensammlung *Das Wörterbuch des Teufels*, die der amerikanische Schriftsteller Ambrose Bierce zu Beginn des 20. Jahrhunderts veröffentlicht hat, findet sich der Eintrag: «Um Verzeihung bitten: den Grundstein legen für das nächste Vergehen.»[98] Die Geste ist nur ein Fake, wenn sie gefühllos ist und ausschließlich dazu gedacht, andere zu besänftigen, um ungestört so weitermachen zu können wie bisher.

Und schließlich ist die Bitte um Verzeihung *drittens* in der Regel mit einer Art Willens- oder Absichtserklärung verbunden, die das zukünftige Verhalten des Sprechers betrifft. Das ist die *konative Komponente*. Dabei geht es nicht nur darum, den entstandenen Schaden, wenn möglich, wiedergutzumachen, also – in unserem Beispiel – das Geld zurückzuzahlen. Wer um Verzeihung bittet, versichert vielmehr, sich nach Kräften zu bemühen, seinen Fehler nicht zu wiederholen. Wenn es um besonders schwerwiegendes Unrecht geht, ist die Bitte um Verzeihung daher meist mit einer Art Rahmenerzählung verbunden, die den Sinneswandel erklären und glaubwürdig machen soll. Der Sohn wird also höchstwahrscheinlich beteuert haben, er sei heute ein anderer Mensch und würde so etwas niemals mehr tun, und er wird erklärt haben, was diese Veränderung bewirkt hat.

Oft äußern Menschen, die um Verzeihung bitten, Sätze wie: «Ich schwöre dir, dass das nie mehr vorkommt! Ich werde dich nicht noch einmal so verletzen», und mitunter möchte man sie dann fast bremsen. Niemand kann garantieren, in Zukunft alles richtig zu machen. Gleichwohl ist eine echte Bitte um Verzeihung in der Regel mit der Zusicherung verbunden, es wenigstens zu versuchen, und wer sie vorbringt, weiß, dass er fürs Erste sozusagen auf Bewährung ist. Der Mann, der seine Familie immer wieder terrorisiert, wenn er zu viel getrunken hat, und sich regelmäßig am nächsten Tag dafür entschuldigt, wird daher wohl irgendwann feststellen müssen, dass seine Worte nicht mehr viel bewegen. Die Bitte um Verzeihung nutzt sich ab, wenn sie nicht mit Tatkraft einhergeht, und sie wird zu einer leeren Formel, wenn Menschen sie vorbringen, ohne sich ernsthaft zu bemühen, ihr Fehlverhalten zu korrigieren.

Kurzum: Wer aufrichtig um Verzeihung bittet, bekennt sich zu seiner Schuld, er gibt zu erkennen, dass er sein Verhalten bereut, und er versichert, dass er fest vorhat sich zu bessern. Die Bitte um Verzeihung ist also eine durchaus anspruchsvolle Geste, die uns einiges abverlangt: Wir müssen nicht nur bereit sein, uns selbst unsere Schwächen einzugestehen, sondern auch anderen gegenüber zugeben, dass wir einen – möglicherweise schweren – Fehler gemacht haben. Wir kommen nicht umhin, Scham und Schuldgefühle zuzulassen und sie noch dazu offenzulegen. Zudem versichern wir, dass wir bereit sind, uns zu verändern, und das ist oft leichter gesagt als getan. Vielleicht befürchten wir, Erwartungen zu wecken, die wir am Ende enttäuschen werden.

Führt man sich das vor Augen, ist verständlich, warum Menschen die Bitte um Verzeihung nicht unbedingt leicht über die Lippen kommt. Der Titel des Songs von Elton John, den ich zu Beginn dieses Kapitels zitiert habe, trifft etwas Wahres: Manchmal scheint «Entschuldigung!» das schwierigste Wort zu sein. Viele Menschen tun sich ohnehin damit schwer, andere um etwas zu bitten, und es wird nicht unbedingt einfacher, wenn wir unsere Bitte an jemanden richten müssen, der nicht gut auf uns zu sprechen ist. Zudem sind Bitten gewissermaßen das Gegenteil von Befehlen. Sie signalisieren nicht Macht, sondern Bedürftigkeit, und in diesem Fall gilt das in besonderer Weise, denn: Wenn unsere Bitte um Verzeihung auf taube Ohren stößt, können wir uns damit nicht einfach an den Nächsten wenden. Vergebung ist ein Privileg der Opfer.

Wer um Verzeihung bittet, ist also auf das Entgegenkommen einer ganz bestimmten Person angewiesen und das wissen beide Seiten. Dabei kann die Abhängigkeit, die in dieser Geste zum Ausdruck kommt, unser autonomes Selbstverständnis irritieren, zumal die Bitte um Verzeihung uns festlegt. Ist sie erst einmal ausgesprochen, besteht keine Möglichkeit mehr, das Geschehene doch noch umzudeuten, unseren Anteil daran zu relativieren oder schlicht zu leugnen, was wir getan haben. Dem amerikanischen Psychologen Jack Kornfield wird der Satz zugeschrieben: «Jemandem zu verzeihen heißt, jede Hoffnung auf eine bessere Vergangenheit aufzugeben.» Für die Bitte um Verzeihung gilt dasselbe.

Die Überwindung, die es kostet um Verzeihung zu bitten, erklärt, warum Menschen, die das tun, oft auf Anerkennung stoßen.

Es verdient Respekt, wenn jemand sich zu den eigenen Fehlern bekennt, sich verletzlich zeigt und das Risiko eingeht, in seiner Bedürftigkeit zurückgewiesen zu werden. Die Tatsache, dass der andere «sich immerhin entschuldigt hat», spricht insofern durchaus zu seinen Gunsten. Zu sehen, wie sehr jemand unter seinen Schuldgefühlen leidet, kann zudem unser Mitgefühl wecken und Wut und Groll von ganz allein versiegen lassen. Wenn es wie bei der Mutter und ihrem Sohn um Menschen geht, die uns viel bedeuten, ist der Wunsch, den anderen von dieser Last zu befreien, manchmal so stark, dass wir es mitunter selbst dann nicht schaffen hart zu bleiben, wenn wir davon überzeugt sind, dass das eigentlich richtig wäre.

Doch eine aufrichtige Bitte um Verzeihung macht nicht nur emotional einen Unterschied. Sie verändert oft auch unsere Einstellung mit Blick auf die Frage, ob es überhaupt richtig wäre, der Person, die uns verletzt hat, eine zweite Chance zu geben. Die junge Frau, die nach einem Unfall mit Fahrerflucht im Rollstuhl sitzt, wird niemals wieder gehen können. Sie hat den Raser, der dafür verantwortlich ist, verflucht, und sie war sich sicher, ihm niemals verzeihen zu können. Doch dann hat er sich der Polizei gestellt, sie persönlich im Krankenhaus besucht und sie inständig gebeten, ihm zu vergeben. Für sie hat das einen großen Unterschied gemacht. In diesem Moment sei ihr klargeworden, dass sie ihm verzeihen sollte und nichts dadurch besser werden würde, wenn sie weiter mit ihm hadert und er sich für den Rest seiner Tage Vorwürfe macht.

Ausgehend von solchen Beobachtungen hat der amerikanische Soziologe Nicholas Tavuchis, der sich über viele Jahre hinweg kulturübergreifend mit dem Phänomen der Vergebung beschäftigt hat, die Bitte um Verzeihung als einen geradezu geheimnisvollen Vorgang beschrieben. Sie «wird und kann niemals rückgängig machen, was passiert ist. Und dennoch: Auf mysteriöse Weise und einer ganz eigenen Logik folgend, gelingt ihr exakt das.»[99] Tatsächlich ist es auf den ersten Blick rätselhaft, wie Worte, die nichts ändern, so viel verändern können, und damit sind wir bei unserem Ausgangsproblem: Was macht die Bitte um Verzeihung so bedeutsam? Warum hängt von dieser Geste mitunter so viel ab und wie ist es zu erklären, dass sie häufig schon ausreicht, um Menschen davon zu überzeugen, dass es an der Zeit wäre, ihren Groll zu überwinden und anderen die Chance zu geben, mit sich selbst ins Reine zu kommen?

Um diese Fragen beantworten zu können, müssen wir uns die Einwände nochmals in Erinnerung rufen, die dagegensprechen, erlittenes Unrecht zu verzeihen. Denn die Bitte um Verzeihung spielt meines Erachtens mit Blick auf unsere Einstellung in Sachen Vergebungsbereitschaft deshalb eine so große Rolle, weil sie alles enthält, was es braucht, um diese Einwände zu entkräften und die moralischen Bedenken in Sachen Verzeihen zu beseitigen. Was ist damit gemeint?

Im Laufe dieses Buches ist deutlich geworden, dass es verschiedene moralische Bedenken gibt, die Menschen daran hindern, einander zu verzeihen. Dabei geht es, wie wir gesehen haben, manchmal um die Achtung vor uns selbst. Wer anderen Unrecht tut, behandelt sie so, als seien sie weniger wert als er. Unrecht ist eine Form der – bewussten oder unbewussten – Herabsetzung und die Achtung vor uns selbst verlangt, dass wir dagegen protestieren. Mitunter befürchten wir, dass wir der eigenen Herabsetzung zustimmen, wenn wir jemandem stattdessen verzeihen.

Dass diese Befürchtung nicht immer berechtigt ist, ist bereits deutlich geworden, doch das ist hier nicht entscheidend. Uns geht es nun um die Frage, was sich ändert, wenn jemand aufrichtig um Verzeihung bittet, und diesbezüglich scheint eines immerhin klar: Die Sorge, Vergebungsbereitschaft gehe auf Kosten der eigenen Selbstachtung, erübrigt sich, sobald die Person, die unsere Rechte verletzt und uns herabgesetzt hat, dafür aufrichtig um Verzeihung bittet.

Denn die Bitte um Verzeihung beinhaltet, dass der andere sich zu seiner Schuld bekennt und damit – technisch gesprochen – unsere Rechte ausdrücklich anerkennt. Wer um Verzeihung bittet, sagt: «Was ich getan habe, war falsch! Ich hätte dir das nicht antun dürfen!», und das heißt übersetzt nichts anderes als: «Du hattest ein Recht darauf, dass ich so etwas nicht mit dir mache.» Die Bitte um Verzeihung ist, so gesehen, eine Art Protest des Missetäters gegen sein eigenes Fehlverhalten und sie macht insofern den Protest des Opfers teilweise überflüssig. Wer um Verzeihung bittet, wechselt, so könnte man sagen, die Seiten und solidarisiert sich ausdrücklich mit der Person, deren Rechte er missachtet hat.

Viele Philosophinnen und Philosophen haben die Auffassung vertreten, die Bitte um Verzeihung liefere deshalb einen Grund dafür, jemandem wieder mit Wohlwollen zu begegnen, weil sie zum Ausdruck bringe, dass der Schuldige sich von seiner Tat distanziert. Doch diese Beschreibung ist meines Erachtens unglücklich. Wer um Verzeihung bittet, distanziert sich nicht von dem, was er getan hat – im Gegenteil: Er übernimmt die volle Verantwortung dafür und nimmt Abstand von der Botschaft des Unrechts, die in seinem Verhalten zum Ausdruck kam. Es gibt demnach keinen Grund mehr zu befürchten, wir könnten der Botschaft des Unrechts insgeheim beipflichten, wenn wir ihm verzeihen. Denn: Diese Botschaft steht nun nicht mehr im Raum.

Doch damit sind noch nicht alle Einwände in Sachen Vergebungsbereitschaft vom Tisch. Auch die Befürchtung, der andere könnte sich durch unser Entgegenkommen schlimmstenfalls noch dazu ermutigt fühlen, so weiterzumachen wie bisher, kann uns bisweilen davon abhalten, jemandem zu verzeihen. Um diese Sorge zu beruhigen, reicht die Tatsache, dass jemand sich zu seiner Schuld bekennt, nicht unbedingt schon aus. Dafür gibt es ein prominentes Beispiel: Im Finale der Fußballweltmeisterschaft 2006 versetzte der französische Ex-Nationalspieler Zinédine Zidane seinem italienischen Gegenspieler einen Kopfstoß, weil er sich von ihm provoziert fühlte. Nach dem Spiel hat er unmissverständlich klargestellt, dass das ein Fehler war und er sich so nicht hätte verhalten dürfen: «Natürlich ist das, was ich getan habe, nichts was man tun sollte. Das will ich ausdrücklich betonen. Es war eine unentschuldbare Geste.»[100] Allerdings klang es nicht so, als hätte Zidane ein sonderlich schlechtes Gewissen: «Above all I'm a man.» (Ich bin zuallererst ein Mann.)

Das kann mit Blick auf die Verhinderung weiteren Unrechts durchaus ein Problem sein, denn diesbezüglich spielen, wie wir gesehen haben, Selbstvorwürfe und Schuldgefühle gegebenenfalls eine wichtige Rolle, weil sie günstigenfalls präventive Wirkung entfalten: Die Erinnerung an die Gewissensbisse, die ich hatte, als ich heimlich das Tagebuch meiner siebzehnjährigen Tochter gelesen habe, kann mir dabei behilflich sein, der Versuchung beim nächsten Mal zu widerstehen.

Oben habe ich behauptet, dass die Bitte um Verzeihung tatsächlich einiges verändert, weil sie die Einwände entkräftet, die dagegensprechen, vergebungsbereit zu sein, und das zeigt sich auch mit Blick auf den Präventionseinwand. Denn: Selbst wenn das schlechte Gewissen dazu beiträgt, weiterem Unrecht vorzubeugen, scheint klar, dass es diesen Effekt, wenn überhaupt, nur dann hat, wenn es in jemandem den Wunsch reifen lässt, seinen Fehler nicht zu wiederholen. Dieser Wunsch kommt in der Bitte um Verzeihung jedoch bereits zum Ausdruck: Sie beinhaltet nicht nur eine Art Absichtserklärung, in Zukunft ein «besserer Mensch» zu sein. Sie belegt darüber hinaus, dass der Bittende darunter leidet, dem anderen Unrecht getan zu haben. Wer ernsthaft um Verzeihung bittet, bereut sein Handeln und ist entschlossen, seinen Fehler nicht zu wiederholen, *weil* ihm aufrichtig leidtut, was er getan hat. Mehr kann auch ein schlechtes Gewissen nicht bewirken.

Es gibt keine Garantie dafür, dass Menschen, die uns Unrecht getan haben, das nicht wieder tun. Auch wenn wir jemandem für den Rest unserer Tage die kalte Schulter zeigen, kann es sein, dass er uns erneut verletzt. Doch *wenn* er aufrichtig um Verzeihung bittet, wissen wir immerhin eines: Er leidet um unseretwillen unter seinem Verhalten und er wird sich nach Kräften bemühen, es in Zukunft besser zu machen. Die Bitte um Verzeihung enthält insofern alles, was es braucht, um die Sorge zu beruhigen, der andere könne unser Entgegenkommen ausnutzen und zum Anlass nehmen, so weiterzumachen wie bisher.

Was ist nun mit den Bedenken in Sachen Gerechtigkeit und Vergebungsbereitschaft? Im Zentrum steht dabei die Befürchtung, dass das Unrecht ungesühnt bleibt, wenn wir bereitwillig verzeihen, da wir den anderen in diesem Fall ungeschoren davonkommen lassen. Doch auch diese Befürchtung – sollte sie denn berechtigt sein – erübrigt sich meines Erachtens durch die aufrichtige Bitte um Verzeihung und dafür gibt es einen einfachen Grund: Wer ernsthaft um Verzeihung bittet, kommt gerade nicht ungeschoren davon. Vielmehr lässt sich diese Bitte selbst als ein Akt der Buße verstehen.

Denken wir an den jungen Mann, der seine Mutter bestohlen hat und ihr Monate später diesen Brief schreibt, um sie um Verzeihung zu bitten. Man möchte nicht mit ihm tauschen. Vielleicht hat er deswegen so lange damit gewartet, weil er sich zu sehr geschämt hat oder weil er vorher genug Geld hatte sparen wollen, um wenigstens den materiellen Schaden wiedergutzumachen. Möglicherweise fehlte ihm auch einfach der Mut, auf seine Mutter zuzugehen, weil er befürchtete, dass sie endgültig nichts mehr von ihm wissen will und nicht bereit ist, ihn von seinen Schuldgefühlen zu befreien.

Dem Roman *Betty Blue* des französischen Schriftsteller Philippe Djian ist der Satz vorangestellt: «Es ist besser, in vollständiger Dunkelheit zu sitzen, als sein letztes Streichholz anzuzünden.»[101] Die Bitte um Verzeihung kann so ein letztes Streichholz sein. Sie ist die einzige Möglichkeit, die wir haben, um unseren Fehler wiedergutzumachen, denn die Zeit lässt sich nicht zurückdrehen. Wir können nicht mehr tun, als uns zu unserer Schuld zu bekennen, unsere Reue zu bekunden, den Schaden – wenn möglich – zu beheben und uns ernsthaft zu bemühen, ein anderer zu werden. Mehr geht nicht. Und: Das ist nicht wenig. Eine aufrichtige Bitte um Verzeihung verlangt Menschen einiges ab, und es spricht vieles dafür, dass das, was sie erfordert, oft schon ausreicht, um das moralische Gefälle in der Beziehung zwischen Täter und Opfer auszugleichen.

Nicholas Tavuchis, der amerikanische Soziologe, der oben bereits zu Wort kam, formuliert das folgendermaßen: «Aufrichtig um Verzeihung zu bitten erfordert weit mehr als nur das ungeschminkte Eingeständnis eigenen Fehlverhaltens. Es ist eine Art Selbstbestrafung, die tief greift und immer hart und schmerzhaft ist, egal, ob wir diese Bitte aus freien Stücken äußern oder auf Drängen anderer.»[102] Auch der amerikanische Philosoph Jeffrie Murphy schließt sich dieser Einschätzung an. Er spricht im Zusammenhang mit der Bitte um Verzeihung sogar von einem «demütigenden Ritual», mit dem sich jemand «symbolisch selbst herabsetzt».[103]

Das sind starke Worte, die, wenn wir an alltägliche Bitten um Verzeihung denken, übertrieben klingen. Doch dass diese Geste etwas mit Demut zu tun hat, ist sicher richtig. Die biblische Geschichte vom verlorenen Sohn, die bereits zur Sprache kam und oft als ein Paradebeispiel für die menschliche Vergebungsbereitschaft gilt, bringt das deutlich zum Ausdruck. Der Sohn, der zu seinem Vater zurückkehrt, nachdem er Jahre in der Fremde verbracht und sein ganzes Erbe verspielt hat, bittet um Verzeihung, und seine Worte klingen sehr demütig: «Vater, ich habe gesündigt gegen den Himmel und gegen dich, ich bin nicht mehr wert, dein Sohn zu heißen.»[104] Jeder weiß, wie die Geschichte ausgeht: Der Vater vergibt ihm und nimmt ihn wieder auf. Auch in diesem Fall macht die Bitte um Verzeihung nichts ungeschehen und ändert doch alles und das ist, wie nun deutlich geworden ist, kein Mysterium. Es lässt sich nicht zuletzt dadurch erklären, dass diese Geste die Gründe entkräften kann, die dagegensprechen, jemandem zu verzeihen.

Führt man sich vor Augen, was eine aufrichtige Bitte um Verzeihung bedeutet, liegt der Schluss nahe, dass es in jedem Fall ratsam ist, um Verzeihung zu bitten, wenn wir jemandem Unrecht getan haben. Doch die Bitte um Verzeihung hat auch eine andere Seite. Denn bei aller Demut und Bußfertigkeit kommt in dieser Geste – wie in jeder Bitte – zugleich ein nicht uneigennütziger Wunsch zum Ausdruck, und in diesem Fall richtet er sich zudem ausgerechnet an die Person, die unter uns und unserem Verhalten zu leiden hatte. Um Verzeihung zu bitten kann daher unpassend oder sogar unverschämt erscheinen, zumal sich mitunter der Eindruck nicht vermeiden lässt, dass es dem Bittenden, wenn nicht vor allem, so doch immerhin auch darum geht, das eigene Gewissen zu entlasten.

Wer um Verzeihung bittet, bringt den Wunsch zum Ausdruck, der andere möge etwas für ihn tun, und er nötigt ihn dazu, sich mit ihm und seiner Gemütslage zu beschäftigen. Das ist mitunter nicht nur psychologisch eine Zumutung, sondern bringt unser Gegenüber gegebenenfalls auch moralisch in Bedrängnis. Wenn Menschen, die Unrecht getan haben, dafür nicht immer um Verzeihung bitten, ist das insofern nicht zwangsläufig ein Hinweis darauf, dass sie keinerlei Schuldbewusstsein haben oder zu stolz dafür sind. Im Gegenteil: Es kann auch daran liegen, dass die betreffende Person, gerade weil sie um ihre Schuld weiß und ihr Verhalten aufrichtig bereut, ihr Gegenüber nicht unter Zugzwang setzen will. Schon aus diesem Grund sollten wir daher von der Wortwahl nicht zu viel abhängig machen. Soweit es die moralische Bedeutung der Bitte um Verzeihung betrifft, ist nicht das sprachliche Ritual entscheidend, sondern das, was darin zum Ausdruck kommt.

Fassen wir zusammen: Wenn Menschen ernsthaft um Verzeihung bitten, bekennen sie sich zu ihrer Schuld, bekunden aufrichtige Reue und sichern zu, dass sie versuchen werden, ihren Fehler nicht zu wiederholen. Das macht für die Frage, ob wir jemandem verzeihen sollten, einen Unterschied, denn damit fallen viele Gründe weg, die dagegensprechen, erlittenes Unrecht zu verzeihen. Die Sorge um unsere Selbstachtung erübrigt sich gegebenenfalls ebenso wie das Bemühen um die Verhinderung weiteren Unrechts und das Bedürfnis nach Vergeltung.

Doch heißt das schon, dass wir jedem verzeihen sollten, der uns aufrichtig darum bittet? Und was ist mit denen, die das nicht tun? Im nächsten und letzten Kapitel dieses Buches möchte ich deutlich machen, warum aus meiner Sicht einiges dafürspricht, Menschen, die uns Unrecht getan haben, eine zweite Chance zu geben.

# Menschlichkeit

«Was ist dir das Menschlichste? – Jemandem Scham ersparen.»[105]

*Friedrich Nietzsche, Die fröhliche Wissenschaft*

Wie wir soeben gesehen haben, kann die Bitte um Verzeihung ein Grund dafür sein, einer Person wieder mit Wohlwollen zu begegnen. Doch Menschen verzeihen einander oft auch, ohne dass diese Bedingung erfüllt ist, und mitunter gilt die Bereitschaft, jemandem eine zweite Chance zu geben, sogar als besonders lobenswert, wenn die Schuldigen es uns nicht leicht machen, ihnen entgegenzukommen. Warum ist das so? Was spricht dafür, anderen das Geschenk der Vergebung zu machen, auch wenn sie es scheinbar nicht verdient haben?

Meines Erachtens hat die Antwort auf diese Frage etwas mit Menschlichkeit zu tun und das im doppelten Sinne des Wortes: Menschlichkeit meint *erstens* so etwas wie das bloße Menschsein, also Eigenschaften, die für die Mitglieder unserer Gattung typisch sind und die wir alle teilen. Dazu gehören, wie der amerikanische Philosoph Bernard Williams betont hat, nicht nur biologische Merkmale oder dass Menschen «eine Sprache sprechen, Werkzeuge gebrauchen, in Gesellschaften leben» etc. Menschsein beinhaltet vielmehr auch Dinge wie «die Fähigkeit, Zuneigung zu anderen zu empfinden und die sich hieraus ergebenden Konsequenzen, die mit der Enttäuschung dieser Zuneigung, dem Verlust ihres Objektes usw. zusammenhängen».[106] Wenn von Menschlichkeit in diesem Sinne die Rede ist, ist also alles gemeint, was typisch menschlich ist.

Doch der Begriff der Menschlichkeit hat noch eine *zweite* Bedeutung. Er dient zugleich zur Bezeichnung einer bestimmten Einstellung, die auch Humanität genannt wird. Diese Verwendungsweise klingt an, wenn beispielsweise gesagt wird, es sei ein Ausdruck von Menschlichkeit, Flüchtlinge vor dem Ertrinken zu retten. Damit ist nicht behauptet, dass Menschen das üblicherweise tun, sondern, dass sie es tun *sollten* – und zwar, weil es sich hier immerhin um Menschen handelt.

So verstanden ist Menschlichkeit eine Tugend, also eine Haltung oder Charaktereigenschaft, die den Menschen nicht schon als solchen *kennzeichnet*, sondern ihn als «guten Menschen» *auszeichnet.* Beide Aspekte – das Menschsein des anderen und die eigene Humanität – spielen, wie sich nun zeigen wird, eine wichtige Rolle, wenn es um die Frage geht, was für das Verzeihen spricht. Sehen wir uns das genauer an.

Vergebung ist ein typisch menschliches Phänomen. Nur Menschen besitzen die Fähigkeit, einander zu verzeihen, und diese Fähigkeit besteht darin, in einer ganz bestimmten Weise mit einer Erfahrung umzugehen, die jeder Mensch irgendwann macht. Wir alle kennen die Enttäuschung, die Wut und den Schmerz, wenn jemand uns bewusst oder gar mit Absicht verletzt, und viele wissen, wie groß die Versuchung sein kann, es der betreffenden Person mit gleicher Münze heimzuzahlen. Doch auch wir selbst tun gelegentlich Dinge, die wir nicht tun sollten, denn Menschen sind «weder Engel noch Tiere»[107], sondern Wesen mit Vernunft *und* Affekten, die ihre Handlungsfreiheit auch dazu nutzen können, sich gegen das zu entscheiden, was gut und richtig wäre. Es ist insofern typisch menschlich, dass wir einander längst nicht immer mit dem Respekt und der Rücksicht begegnen, die jede und jeder von uns verdient.

So erklärt sich, warum die Bereitschaft, einander zu verzeihen, über alle Epochen-, Standes- und Kulturgrenzen hinweg als soziale Tugend gilt. Wer anderen nicht jede Gemeinheit dauerhaft verübelt und nicht immer gleich zurückschlägt, wenn er verletzt wird, zeigt sich souverän, großzügig, sanftmütig und deeskalierend. Das ist eine wichtige Voraussetzung dafür, dass Wesen wie wir überhaupt friedlich zusammenleben können.

Dieser Gedanke steht auch im Hintergrund einer Kampagne, die pünktlich zum Weltfriedenstag 2019 unter dem #forgivemoji in Finnland gestartet wurde. Ziel der globalen Initiative ist es, die Liste der international verwendeten Emojis – also der kleinen Symbole wie Smileys, Flaggen oder anderer Gegenstände, die die Kommunikation im Internet oder per Smartphone vereinfachen – um ein eigenes Zeichen für Vergebungsbereitschaft zu ergänzen, das über alle Sprachbarrieren hinweg die Botschaft übermittelt: «Ich verzeihe dir». Die britische Zeitung *The Guardian* berichtete – passenderweise – im Rahmen einer Artikelserie zu «möglichen Lösungen für einige der hartnäckigsten Probleme dieser Welt»[108] über die Idee, die schnell zahlreiche Unterstützer gefunden hat. Offenbar gibt es Bedarf und das liegt nicht zuletzt daran, dass Menschen sind, wie sie sind: für Unrecht anfällig und auf Vergebung angewiesen.

In diesen Grundzügen des Menschseins liegt für viele Philosophinnen und Philosophen bereits die Antwort auf die Frage, warum wir einander verzeihen sollten. Demnach ist es unsere gemeinsame menschliche Schwäche, die dafürspricht vergebungsbereit zu sein – und zwar auch denen gegenüber, die uns nicht um Verzeihung bitten. Insbesondere im sozialen Nahbereich – in Familien, unter Freunden oder zwischen Kollegen – kommt Vergebung vielfach ohne Worte aus. Die Einsicht, dass kein Mensch frei von Fehlern ist, spielt dabei nicht selten eine entscheidende Rolle.

Da ist der Mann, der als Kind zur Strafe oft im dunklen Keller eingesperrt wurde. Noch heute, mehr als fünfzig Jahre später, ist ihm die Erinnerung daran ein Graus. Er weiß nicht, ob seine Eltern bereuen, was sie ihm damit angetan haben – sie haben nie darüber geredet. Dennoch hat er den beiden längst vergeben, was damals geschehen ist, denn, so sagt er: «Meine Eltern sind eben auch nur Menschen.» Doch warum ist das Menschsein der anderen ein Grund, ihnen zu vergeben? Welche Überlegung verbirgt sich hinter der Annahme, dass wir einander, um unserer gemeinsamen Menschlichkeit willen, verzeihen sollten?

Eine erste Antwort auf diese Frage haben wir oben bereits kennengelernt, als es um die Goldene Regel ging. Diesem Prinzip zufolge sollten wir unsere Mitmenschen so behandeln, wie wir von ihnen behandelt werden wollen. Da wir alle Fehler machen und mitunter eine zweite Chance brauchen, ist es demnach schon aus Gründen der Fairness angemessen, vergebungsbereit zu sein: «Wenn du willst, dass man dir verzeiht, dann sei auch selbst dazu bereit.» Am Beispiel des Mannes, der seinen Eltern verziehen hat, lässt sich dieser Gedanke gut veranschaulichen. Vielleicht hat er eigene Kinder und weiß aus Erfahrung, was für eine anspruchsvolle Aufgabe es ist, ein guter Vater zu sein. Wie alle Eltern wird er in Sachen Erziehung manches falsch gemacht haben und möglicherweise gilt auch für ihn, dass ihm die Bitte um Verzeihung nicht leicht über die Lippen kommt. Die Aussage, seine Eltern seien eben auch nur Menschen, meint dann so etwas wie: «Ich bin nicht unbedingt besser als sie. Auch ich habe mir mit Blick auf meine Kinder manches vorzuwerfen und ich kann nur hoffen, dass sie mir das nicht nachtragen. Schon darum sollte ich mit meinen Eltern nicht so hart sein.»

Das klingt einleuchtend, zumal die Haltung, die sich darin zeigt, etwas Sympathisches hat. Dass Menschen sich nicht über andere erheben, sondern um ihre eigenen Schwächen wissen, ist ein angenehmer Wesenszug. Es hat etwas mit Bescheidenheit und

Demut zu tun und mit der Bereitschaft, sich nicht nur auf das zu konzentrieren, was mich vom anderen trennt, sondern zugleich wahrzunehmen, dass uns – trotz allem – manches verbindet. Allerdings ist dieses Fairness-Argument zugunsten des Verzeihens, wie wir oben bereits gesehen haben, nicht immer überzeugend, und das hat etwas damit zu tun, dass es zu wenig differenziert ist. Es macht nämlich durchaus einen Unterschied, ob man sein Kind regelmäßig im Keller einsperrt oder ob man es gelegentlich anschreit, und es ist auch aus moralischer Perspektive betrachtet etwas anderes, ob jemand aus Sorge um das Wohlergehen seiner Tochter in deren Tagebuch liest oder ob er jahrelang seine Familie bespitzelt, um seine Karriere nicht zu riskieren.

Wenn wir uns fragen, ob es richtig wäre, jemandem zu verzeihen, spielt es aus gutem Grund eine Rolle, was genau die Person getan hat und warum, und es ist nicht unerheblich, wie sie selbst mit uns und ihrem Fehlverhalten umgeht. Dass alle Eltern Fehler machen, heißt daher noch nicht, dass Menschen, die selber Kinder haben, den eigenen Eltern alles vergeben sollten. Ebenso wenig ist die Tatsache, dass wir alle mitunter Dinge tun, die wir nicht tun sollten, immer schon ein Grund dafür, anderen zu vergeben. Auch wenn der Verweis auf unsere gemeinsame menschliche Fehlbarkeit, die Mahnung zur Fairness und die Aufforderung, nicht mit zweierlei Maß zu messen, richtig und wichtig sind: Unrecht ist eben nicht gleich Unrecht.

Doch der Hinweis auf unsere gemeinsame menschliche Schwäche lässt sich noch anders verstehen. Es geht dann nicht darum, dass wir alle *aktuell* Unrecht tun oder getan haben. Was uns miteinander verbindet, ist vielmehr, dass jeder von uns – insofern er ein Mensch ist – *potenziell* dazu imstande wäre, jedes Unrecht zu begehen.

Es gibt eben nicht zwei Sorten von Menschen, die Guten und die Bösen. Vielmehr ist in jedem Einzelnen von uns alles angelegt, was menschenmöglich ist – im Guten *wie* im Bösen. Was wir aus diesem Potenzial letztlich machen, hängt dabei nicht nur von uns selbst ab. Die Bedingungen, unter denen wir aufwachsen, die Menschen, die uns prägen, und die Situationen, in die wir geraten, sind mitentscheidend dafür, welche Schuld wir im Laufe unseres Lebens auf uns laden. Unter entsprechenden Umständen sind auch diejenigen, die augenscheinlich «keiner Fliege etwas zuleide tun» können, zu allem Möglichen fähig – und zwar, weil sie Menschen sind. Geht man von dieser Idee aus, meint die Aussage des Mannes, seine Eltern seien auch nur Menschen, so viel wie: «Wer weiß, was ich getan hätte, *wenn ich an ihrer Stelle gewesen wäre.* Vielleicht hätte ich in ihrer Lage nicht anders gehandelt.»

Für die britische Philosophin Eve Garrard und ihren Kollegen David McNaughton steht dieser Aspekt des Menschseins – also unsere bloße *Fähigkeit* zum Unrecht – im Vordergrund, wenn es um die Frage geht, warum wir einander verzeihen sollten. Ausschlaggebend ist demnach nicht, was wir *als Einzelne* tun oder getan haben, sondern wozu wir *als Menschen* imstande sind: «Weil wir selbst anstelle des Täters sein könnten oder hätten sein können, haben wir Grund, denen zu verzeihen, die sich tatsächlich in dieser Lage befinden.»[109] Vergebungsbereitschaft ist ihrer Ansicht nach insofern weniger eine Sache der Fairness als vielmehr eine Frage der Solidarität mit denen, die «im selben Boot sitzen wie wir». Wir sind eben alle nur Menschen, und «die gemeinsame Mitgliedschaft in der menschlichen Gemeinschaft, stiftet – so wie die Mitgliedschaft in derselben Familie – einen Grund, zu verzeihen».[110]

Auch dieser Gedanke hat etwas Einleuchtendes. Dass «ganz normale Leute» ihren eigenen Nachbarn, sogar Verwandten und Freunden, aber auch Menschen, die sie gar nicht kennen und die ihnen nie das geringste Leid zugefügt haben, furchtbare Dinge antun können, ist hinlänglich belegt. Es gehört zum Schrecken der schlimmsten Verbrechen in der Geschichte der Menschheit, dass die Täter eben keine Monster, sondern «auch nur Menschen» waren. Das ist eine verstörende Erfahrung, die uns das menschliche Potenzial drastisch vor Augen führt und die nicht nur Philosophinnen und Philosophen bemerkenswert erscheint, wenn es ums Verzeihen geht.

In seinem Roman *Die menschliche Komödie* aus dem Jahr 1943 erzählt der amerikanische Schriftsteller William Saroyan die Geschichte des vierzehnjährigen Homer Macauley, der mit seiner Mutter und seinen Geschwistern in einer kleinen Stadt in Kalifornien lebt. Es ist die Zeit des Zweiten Weltkriegs und Homer muss als Telegrammbote täglich Nachrichten vom Tod eines Ehemannes, Sohnes, Vaters überbringen. Er sorgt sich um seinen großen Bruder, der als Soldat an der Front ist, und er verzweifelt fast an all dem Bösen in der Welt. Seine Mutter versucht, ihm beizustehen, und sie setzt dabei auf die Macht der Vergebung und das gemeinsame Menschsein: «Wir müssen Menschen, die Böses tun, jeden Tag verzeihen, denn etwas von jedem von uns ist auch in dem schlechtesten Menschen der Welt und etwas von ihm ist in jedem von uns. Das Gebet des Bauern ist mein Gebet, das Verbrechen des Mörders ist mein Verbrechen. Er gehört zu uns und wir gehören zu ihm. Keiner von uns ist von den anderen getrennt.»[111]

Solche Worte klingen weise und poetisch, und der Gedanke dahinter ist sicher nicht falsch. Wenn es um alltägliches Unrecht geht, wenn wir belogen oder hintergangen werden, wenn eine Freundin uns im Stich lässt oder ein Kollege uns bloßstellt, ist das leicht einzusehen – auch wenn wir es dennoch gern vergessen. Der Unternehmer, der aus Missgunst Gerüchte über seine Konkurrentin streut und sie damit fast in den Ruin treibt, ist weder ein Alien noch ein Unmensch. Er realisiert ein Potenzial, das in jedem von uns steckt und uns alle miteinander verbindet. Aber vielleicht gilt es tatsächlich auch über solche Alltagssituationen hinaus. Gut möglich, dass aus jedem von uns ein Jack the Ripper hätte werden können, wenn wir so groß geworden wären wie der bekannte Serienmörder.

Ob das allein schon ein Grund ist, denen zu verzeihen, die tatsächlich Unrecht begangen haben, ist aus meiner Sicht allerdings fraglich. Denn auch wenn die Umgebung eines Menschen und die Erfahrungen, die er macht, zweifellos mitentscheidend sind für seine Entwicklung und sein Verhalten, können wir nicht alles auf die Umstände schieben, wenn wir am Projekt der Vergebung festhalten wollen. Wenn es nämlich letztlich vor allem die Verhältnisse sind, die darüber entscheiden, was jemand sich zuschulden kommen lässt, gibt es, überspitzt gesagt, gar kein schuldhaftes Unrecht mehr, das wir gegebenenfalls zu verzeihen hätten. Für das Trauma des Mannes, der als Kind in den Keller gesperrt wurde, wären dann nicht seine Eltern verantwortlich, sondern die «anderen Zeiten» oder die widrigen Umstände. Die Vermutung, ich hätte mich anstelle meiner Eltern vielleicht genauso verhalten wie sie, kann mich nachsichtig stimmen und in mir Verständnis für sie wecken. Aber das ist nicht unbedingt schon ein Grund, ihnen zu erlauben, sich für das, was sie getan haben, keine Vorwürfe zu machen.

Zudem macht es, aus moralischer Perspektive betrachtet, üblicherweise einen Unterschied, ob jemand etwas nur *hätte tun können* oder ob er es tatsächlich *getan hat* – und zwar im Guten wie im Bösen. Wenn mein Leben vom Moment der Zeugung an so verlaufen wäre wie das von Carl Lewis, wäre vielleicht auch ich imstande gewesen, 100 m in weniger als zehn Sekunden zu laufen. Doch es wäre absurd, auch mich zur Leichtathletin des Jahrhunderts zu küren, denn im Unterschied zu mir hat Lewis die Strecke tatsächlich in unter zehn Sekunden bewältigt. Er hat damit zu seiner Zeit eindrucksvoll demonstriert, wie schnell «ein Mensch» laufen kann, doch unser Umgang miteinander orientiert sich aus gutem Grund nicht daran, wozu «Wesen wie wir» prinzipiell imstande sind, sondern daran, was sie tatsächlich tun. Dass auch meine Nachbarin das Potenzial hat, ihren Mann zu betrügen, und es, wäre sie an seiner Stelle in seiner Situation gewesen, möglicherweise sogar getan hätte, ist nicht unbedingt schon ein Grund, ihn von seinem schlechten Gewissen zu entlasten.

Ich habe eingangs gesagt, dass unser gemeinsames Menschsein einen Grund dafür stiftet, vergebungsbereit zu sein und denen, die uns Unrecht getan haben, zu erlauben, ihr Gewissen zu entlasten. Wie nun deutlich geworden ist, ist das für manche Philosophinnen und Philosophen eine Frage der Fairness. Andere verstehen Vergebung eher als einen Akt der Solidarität: Weil wir entweder selbst schon vergleichbare Fehler gemacht haben oder ebenso gut an Stelle des jeweils anderen sein könnten, sollten wir im Zweifelsfall bereit sein, unseren Mitmenschen entgegenzukommen.

Beide Argumente haben einiges für sich und sie haben etwas gemeinsam: Sie setzen ein Verständnis von Menschlichkeit voraus, das vor allem etwas mit unserer gemeinsamen Schwäche und Fehlbarkeit zu tun hat und Menschsein gleichsam als eine Art Mangelerscheinung versteht. Das ist nicht unbedingt falsch, doch es scheint mir zu eng, um die Gründe angemessen zu erfassen, die dafürsprechen, erlittenes Unrecht zu verzeihen. Ich möchte daher einen anderen Vorschlag machen, der Verzeihen nicht bloß als eine faire Geste oder Ausdruck zwischenmenschlicher Solidarität versteht. Jemanden Scham zu ersparen und ihn von seiner Schuldigkeit uns gegenüber zu entlasten, ist aus meiner Sicht auch und vor allem ein Akt der *Humanität*. Der Grund, warum wir einander gegebenenfalls verzeihen sollten, besteht demnach nicht darin, dass wir alle *nur* Menschen sind, sondern darin, dass wir *immerhin* Menschen sind. Diesen Gedanken möchte ich abschließend kurz erläutern.

Zu Beginn des 21. Jahrhunderts erforschte der amerikanische

Physiologe Walter Cannon, wie Lebewesen sich in Situationen verhalten, die sie als bedrohlich empfinden, und er prägte in diesem Zusammenhang den Begriff der «Kampf-oder-Flucht»-Reaktion. Werden wir angegriffen, setzt unser Organismus instinktiv bestimmte Stoffe frei, die uns in die Lage versetzen sollen, entweder zurückzuschlagen oder der Situation zu entkommen, indem wir fliehen. Gleichzeitig verengt sich der Blickwinkel: Der sprichwörtliche Tunnelblick sorgt dafür, dass wir ausschließlich auf die Gefahr fokussiert sind, die von unserem Gegenüber ausgeht.

Mit etwas Phantasie lassen sich in unseren Reaktionen auf die Erfahrung von Unrecht ganz ähnliche Muster beobachten: Das Bedürfnis, zu der Person, die uns verletzt hat, auf Abstand zu gehen, hat etwas von einem Fluchtreflex – um uns vor weiteren Verletzungen zu schützen, sorgen wir für möglichst viel Distanz. Den Wunsch nach Vergeltung könnte man hingegen als eine Art moralischen Kampfimpuls verstehen: Wir wehren uns gegen den Angriff auf unsere Rechte, indem wir den anderen für sein Verhalten büßen lassen. Dabei konzentriert sich auch hier unsere Wahrnehmung vor allem auf das, was der Betreffende getan hat: Aus der Person, die uns belogen hat, wird «der Lügner», und der Mensch, der einem Kind sexuelle Gewalt angetan hat, ist fortan «der Kinderschänder».

Die Bereitschaft, erlittenes Unrecht zu vergeben, fügt sich nicht in dieses Bild. Denn wenn jemand sich entschließt, den Angriff auf seine Rechte zu verzeihen, handelt er den genannten Impulsen bewusst zuwider: Er geht nicht auf Abstand, sondern kommt dem Übeltäter entgegen, und statt ihm sein Verhalten heimzuzahlen, macht er ihm ein Geschenk. Viele Philosophinnen und Philosophen haben darauf aufmerksam gemacht, dass Vergebungsbereitschaft die Fähigkeit voraussetzt, die Person des anderen von dem, was er uns angetan hat, zu trennen. Verzeihen, so formuliert es der italienische Philosoph Mariano Crespo, ist «nur dort möglich, wo zwischen Person und Tat unterschieden wird».[112] Um jemandem vergeben zu können, müssen wir sozusagen den Tunnelblick überwinden und nicht nur den Täter, sondern zugleich den Menschen hinter der Tat sehen. Die britische Psychologin Joanna North bezeichnet diesen Vorgang als *reframing*, was so viel bedeutet wie: dem Geschehen einen neuen Rahmen geben. Dabei geht es darum «das ganze Bild zu betrachten, oder jedenfalls ein reicheres Bild, in dem der Täter ‹mehr› ist als das, was er getan hat».[113]

Diese Differenzierung zwischen Tat und Täter ist im Begriff des Verzeihens bereits angelegt: Wir verzeihen immer einer ganz bestimmten Person, also *jemandem*, und wir verzeihen ihr *etwas*. «‹Re-framing›», so formuliert es der britische Philosoph Charles Griswold, «läuft nicht darauf hinaus, dass wir den Übeltäter nicht mehr als solchen wahrnehmen oder die Tatsache, dass er uns Unrecht getan hat, einfach ‹wegwischen›».[114] Im Gegenteil: Wir bleiben dabei, dass die betreffende Person uns so nicht hätte behandeln dürfen, und sind trotzdem bereit, ihr mit Wohlwollen zu begegnen. Wir machen, mit anderen Worten, einen Unterschied zwischen unserer *Haltung gegenüber dem Menschen* und unserer *Einstellung zu seiner Tat*, und das setzt voraus, dass wir das eine nicht mit dem anderen gleichsetzen.

In einem berühmten Satz des Kirchenvaters Augustinus aus dem dritten Jahrhundert n. Chr. spiegelt sich diese Unterscheidung wider. Angesichts der Erfahrung von Unrecht empfiehlt er, «die Sünde zu hassen, aber den Sünder zu lieben», denn, so Augustinus, «es ist leicht und alltäglich, die Bösen zu hassen, weil sie böse sind. Selten aber ist es, sie zu lieben, weil sie Menschen sind.»[115] Für Augustinus ist Vergebung dabei ein Gebot der Nächstenliebe und damit ein «Werk der Frömmigkeit». Ich verstehe Verzeihen stattdessen als einen Akt der Humanität, das heißt der Bereitschaft, in unserem Gegenüber den *ganzen* Menschen zu sehen, und damit jemanden, der mehr ist als das, was er mir angetan hat.

Die Haltung der Humanität einzunehmen bedeutet, dem anderen als einem Menschen gerecht werden zu wollen, in dem Wissen, dass der Blick auf das, was jemand tut, immer nur einen Teil von ihm zu erkennen gibt. Weil wir alle Menschen sind, gilt auch für den anderen, was wir von uns selbst wissen: Das Bild, das wir nach außen abgeben, zeigt uns nie ganz. Es ist eher die Momentaufnahme eines Ausschnitts von uns. Der Mensch, so formuliert es der Schweizer Schriftsteller Max Frisch in seinem berühmten Essay *Du sollst dir kein Bildnis machen*, ist «das Lebendige, das unfassbar bleibt».[116] Etwas von dieser Erkenntnis kommt in der Bereitschaft zum Ausdruck, Menschen zu verzeihen, die uns Unrecht getan haben.

Oben war von der Botschaft des Unrechts die Rede und der Herabsetzung, die darin liegt, wenn jemand die Rechte eines anderen bewusst missachtet. Analog dazu lässt sich, ausgehend von dieser Idee der Humanität, auch im Akt der Vergebung eine Botschaft ausmachen. Sie lautet: «Ich betrachte dich nicht nur als die Person, die mich verletzt hat. Auch du bist mehr als das, was du tust.» Das ist, wie wir gesehen haben, weder eine Liebeserklärung noch ein Versöhnungsangebot. Wenn ich meiner ehemals besten Freundin verzeihe, dass sie hinter meinem Rücken Lügen über mich verbreitet hat, muss das keineswegs heißen, dass ich wieder mit ihr befreundet sein will. Die zweite Chance, die wir jemandem geben, beinhaltet nicht zwangsläufig die Option, bestehende Beziehungen fortzusetzen. Es geht stattdessen um die Chance, das, was sein wird, nicht allein von dem bestimmen zu lassen, was war.

Denken wir an den Mann, dessen Eltern ihn als Kind im Keller eingesperrt haben. Man könnte verstehen, wenn er nicht bereit wäre, ihnen das zu verzeihen. Es gibt Ereignisse, die eine Beziehung prägen und sich so in den Vordergrund drängen, dass unser Blick auf den anderen daran nicht vorbeikommt. Wenn die

Person, die uns verletzt hat, für ihr Verhalten um Verzeihung bittet, kann das, wie wir gesehen haben, vieles verändern. Wer um Verzeihung bittet, gibt sich als jemand zu erkennen, der mit sich selbst im Streit liegt, und das macht es leichter, in ihm nicht mehr nur den Übeltäter zu sehen.

Die Eltern des Mannes in unserem Beispiel haben das allerdings nicht getan und dennoch war er bereit, ihnen zu verzeihen. Vielleicht hat ihm dabei geholfen, dass er in seinem Leben nicht nur schlechte Erfahrungen mit ihnen gemacht hat und im Laufe der Jahre auch ihre mitfühlenden, fürsorglichen Seiten kennengelernt hat. Aber das ist längst nicht immer so. Dass die Person, die uns verletzt hat, ein Mensch ist, also ein komplexes, wandelbares Wesen, ist im Alltag oft eine eher theoretische Erkenntnis. In der Bereitschaft zu verzeihen wird sie praktisch wirksam.

Die Idee der Menschlichkeit spielt also eine wichtige Rolle, wenn wir vor der Frage stehen, ob wir denen verzeihen sollten, die uns Unrecht getan haben, und es ist deutlich geworden, dass die Perspektive der Humanität aus meiner Sicht dafürspricht, im Zweifelsfall vergebungsbereit zu sein. Das hat *erstens* etwas mit dem anderen zu tun. Indem ich deutlich mache, dass ich nicht nur den Missetäter in ihm sehe, erleichtere ich es auch ihm, ein reicheres Bild von sich selbst zu entwerfen. Scham und Schuldgefühle können die Selbstwahrnehmung eines Menschen sehr verzerren und mitunter dazu führen, dass jemand «kein gutes Haar mehr an sich lässt». Wer sich selbst in der Begegnung mit anderen nur noch als den Schuldigen sieht, wird der eigenen Menschlichkeit nicht gerecht. Aber auch diejenigen, die die Verletzungen, die sie anderen zufügen, scheinbar ungerührt hinnehmen und sich für gar nichts mehr schämen, haben oft einen sehr reduzierten Blick auf sich selbst – fast so, als hätten sie sich bereits abgeschrieben und keinerlei moralischen Ehrgeiz mehr. Als Ausdruck der Humanität setzt die Botschaft des Verzeihens beiden Haltungen etwas entgegen und das spricht aus meiner Sicht zu ihren Gunsten.

Doch es gibt, aus der Perspektive der Humanität betrachtet, einen *zweiten* Grund, vergebungsbereit zu sein. Dabei geht es nicht um das, was wir *dem anderen* zu verstehen geben, wenn wir ihm verzeihen, sondern um die Erfahrung, die wir dabei mit *uns selbst* machen.

Der Akt der Vergebung ist Ausdruck einer einzigartigen menschlichen Fähigkeit, die, wie es Hannah Arendt formuliert hat, darin besteht «uns gegenseitig von den Folgen unserer Taten zu entbinden» und zu verhindern, dass diese «uns bis an unser Lebensende im wahrsten Sinne des Wortes verfolgen, im Guten wie im Bösen».[117] Wer verzeiht, entbindet den anderen bewusst und aus freien Stücken von einer Schuldigkeit. Er entlastet ihn von der Pflicht, sich sein Verhalten ihm gegenüber zum Vorwurf zu machen, und verändert so die moralische Beziehung zwischen sich und der Person, die ihm Unrecht getan hat. Vergeben heißt, einen normativ entscheidenden Unterschied zu machen, und dazu braucht es eine Form der Autorität, die uns als Menschen auszeichnet. Indem wir von dieser Macht Gebrauch machen, erfahren wir uns selbst als Wesen, die der Unwiderruflichkeit alles Geschehenen etwas entgegensetzen und selbst bestimmen, was sie aus dem machen, was ihnen angetan wurde. Aus dieser Perspektive betrachtet ist die Antwort auf die Frage, warum wir gegebenenfalls verzeihen sollten, eher schlicht. Sie lautet: Weil wir es können.

Vergebung ist insofern im doppelten Sinne ein Akt der Humanität: Wir bringen damit zum Ausdruck, dass wir den anderen als ganzen Menschen sehen und ihn nicht auf seine Taten reduzieren. Und wir erleben uns zugleich als Wesen, die normative Autorität besitzen und sich dessen bewusst sind.

Das heißt nicht, dass wir jedem alles verzeihen sollten. Denn *erstens* gibt es, wie wir gesehen haben, starke Gründe, die dagegensprechen, die Botschaft der Vergebung auszusenden, und in manchen Fällen wiegen diese Gründe stärker als alles, was sich zugunsten der Vergebungsbereitschaft vorbringen lässt. Zudem hat *zweitens* auch das Argument der Menschlichkeit nach Ansicht vieler Philosophinnen und Philosophen prinzipielle Grenzen und die sind – spätestens – dann erreicht, wenn wir es mit dem zu tun haben, was man unmenschliches Unrecht nennt. Für Vladimir Jankélévitch, den französischen Philosophen, dessen Plädoyer zugunsten der Unverzeihlichkeit des Holocausts ich oben bereits zitiert habe, lässt sich in diesen Fällen der Mensch hinter der Tat nicht ausmachen. Die Täter von Auschwitz sind in seinen Augen «im eigentlichen Sinne des Wortes ‹Monstren›», und ihr Verbrechen ist ein «‹metaphysisches› Verbrechen», das heißt ein Akt, der «das Wesen des Menschen als Mensch leugnet». Solches Unrecht «im Namen der Moral zu vergeben, widerspricht der Moral».[118]

Es kann an dieser Stelle offenbleiben, ob unsere normative Autorität in Sachen Vergebung tatsächlich moralische Grenzen hat und es das an sich Unverzeihliche gibt. Denn eines scheint klar: Die Unrechtserfahrungen, die wir im Alltag machen, sind nicht von dieser Art. Wir können und wir dürfen dem Partner verzeihen, der uns betrogen hat, den Eltern, die uns geschlagen haben, den Kollegen, die uns mobben, und den Fremden, die sich über unsere Rechte hinwegsetzen. Doch sollten wir das auch tun?

Auf diese Frage gibt es keine generelle Antwort, die für alle Fälle gilt. Ob es in einem konkreten Einzelfall angemessen oder vielleicht sogar gefordert ist, jemandem zu verzeihen, das kann nur entscheiden, wer die genauen Umstände kennt. Ratschläge vom Schreibtisch aus sind dabei so unangebracht wie unbrauchbar. Um angemessen auf Unrecht zu reagieren, das uns und anderen widerfährt, müssen wir die Gründe für und wider das Verzeihen im Einzelfall sorgfältig gegeneinander abwägen und dem Ratschlag folgen, den der römische Philosoph Seneca vor fast 2000 Jahren formuliert hat: «Fordere vom Zorn zunächst nicht, dass er verzeihe, sondern dass er sich ein Urteil bilde.»[119] Die Argumente, die ich in diesem Buch dargelegt und geprüft habe, machen deutlich, was es dabei aus moralischer Perspektive zu bedenken gilt.

Doch auch wenn vieles vom Einzelfall abhängt, scheint mir in Sachen Moral des Verzeihens ein allgemeines Fazit möglich. In einer Rede vor dem amerikanischen Kongress wird der Dalai Lama mit dem Satz zitiert: «Be kind whenever possible. It is always possible.»[120] (Sei freundlich, wann immer es möglich ist. Es ist immer möglich.) Soweit es das Verzeihen betrifft, fällt mein Vorschlag etwas vorsichtiger aus: Verzeih, wann immer es sich rechtfertigen lässt. Oft lässt es sich rechtfertigen.

# Anmerkungen

**Wunden, die die Zeit nicht heilt**

1 Judith Wallerstein, Julia M. Lewis, Sandra Blakeslee, Scheidungsfolgen – Die Kinder tragen die Last: Eine Langzeitstudie über 25 Jahre, Weinheim: Juventa-Verlag 2004
2 Judith Wallerstein, Sandra Blakeslee, Gewinner und Verlierer. Frauen Männer, Kinder nach der Scheidung. Eine Langzeitstudie, München: Knaur 1992, S. 14
3 Jeffrie G. Murphy / Jean Hampton, Forgiveness and Mercy, Cambridge: Cambridge University Press 1988, S. 17; eigene Übersetzung
4 Robert D. Enright, Vergebung als Chance, Bern: Verlag Hans Huber 2006
5 Desmond Tutu und Mpho Tutu, Das Buch des Vergebens. Vier Schritte zu mehr Menschlichkeit, Berlin: Ullstein 2014, S. 34
6 Eine umfangreiche philosophie-historische Darstellung in Sachen Verzeihen bietet: Michael Kodalle, Verzeihung denken, München: Wilhelm Fink Verlag 2013

**TEIL I Was heißt Verzeihen?**

7 Hannah Arendt, Vita activa oder Vom tätigen Leben, 15. Auflage, München: Piper 2015, S. 302
8 Shlomo Graber, Der Junge, der nicht hassen wollte. Eine wahre Geschichte, Basel: Riverfield 2017, S. 122
9 Eva Mozes Kor, Die Macht des Vergebens, Salzburg: benevento Publishing 2016
10 Antoine Leiris, Meinen Hass bekommt ihr nicht, München: blanvalet 2016, S. 60
11 Honoré de Balzac, Die Lilie im Tal, Frankfurt a. M. und Leipzig: Insel Verlag 1996, S. 218

12 Vladimir Jankélévitch, Das Verzeihen. Essays zur Moral und Kulturphilosophie, Frankfurt a. M.: Suhrkamp 2004; die im Text folgenden Zitate finden sich auf der S. 250
13 Klaus Michael Kodalle, Verzeihung denken, München: Wilhelm Fink Verlag 2013, S. 213
14 George Herbert Mead, Geist, Identität und Gesellschaft, Frankfurt a. M.: Suhrkamp 1973, S. 213
15 Max Brahn, Schopenhauers Aphorismen zur Lebensweisheit, Leipzig: Insel-Verlag 1922
16 Immanuel Kant, Die Metaphysik der Sitten, Akademie Ausgabe, Bd. VI, Berlin: DeGruyter 1914, S. 485
17 Die Welt, 28. 11. 2017
18 Javier Marías, Mein Herz so weiß, 5. Auflage, München: dtb 2000, S. 325
19 Pierre Abaelard, Scito te ipsum – Erkenne dich selbst, hrsg. von Ph. Steger, Hamburg: Felix Meiner Verlag 2006, § 37
20 Jeffrie G. Murphy / Jean Hampton, Forgiveness and Mercy, Cambridge: Cambridge University Press 1988, S. 20; eigene Übersetzung
21 Jeffrie G. Murphy / Jean Hampton, Forgiveness and Mercy, Cambridge: Cambridge University Press 1988, S. 20; eigene Übersetzung
22 Hannah Arendt, Vita activa oder Vom tätigen Leben, 15. Auflage, München: Piper 2015, S. 306
23 Philipp Roth, Nemesis, München: Carl Hanser Verlag 2011; die im Text folgenden Zitate finden sich auf den S. 230 und 203
24 Fjodor M. Dostojewski, Verbrechen und Strafe, Frankfurt a. M.: Fischer Taschenbuch Verlag 1997, S. 324
25 Germaine de Staël, Corinna oder Italien, hrsg. von Arno Kappler, o. O.: Winkler 1979, 18. Buch, Kap. 5
26 Richard Hare, Moralisches Denken: seine Ebenen, seine Methode, sein Witz, Frankfurt a. M.: Suhrkamp 1992, S. 106
27 Martin Luther King Jr., Stride Toward Freedom, San Francisco: Harper 1958; eigene Übersetzung
28 Alexandre Dumas, Der Graf von Monte Christo, Köln: Anaconda 2008, S. 310
29 Victor Hugo, Die Elenden, Köln: Anaconda 2013; die im Text folgenden Zitate finden sich auf den S. 71, 91 und 120
30 DIE ZEIT, 05. 07. 2017
31 «Wenn du nicht verzeihen kannst, bist du kein Christ», in: Tagesspiegel, 03. 07. 2017

32 Paul M. Hughes und Brandon Warmke, «Forgiveness», in: *The Stanford Encyclopedia of Philosophy* (Summer 2017 Edition); eigene Übersetzung
33 Jeffrie G. Murphy / Jean Hampton: Forgiveness and Mercy, Cambridge: Cambridge University Press 1988, S. 25; eigene Übersetzung
34 Peter F. Strawson, Freiheit und Übelnehmen, in: U. Pothast (Hrsg.), Seminar: Freies Handeln und Determinismus, Frankfurt a. M. 1978, S. 201–233
35 John Burnside, Lügen über meinen Vater, München: Knaur 2011, S. 22 f
36 M. L. Stedman, Das Licht zwischen den Meeren. Roman, München: blanvalet 2016, S. 419
37 Adam Smith, Theorie der ethischen Gefühle, Hamburg: Felix Meiner Verlag 2010, S. 12
38 Klaus-Michael Kodalle, Verzeihung denken, München: Fink Verlag 2013, S. 153
39 Joseph Butler, Fifteen Sermons Preached at the Rolls Chapel [1827], DoDo Press 2009, S. 69; eigene Übersetzung
40 Zitiert nach: «Vergeben können nur die Opfer», DIE ZEIT, Ausgabe 45, 1995: www.zeit.de/1995/45/Vergeben_koennen_nur_die_Opfer/komplettansicht [abgerufen am 03. 01. 2018]
41 Simon Wiesenthal, Die Sonnenblume. Über die Möglichkeiten und Grenzen von Vergebung, hrsg. von Nicola Jungsberger, Berlin: Europa Verlag 1997; die im Text folgenden Zitate finden sich auf den S. 40, 43, 51, 61, 69 und 70
42 Olivier Abel, in: Die Sonnenblume, über die Möglichkeiten und Grenzen von Vergebung, hrsg. von Nicola Jungsberger, Berlin: Europa Verlag 1997, S. 119. Die im Folgenden zitierten Kommentare – Seitenzahlen jeweils in Klammern – stammen von dem Historiker Andrej Angrick (147), der Autorin Heidemarie Bennent-Vahle (175), dem Theologen Michael Bongardt (182) sowie der Theologin Christine Büchner (189).
43 John Locke, Zwei Abhandlungen über die Regierung, Zweite Abhandlung, Kap. 3, Abs. 13., Frankfurt a. M.: Suhrkamp 1977
44 Joseph Butler, Fifteen Sermons Preached at the Rolls Chapel, [1827], DoDo Press 2009, S. 73; eigene Übersetzung
45 Gisela Mayer, in: Simon Wiesenthal, Die Sonnenblume. Über die Möglichkeiten und Grenzen von Vergebung, hrsg. von Nicola Jungsberger, Berlin: Europa Verlag 1997, S. 264. Gisela Mayer ist die Mutter einer jungen Frau, die 2009 beim Amoklauf an einer Schule in Winnenden getötet wurde. Ein Gespräch mit Gisela Mayer über die Tat und ihren Umgang damit findet sich in: Svenja Flasspöhler, Verzeihen. Vom Um-

gang mit Schuld, 2. Auflage, München: Deutsche Verlags-Anstalt 2016, S. 71–81

46 Simon Wiesenthal, Die Sonnenblume. Über die Möglichkeiten und Grenzen von Vergebung, hrsg. von Nicola Jungsberger, Berlin: Europa Verlag 1997, S. 61; die im Text folgenden Zitate finden sich auf den S. 66–68

47 David Owens, Shaping the Normative Landscape, Oxford: Oxford University Press 2012

48 «The weak can never forgive. Forgiveness is the attribute of the strong.» In: Mahatma Gandhi, All Men are Brothers. Autobiographical Reflections, New York: Columbia University Press 1958; eigene Übersetzung

49 Jeffrie G. Murphy, Two Cheers for Vindictiveness, in: *Punishment & Society*, vol. 2, no. 2, 2000, S. 131–144

## TEIL II Warum wir (nicht alles) verzeihen sollten

50 Ferdinand von Schirach, Rede zum Kleistpreis 2010, http://www.tagesspiegel.de/kultur/rede-zum-kleistpreis-jeder-kann-zum-moerder-werden/3088620.html [abgerufen am 6. 8. 2018]

51 Die Bibel, Kolosser 3, 13

52 Die Bibel, Johannes 8, 7

53 Desmond Tutu und Mpho Tutu, Das Buch des Vergebens. Vier Schritte zu mehr Menschlichkeit, Berlin: Ullstein 2014, S. 11

54 Hans Stolp, Die erlösende Kraft des Verzeihens. Durch aufrichtiges Vergeben alte Bande lösen und wahrhaft frei werden, Grafing: Aquamarin Verlag 2012

55 Konrad Stauss, Die heilende Kraft der Vergebung: Die sieben Phasen spirituell-therapeutischer Vergebungs- und Versöhnungsarbeit, München: Kösel-Verlag 2010

56 Sandra & Reinhard Schlitter mit Christoph Fasel, Mirco. Verlieren. Verzweifeln. Verzeihen, München: Random House 2012

57 Diese und andere Fälle schildert: Adelheid Müller-Lissner, Verzeihen können – sich selbst und anderen, Berlin: Ch. Links Verlag 2011

58 Hannah Arendt, Vita Activa oder Vom tätigen Leben, 15. Auflg., München/Zürich: Piper 2015, S. 308

59 Heinrich Heine, Gedanken und Einfälle, Kapitel I., 2. Absatz, Hamburg: tredition 2011

60 Oliver Hallich, Verzeihen als moralphilosophisches Problem, in:

Carmen Kaminsky und Oliver Hallich, Verantwortung für die Zukunft, Berlin: LIT-Verlag 2006, S. 68 f

61 Svenja Flasspöhler, Verzeihen. Vom Umgang mit Schuld, München: Deutsche Verlags-Anstalt 2016, S. 19

62 Daniel Pittet, Pater, ich vergebe Euch! Missbraucht, aber nicht zerbrochen, Freiburg / Basel / Wien: Herder 2016, S. 9

63 Im französischen Original: «Dieu me pardonnera, c'est son métier.» – Zitiert nach Alfred Meißner: Heinrich Heine. Erinnerungen, Hamburg: Hoffmann und Campe 1976, S. 259

64 www.ndr.de/kultur/geschichte/chronologie/Die-Rache-der-Marianne-Bachmeier,mariannebachmeier101.html [abgerufen am 27. Mai 2019]

65 Francis Bacon, Essays, Civil and Moral. Vol. III, Part 1, Kapitel IV, The Harvard Classics, New York: P. F. Collier & Son, 1909–14; eigene Übersetzung

66 Heinrich Heine, Gedanken und Einfälle, Kapitel I., 2. Absatz, Hamburg: tredition 2011

67 Joseph Butler, Fifteen Sermons Preached at the Rolls Chapel [1827], DoDo Press 2009, S. 69; eigene Übersetzung

68 Immanuel Kant, Die Metaphysik der Sitten, 1. Teil, Metaphysische Anfangsgründe der Rechtslehre, Akademie Ausgabe, Berlin / New York: DeGruyter 1973, Bd. VI, S. 332

69 John Stuart Mill, Über die Freiheit [1869], Stuttgart: Reclam 1974, S. 83

70 Oliver Hallich, Verzeihen als moralphilosophisches Problem, in: Carmen Kaminsky und Oliver Hallich, Verantwortung für die Zukunft, Berlin: LIT-Verlag 2006, S. 70

71 Immanuel Kant, Die Metaphysik der Sitten, in: Immanuel Kant, Werke in zehn Bänden, hrsg. von Wilhelm Weischedel, Bd. 7, Darmstadt: Wissenschaftliche Buchgesellschaft 1956, S. 573; auch für die im Text folgenden Zitate

72 Markus Wehner, «Die anderen schweigen», in: Frankfurter Allgemeine Zeitung, 29. 7. 2017

73 Katja Ilken, Konfrontation mit der Hölle, in: Spiegel online, 23.03.2018

74 James K. McNulty, The Dark Side of Forgiveness: The Tendency to Forgive Predicts Continued Psychological and Physical Aggression in Marriage, in: *Personality and Social Psychology Bulletin*, Volume: 37, issue: 6, S. 770–783, hier S. 770; eigene Übersetzung

75 Wolfgang von Löhneysen (Hg.): Arthur Schopenhauer, Die Welt als Wille und Vorstellung, Frankfurt a. M.: Suhrkamp 1986, § 13

76 Richard Hare, Moralisches Denken: seine Ebenen, seine Methode, sein Witz, Frankfurt a. M.: Suhrkamp 1992, S. 93

77 Jeffrie G. Murphy / Jean Hampton: Forgiveness and Mercy, Cambridge: Cambridge University Press 1988, S. 31; eigene Übersetzung

78 Luisa Francia, Starke Medizin. Handbuch zur Selbstheilung, München: Verlag Frauenoffensive 1994, S. 10

79 Peter Schaber, Instrumentalisierung und Würde, Paderborn: mentis 2010, S. 52

80 John Rawls, Gerechtigkeit als Fairness. Ein Neuentwurf, Frankfurt a. M.: Suhrkamp 2006, S. 99

81 Avishai Margalit, The Decent Society, Cambridge: Harvard University Press 1996, S. 24; eigene Übersetzung

82 Thomas Hill, Autonomy and Self-Respect, Cambridge: Cambridge University Press 1991, S. 13; eigene Übersetzung

83 Immanuel Kant, Die Metaphysik der Sitten, in: Immanuel Kant, Werke in zehn Bänden, hrsg. von Wilhelm Weischedel, Bd. 7, 1956, S. 437

84 David Novitz, Forgiveness and Self-Respect, in: *Philosophy and Phenomenological Research*, vol. 58, no. 2 (Jun., 1998), S. 299–315, hier S. 299; eigene Übersetzung

85 Jeffrie G. Murphy / Jean Hampton: Forgiveness and Mercy, Cambridge: Cambridge University Press 1988, S. 17; eigene Übersetzung; das im Text folgende Zitat findet sich auf S. 19

86 Jessica Wolfendale, The Hardened Heart: The Moral Dangers of Not Forgiving, in: *Journal of Social Philosophy*, vol. 36, no. 3, Fall 2005, S. 344–363, hier S. 345 f; eigene Übersetzung

87 Jessica Wolfendale, The Hardened Heart: The Moral Dangers of Not Forgiving, in: Journal of Social Philosophy, vol. 36, no. 3, Fall 2005, S. 344–363, hier S. 346; eigene Übersetzung

88 Eve Garrard und David McNaughton, In Defence of Unconditional Forgiveness, in: *Proceedings of the Aristotelian Society*, New Series, Vol. 103 (2003), S. 39–60, hier S. 35; eigene Übersetzung

89 David Novitz, Forgiveness and Self-Respect, in: *Philosophy and Phenomenological Research*, Vol. 58, No. 2 (Jun., 1998), S. 299–315, hier S. 299; eigene Übersetzung

90 Beide Geschichten finden sich in: *PhilosophieMagazin*, Nr. 01/2019, S. 49 f

91 Hubertus Siegert, Beyond Punishment. Dokumentarfilm, Deutschland 2015

92 «Es ist schlimm, so schlimm – eine sehr bedrückende Situation, und

sie wird immer absurder. Warum können wir nicht darüber reden? Mir scheint, ‹Entschuldigung!› ist das schwierigste Wort.» (Elton John, Sorry Seems to Be the Hardest Word, in: ders., Blue Moves, The Rocket Record Company 1976; eigene Übersetzung)

93 Christopher Bennett, The Apology Ritual: A Philosophical Theory of Punishment, Cambridge: Cambridge University Press 2008

94 Schreiben von Papst Franziskus an das Volk Gottes, s. https://w2.vatican.va/content/francesco/de/letters/2018/documents/papa-francesco_20180820_lettera-popolo-didio.html [abgerufen am 18.09.2019]

95 FAZ, 11.01.2016

96 Handelsblatt, 02.08.2019

97 Luc Bovens, Apologies, in: *Proceedings of the Aristotelian Society*, vol. 108 (2008), S. 219–239, hier S. 219; eigene Übersetzung

98 Ambrose Bierce, The Devil's Dictionary, New York: Dover Press 1958, S. 12; eigene Übersetzung

99 Nicholas Tavuchis, Mea Culpa. A Sociology of Apology and Reconciliation, Stanford: Stanford University Press 1991, S. 5; eigene Übersetzung

100 Zitiert nach: Luc Bovens, Apologies, in: *Proceedings of the Aristotelian Society*, vol. 108 (2008), S. 219–239, hier S. 224 f; eigene Übersetzung

101 Philippe Djian, Betty Blue, London: Abacus 1989

102 Nicholas Tavuchis, Mea Culpa. A Sociology of Apology and Reconciliation, Stanford: Stanford University Press 1991, S. 8; eigene Übersetzung

103 Jeffrie G. Murphy / Jean Hampton, Forgiveness and Mercy, Cambridge: Cambridge University Press 1988, S. 28; eigene Übersetzung

104 Die Bibel, Lukas 15, 21

105 Friedrich Nietzsche, Die fröhliche Wissenschaft, 3. Buch, Abs. 274, Hamburg: Felix Meiner Verlag 2014

106 Bernard Williams, Der Gleichheitsgedanke, in: ders., Probleme des Selbst, Stuttgart: Reclam 1991, S. 369

107 Pascal, *Pensées* (Gedanken), Stuttgart: Reclam 1997, S. 358

108 Mattha Busby, Campaign group in Finland crowdsource for ‹forgiveness› emoji in: *The Guardian*, 23.09.2019

109 Eve Garrard/ David McNaughton, Forgiveness, Durham: Acumen 2010, S. 116; eigene Übersetzung

110 Eve Garrard / David McNaughton, In Defence of Unconditional Forgiveness, in: *Proceedings of the Aristotelian Society*, New Series, Vol. 103 (2003), S. 39–60, hier S. 54; eigene Übersetzung

111 «The evil man must be forgiven every day. He must be loved, because something of each of us is in the most evil man in the world and something of HIM is in each of us. He is ours and we are his. None of us is separate from any other. The peasant's prayer is my prayer, the assassin's crime is my crime. Last night you cried because you began to know these things.» In: William Saroyan, The Human Comedy, Boston: Houghton Mifflin Harcourt 1989, S. 156; eigene Übersetzung

112 Mariano Crespo, Das Verzeihen. Eine philosophische Untersuchung, Heidelberg: C. Winter 2002, S. 114

113 Joanna North, The ‹Ideal› of Forgiveness, in: R. D. Enright und Joanna North, Exploring Forgiveness, Madison: The University of Wisconsin Press 1998, S. 26

114 Charles Griswold, Forgiveness, Cambridge: Cambridge University Press 2007, S. 57

115 Augustinus, Ausgewählte Briefe, übers. von A. Hoffmann, München: Kösel und Pustet 1917, Brief 153, 3; II. Band, S. 81

116 Max Frisch, Du sollst dir kein Bildnis machen, in: Max Frisch, Die Tagebücher, Berlin/Darmstadt/Wien: C. A. Koch, o. J., S. 29

117 Hannah Arendt, Vita activa oder Vom tätigen Leben, 15. Auflage, München: Piper 2015, S. 302

118 Vladimir Jankélévitch, Das Verzeihen. Essays zur Moral und Kulturphilosophie, Frankfurt a. M.: Suhrkamp 2004, S. 250

119 Seneca, Vom Zorn oder Über den Zorn (De Ira), II, 29, in: Seneca, Philosophische Schriften, übersetzt und herausgegeben von Otto Apelt, Wiesbaden: Marix 2004

120 United States, Congress, Congressional Record, vol. 160, part 3, March 6, 2014

# Dank

Viele Menschen haben dazu beigetragen, dass dieses Buch entstanden ist. Ihnen allen bin ich dankbar.

Ich danke Clara Polley vom Rowohlt Verlag, die das Buchprojekt angestoßen und eine lange Zeit ermutigend begleitet hat. Ihre Freundlichkeit und ihre klugen und sachkundigen Hinweise haben mir sehr geholfen – nicht nur dabei, eine möglichst anschauliche Sprache für die abstrakten philosophischen Gedanken zu finden.

Julia Vorrath war in der zweiten Hälfte des Projektes als Lektorin an meiner Seite und ein großes Glück. Herzlich danke ich ihr für die akribische Lektüre und die zahllosen Kommentare, für ihre engagierte Gelassenheit und für so viele hilfreiche Ideen. Eine bessere Zusammenarbeit kann ich mir nicht denken.

Den Kolleginnen und Kollegen in Osnabrück und an anderen Universitäten danke ich sehr für den lehrreichen und inspirierenden fachlichen Austausch über die Jahre hinweg. Ohne das Gespräch mit ihnen, ihre beharrlichen Nachfragen und ihr aufrichtiges Interesse, ihr Verständnis und ihre Kritik hätte ich meine Gedanken nicht entwickeln können.

Bedanken möchte ich mich auch bei den Beteiligten der DFG-Kolleg-Forschergruppe *Normenbegründung in Medizinethik und Biopolitik* an der Universität Münster, wo ich für ein Semester zu Gast sein durfte und erste Überlegungen zur Diskussion stellen konnte.

Mein Dank gilt nicht zuletzt den Studierenden, die in verschiedenen Seminaren zum Verzeihen ihre Gedanken mit mir geteilt haben. Ich habe dabei viel gelernt.

Holger Baumann, Helmut Boshammer, Jens Dunkel, Ulrike Nixdorf, Christa Runtenberg, Susanne Vennemann-Dunkel und Barbara

Vlachos haben einzelne Kapitel gelesen. Für ihre erhellenden Kommentare bin ich sehr dankbar – so wie für ihre Ermutigung und Nähe.

Auch meinen Eltern möchte ich von Herzen für ihre verlässliche Unterstützung danken. Die Gedichte und Geschichten aus dem alten Lesebuch meines Vaters, die Bilder, die meine Mutter wählte, als sie mir in Kindertagen erklärte, was Verzeihen bedeutet – beides hat meine Überlegungen begleitet und inspiriert.

Barbara Bleisch verdanke ich zahllose geistreiche Hinweise und viel philosophische Inspiration. Ich bin ihr sehr dankbar dafür, dass sie Teile des Buches gelesen und konstruktiv kommentiert hat – und nicht zuletzt auch dafür, dass sie ihre Erfahrungen mit dem Denken und Schreiben so offen und großzügig mit mir teilt.

Meinem Freund und Kollegen Peter Schaber danke ich von Herzen für seine scharfsinnigen Kommentare zum Text, seine verlässliche Nähe und beständige Ermutigung und sein nie ermüdendes Interesse an philosophischen Fragen. Unsere vielen Gespräche über das Verzeihen und andere Probleme der Moralphilosophie waren und sind für mich nicht nur überaus fruchtbar, sondern zutiefst beglückend.

Und schließlich danke ich Reinhard Kurzer – für die hilfreiche Arbeit am Manuskript, seine klugen Anmerkungen, seine Geduld und sein Verständnis, für das Lachen und die Musik und für so manchen rettenden Gedanken.